教育新議題叢書10

教育政策與永續發展

吳清基　主編

吳清基　林立生　吳靖國　盧延根
劉國兆　練千睿　范熾文　王滿馨
陳政吉　陳　穎　郭怡立　張明文
顏國樑　楊郡慈　趙秋英　楊振昇
謝念慈　蔡進雄　陳淑娟　陳盈宏
李文基　何宜紋　　　　　合著

五南圖書出版公司 印行

主編序

　　教育是人類的希望工程，經由教育培育人才，可成己成人，可促進國家社會政治經濟的進步發展。教育更被認為是國家百年大計，除顯示教育的重要性外，更說明教育人才培育需要長期性時間的永續發展。所謂「十年樹木，百年樹人」。教育投資和經濟投資不同，經濟投資可求近利，今年投入成本，明年就可有利潤回收；但是教育投資則是長期人才培育，經幼兒發展、小學教育、中學教育、高等教育，到終身回流教育，的確，需要長期性永續性的關注和投入。因此，教育政策的訂定和執行，通常需要長程計畫時間才可看到其成效，不宜因政黨輪替而作太大的更動。教育政策能永續推展和穩定成長，確為國人和教育工作同仁的共同期待。

　　「永續發展」的理念，近年來更因聯合國在成立70周年，2015年9月，召開「聯合國永續發展高峰會」，發布「翻轉我們的世界：2030永續發展方針」（Transforming our World: the 2030 Agenda for Sustainable Development），正式提出17項永續發展目標（Sustainable Development Goals）而成為今日世界各國所共同關注和爭相踐行的課題。此17項永續發展目標，包括：1.終結貧窮（No Poverty）；2.消除飢餓（Zero Hunger）；3.健康與福祉（Good Health and Well-Being）；4.優質教育（Quality Education）；5.性別平權（Gender Equality）；6.淨水及衛生（Clean Water and Sanitation）；7.可負擔的潔淨能源（Affordable and Clean Energy）；8.合適的工作及經濟成長（Decent Work and Economic Growth）；9.工業化、創新及基礎建設（Industry, Innovation and Infrastructure）；10.減少不平等（Reduced Inequalities）；11.永續城鄉（Sustainable Cities and Communities）；12.責任消費及生產（Responsible Consumption and

Production）；13.氣候行動（Climate Action）；14.保育海洋生態（Life Below Water）；15.保育陸域生態（Life on Land）；16.和平、正義及健全制度（Peace, Justice and Strong Institutions）；17.多元夥伴關係（Partnerships for the Goals），均已成爲今日各個國家、各個行職業所共同遵行自我發展的最高準則，甚至各個行職業都會提出《永續發展白皮書》來昭告世人，且作爲自我管考評鑑的依據。

　　本書《教育政策與永續發展》的撰寫，各作者群也有感「永續發展」是一個世界地球村共識的趨勢走向，乃嘗試自不同所學教育專長及工作領域，提出研究發表，以符應聯合國「永續發展目標」（SDGs）之呼籲。書中如：「實踐聯合國永續發展目標教育指引：嘉義市爲例」一文，是從「優質教育」（SDG4）之永續發展目標來析論，見證優質教育在臺灣地方教育落實成果；又「大學自主治理的永續發展策略」一文，亦是呼應「優質教育」（SDG4）之永續發展目標，強調大學要自主治理，自由學風才可卓越學術提升，永續發展未來。又「戶外教育與海洋教育整合政策之發展與影響」一文，則在呼應「保育陸域生態」（SDG15）和「保育海洋生態」（SDG14），政府應有整合性政策之提出。又「從政策法則面析論偏遠地區學校與弱勢學生之扶助」一文，則可符應「減少不平等」（SDG10）、「永續城鄉」（SDG11）及「和平、正義及健全制度」（SDG16），這是政府長年來教育政策之核心所在；又「高等教育中運動社團參與情形之性別分析：後結構女性主義觀點」一文則和「性別平權」（SDG5）完全相符應，「性別平權」運動，長期在國內推展具成效，深受肯定。又「我國健康促進學校政策之主要內涵相關研究與未來展望」一文，則符應「健康與福祉」（SDG3）之推展健康促進在今日校園中特別受到關切，尤其少子女化，家長都期待兒女在學校中健康促進能有正向肯定之發展。又「臺灣實施食農教育政策與制度之分析」一文，則符合「終結貧窮」（SDG1）和「消除飢餓」（SDG2）之呼籲，今日世界糧食危機正日漸呈現，

此文值得大家重視關心。至於「盧森堡太空產業發展對臺灣教育的啟示」一文，則符應「工業化、創新及基礎建設」（SDG9）及「責任消費及生產」（SDG12），強調未來永續性的工業科技創新，及促進綠色經濟，確保永續消費及生產模式，均值吾人加以重視和借鏡。

至於「教育政策」的探討，則須兼顧理論及實務的內涵，「教師專業發展」一直是教育政策的核心所在，本書「臺灣教師專業發展執行現況、省思及建議—以精進計畫為主軸」一文，剖析深入，值得研閱。又「校長學」近年來深受關注，「初任校長導入輔導模式建構」，及「學校行政領導與管理的跨領域學習」、「尼采哲學對教育領導人的啟示與評析」均有助教育同仁對領導哲學及實務有所進一步的自我提升。另「有關大學校院校務評鑑資料整合」及「風險時代下競爭型計畫策略革新」問題，對大學校務經營與永續發展，均有提出卓越見地，值得吾人借鏡。

本書能順利出版，要感謝國家教育研究院研究員蔡進雄博士之協助邀稿，中國文化大學教育學系陳盈宏助理教授之協助彙整；更要感謝五南圖書出版公司董事長楊榮川名譽博士，率楊士清總經理、黃文瓊副總編輯、李敏華編輯等團隊之大力支持與排印付梓，讓教育新議題叢書系列，年年有新貌問世，相信出書對年輕教育學者是一大挑戰；但對關心教育政策與永續發展的教育夥伴們，則是一種期許，懇請各位教育先進們能多多指教為盼。

臺灣教育大學系統總校長
臺灣師範大學名譽教授
淡江大學講座教授
前教育部長、國策顧問

吳清基 謹誌
2022年10月

目　次

第一篇　永續發展篇

第二篇　教育理論篇

第十五章　風險時代下競爭型計畫策略革新之分析　何宜紋

第一篇
永續發展篇

第一章

大學自主治理的永續發展策略

吳清基

　　大學自主治理有助於大學自由學風及學術品質的提升，歐、美、日各國學術頂尖的世界大學名校，都是以自主治理的學術自由而著稱。因應聯合國2015年揭櫫「永續發展目標」（Sustainable Development Goals，簡稱SDGs），「大學社會責任」（University Social Responsibility，簡稱USR）更為人所關注。因此大學自主治理的永續發展策略，乃成為當前吾人所關注的重要課題之一。

壹　前言

　　大學為各級學校教育之頂層，具有培育國家社會政治經濟文化高級人才的任務與使命，是推動社會進步發展的一股重要力量，素為社會各界人士所推崇；而大學教師更具有教學、研究、輔導和社會服務的功能，更為世人所敬重。

　　德國教育家洪保爾特（Humboldt, 1767-1835）曾言：「大學應獨立於一切國家的組織形式，國家不應該把大學視為其政府的附屬機構。」主張大學學術自由是為了保障大學的知識研發及教師的專業自主，更是大學辦學突顯特色的最基礎條件。全世界大學排名領先的歐美日大學，都是學術最自由、學術水準最高的大學。

　　大學的發展與國家的進步，具有密切相關，任何國家對大學的永續治理，也都存有高度的關切。尤其，自聯合國在2015年發布永續發展目標（SDGs）後，掀起全世界各個國家對於大學未來的治理政策，如何才能永續發展和經營，更是引人注目，認為是當前大學教育治理發展的重要課題。

貳　聯合國永續發展目標的提出

(一) 2015年9月，聯合國 70 週年，193個成員國召開「聯合國永續發展高峰會」，發布《翻轉我們的世界：2030永續發展方針》（Transforming our world: the 2030 Agenda for Sustainable Development）。

(二) 兼顧三大面向

「經濟成長」、「社會進步」、「環境保護」。

(三) 聚焦5P核心概念

1. 地球（planet）：強調環境發展，除了阻止環境退化與遏止氣候變遷，也要以永續的方式從事消費、生產及管理自然資源。
2. 人類（people）：強調社會發展，除了終結貧窮，也要促進平等與健康。
3. 繁榮（prosperity）：強調經濟發展，要在友善環境的條件下經濟成長和科技革新。
4. 和平（peace）：強調發展原則，推動和平、公正、包容、免於恐懼與暴力的社會。
5. 夥伴關係（partnership）：強調發展方法，包含籌措財源、技術、培力、貿易及各種系統性的推動方式。

(四) 提出17項2016-2030年永續發展目標（SDGs）

1. 終結貧窮（No Poverty）：消除各地一切形式的貧窮，確保多種資源的調集，提供開發中國家充足的執行方案和政策。
2. 消除飢餓（Zero Hunger）：確保糧食安全，消除飢餓，改善營養狀況，並促進農業永續發展。
3. 健康與福祉（Good Health and Well-Being）：確保及促進各年齡層健康生活與福祉。
4. 優質教育（Quality Education）：確保有教無類、公平以及高品質的教育，及提倡終身學習。
5. 性別平權（Gender Equality）：實現性別平等，在全球消除婦女和女童一切形式的歧視，並賦予所有女性權力。
6. 淨水及衛生（Clean Water and Sanitation）：確保所有人都能享有水、衛生及其永續管理。
7. 可負擔的潔淨能源（Affordable and Clean Energy）：確保所有人皆能取得負擔得起、可靠、永續及現代的能源。
8. 合適的工作及經濟成長（Decent Work and Economic

Growth）：促進永續經濟成長，達到全面且有生產力的就業，讓每個人都有尊嚴的工作。

9. 工業化、創新及基礎建設（Industry, Innovation and Infrastructure）：建造具備抵禦災害能力的基礎設施，促進永續性的工業化與創新。

10. 減少不平等（Reduced Inequalities）：減少國家內部與國家間的不平等狀況。

11. 永續城鄉（Sustainable Cities and Communities）：建構具包容、安全、復原力及永續性的城市與鄉村。

12. 責任消費及生產（Responsible Consumption and Production）：促進綠色經濟，確保永續消費及生產模式。

13. 氣候行動（Climate Action）：完備緊急措施，以因應氣候變遷及其影響。

14. 保育海洋生態（Life Below Water）：保育及永續利用海洋、海域，及沿海地區資源生態，以確保生物多樣性並防止海洋環境劣化。

15. 保育陸域生態（Life On Land）：保育及永續利用陸地生態系統，確保生物多樣性並防止土地劣化。

16. 和平、正義及健全制度（Peace, Justice and Strong Institutions）：創建和平且包容的社會，並在各層級建立有效、負責、兼容具公信力，且廣納民意的體系機構，確保司法平等。

17. 多元夥伴關係（Partnerships for the Goals）：建立多元夥伴關係，協力促進全球永續發展願景。（范欣華，2022）

參 大學教育永續治理的理念

優質教育（Quality Education）是聯合國永續發展目標之四，期待各級學校可實現有教無類、因材施教、公平正義、機會均等，高品質卓越發展，師生權益受到保障，各校發展辦學特色，落實教學創新，提高教育公共性，加強國際交流合作，善盡學校教育社會責任，及追求終身學習發展，建立健全終身教育學習體系。

　　大學既為國家高級人才培育的場所，大學教育要永續治理，去追求優質教育品質，乃為理所當然的訴求。而如何去建立自主自治的制度，不要受到政府主管機關過度的管理和限制，也不會受到立法機關民意代表的不當干預，讓大學擁有教學創新、學術研究自由的空間，則追求卓越教育學術品質，才有可能。

肆　大學自主治理議題的探討

一、日本

> 1. 日本在1997年的行政改革會議中，提出「獨立行政法人制度」的主張，以強化大學在人事和會計制度方面的彈性。
> 2. 日本在2004年，依據《國立大學法人法》，將國立大學全部法人化。

二、韓國

> 1. 韓國在2005年提出「國立大學法人化」的構想，但遭到大學拒絕。
> 2. 韓國在2008年，針對首爾大學單獨法人化之可能性提出討論。2010年12月獲國會通過。
> 3. 惟由教授和學生組成的「反對國立大學法人化委員會」一再表示反對意見，並於2011年9月訴請韓國憲法法院釋憲裁示是否合憲。

三、臺灣

> 1. 臺灣對公立大學治理的相關討論，已延續十餘年。在1996年12月行政院教育改革審議委員會在所提《教育改革總諮議報告書》中，即指出大學的內部運作，「由教授治校理念形成的校務會議組織，一則效率不彰，二則常有誤用及濫用權力情形。」
> 2. 教育改革審議委員會認為：大學內部之運作，應建立學術與行

政分工之體系。

(1) 由教授組成學術評議會，就學術方面的有關事務，提供諮詢意見，校長應予尊重。

(2) 至於校務會議的角色，則應淡化。有關校務會議為最高決策的規定，應本上述精神修改，以便建立董事會、學術評議會及行政體系協同運作的機制。

3. 2004年，教育部提出大學法人化，試圖改變大學的法定地位，及政府和公立大學的關係，引起激烈討論和抗拒。惟因法人化涉及去公務員化、大學教師退撫、國有財產歸屬……等問題而暫緩推動。

4. 2010年第八次全國教育會議，提出「落實大學法人化精神，提升大學經營與治理效能」決議建議；2010年總統府學術教育類國策顧問座談會，提出「大學自主治理方案」建言。

5. 2011年1月全國大學校長會議，教育部長宣布「在不修法、現有行政人員權益不變的前提下，將以成功大學和金門大學進行大學自主試辦方案。」相較於東亞國家的重重困難，歐洲國家公立大學治理的改革，因多未涉及法定地位的改變，較少引起抗拒。

伍 大學自主治理之問題分析

大學自主治理，雖是大學永續發展重要關鍵影響所在，但是，由於臺灣公立大學過去之運作模式，是比照政府公務行政機構運作的。由於公教並未分途，大學學術事務的決策權、人事任用決定權及財務會計審核權，因缺乏大學自主決定權責，均要層層報核。由於人事人員和主計人員比較缺乏教育發展的宏觀見地，因此，學術研究的自由空間乃處處受到掣肘。其容易形成之問題缺失，常可見：

一、大學運作模式未公教分離，機構競爭力不佳，人事、財務、行政運作易受限。

二、大學運作及自主能力不足，政策執行易有落差，難彰顯各校辦學特色，流於「教育部大學」之批評。

三、大學社會績效責任未提升，人才學用有落差，研究重量不重質，研究人力定位不明。

四、大學治理權和管理權混亂，校長權責易受扭曲，校園投票文化粗俗化。

陸　大學自主治理之法源依據

一、1994年《大學法》修訂，明訂「大學應受學術自由之保障，並在法律規定範圍內享有自治權。」

二、司法院大法官釋字第380號解釋指出「憲法第十一條講學自由之規定，以保障學術自由為目的。學術自由之保障，應自大學組織及其他建置方面，加以確保，亦即為制度性之保障。為保障大學之學術自由，應承認大學之自治制度，對於研究、教學及學習等活動，擔保其不受不當之干涉，使大學享有組織經營之自治權能，個人享有學術自由。」

三、教育部角色由「管理」轉為「監督」，公立大學校長不再由官派，大學共同必修課程廢除，系所調整及學生人數增減在「總量管制」的範疇下，也有部分自主空間，大學實施校務基金，部分學校教師升等自行審查，會計及人事也有大幅「鬆綁」。

柒　大學自主治理之內涵分析

一、大學治理（governance）

是指高等教育機構形成決策的結構與過程，是透過合理的制度安排，所形成的一種監督與制衡的機制（Sporn, 2006）。大學治理分為：

(一) 外部治理（external governance）

指外部關係人透過治理機制，來監督學校運作，也就是決定大學如何受到外部法令與政策之規範。包括：大學校長的遴選、大學的評鑑與認可、大學的經費補助等議題。

(二) 內部治理（internal governance）

指校務會議（公立大學）、董事會（私立大學）與校長間的關係，決定大學內部之權力分配關係。包括五面向：校務管理、財務、教務、人事、學生事務等議題。

二、外部治理涉及政府的角色、功能與治理原則；內部治理則涉及大學內部的自主辦學。

三、大學外部治理或內部治理，都和大學自主的程度有密切關係。

四、Ashby & Anderson（1966）認為大學自治內涵包括六方面

1. 免於非學術的干預管理。
2. 自由招收教職員，且決定工作條件。
3. 自由設計和傳授課程。
4. 自由設置標準和決定評價方式。
5. 自由選擇學生。
6. 自由分配資金。

五、Berdahl（1990）將大學自主分為二種

(一) 實質性自主（substantive autonomy）

指大學擁有自主決定其組織目標和計畫的權利。亦即決定「做什麼」的權利。

(二) 程序性自主（procedure autonomy）

指大學擁有決定其目標與計畫之手段的權利，亦即決定「如何不做」的權利。

六、當外部利害關係人的支配權力較大時，大學實質性自主可能會被削弱；若連「如何做」都還要受到外部高度的掌控或指導時，大學也就失去之所以為大學的要素了。

捌 大學治理的模式

一、Clark（1983）和Harman（1992）將大學的治理模式，分為歐陸、

英國和美國三種模式：

(一) 歐陸模式

1. 外部治理由國家主導和控制。

2. 內部治理則偏重以講座教授為核心的科層性組織，強調合法－
理性職權及正式的階層組織。

3. 傳統上，歐陸國家大多數屬於此一模式。

(二) 英國模式

1. 外部治理由政府和大學協商，國家只扮演監督的角色。

2. 內部治理以同僚的方式推動，強調非階層化的集體決策和相當
程度的教授自我決定。

3. 依賴共同的價值和傳統，英國和大英國協的成員較偏向此一模
式。

(三) 美國模式

1. 外部治理，其主導力量是市場。

2. 內部治理，則由董事會、行政體系及教授共同執行。

3. 重視不同利害關係人之間，不同觀點與價值的調和。

二、Baldridge, Curtis（1991）將大學的治理模式，分為同僚、科層和
政治三種模式：

(一) 同僚模式

偏重合作性的決策行為與教授自治，不強調層級的差異。

(二) 科層模式

強調大學的學術同僚，是以知識為基礎，而分層級區分學術權威；
而大學行政人員也以專業及職位，產生科層分級授權之組織運作。

(三) 政治模式

大學治理是組織中利益團體與各種權威的的政治參與過程，因各利
益團體對大學重大議題，常有不同意見與價值觀，而常導致政治角力與
衝突。從政治的角度來看，大學不論採何種治理模式，都不僅是行政與

學術權威的執行而已，而是一種政治的協商、遊說與結盟。

玖　大學治理模式發展的影響因素

一、新公共行政管理主義之影響因素

(一) 主張公部門要學習私人企業的經營和管理方式，標榜市場機制和目標管理，強調經費和績效掛勾，品質保證機制，以競爭強化效率和品質。

(二) 因此，大學乃成為「政府再造」的物件，政府和大學關係的改變，不止導致大學外部治理模式的調整，也進而改變了大學內部的權力結構及治理方式。

二、知識經濟社會的形成

(一) 1980年代後：知識經濟社會的形成，知識和創新，取代資本、土地、人力，成為經濟成長的核心要素。

(二) 2000年：歐盟公布「里斯本策略」，即以改造歐盟高教體系，使成為知識經濟堅實基礎為訴求。以「知識創新和追求成長」將是大學教育和研究的治理目標。

三、大學卓越研究和人才培育的壓力

(一) 大學在以教學、研究和服務手段，培育國家社會所需高級人才，大學的治理模式，影響社會尖端研究和人才培育、目標的達成。

(二) 近年來世界500大的大學排名，亦相當程度重視大學研究表現及人力培育能量的指標。

四、大學教育的市場化

(一) 高等教育輸出，在今天已成為教育先進國家的普遍性政策，留學政策更是一個國家內政外交之延伸。美國之強盛，和其高等教育發達，能吸引全世界菁英人才前往留學並留下服務有關。

(二) 大學教學、研究、服務的卓越品質，吸引各國學生前往留學，也形成一種教育產業，大學教育的市場化發展，也直接影響大學治理的運作及知識經濟社會的形成。

五、大學對績效責任的要求

(一) 大學「全面品質管制」和「績效責任」的目標宣示，影響大學內部治理和外部治理的自我要求。

(二) 大學給更多經費，不必然能提升大學的研究表現，必須佐以更大的預算自主，讓大學能更有彈性地決定經費的使用方向和分配方式，才能產生所欲求的研究成效，此亦影響了大學自主治理的發展。

拾　歐美大學治理理念的發展取向

一、政府角色由管理者轉為監督者

(一) 在「小而能」政府訴求下，歐陸各國紛紛將大學自理的責任交給大學，不再對大學進行微觀管理。

(二) 各國政府在負責大學教育的相關部會外，另成立名稱不一的國家及諮詢組織，如：高等教育委員會等，由中央及地方政府、政黨、大學高階主管、學者專家及學生代表組成，主要功能在提供政府部門高等教育政策的相關建議。

(三) 相對於政府部門及其諮詢單位，大學也籌組相對應的大學校長會議、大學聯盟、大學系統……等，以增加大學和政府協商的籌碼，並交換大學治理的資訊。

二、提升大學財務自主性

(一) 對任何國家而言，高等教育經費政策不只是將公共經費分配給大學和學生的機制而已，而是設定政府和大學之關係，以完成高等教育整體目標的政策工具。

(二) 由於教育經費政策左右了大學治理的模式，因此，教育經費和

大學治理常被視爲一體之兩面。

(三) 目前大多數國家，公立大學在內部分配經費、金融市場借貸、經費留用及整筆性經費等四個面向上，財務自主的程度普遍明顯提升。

三、多元經費分配政策落實辦學績效

(一) OECD（2008）分析：過去十餘年來，世界各國高等教育經費，最明顯的改變趨勢，是依據辦學成績表現，來分配經費的策略。

(二) 各國採取的作法：將部分經費改爲競爭性經費，由各大學依表現核給，政府和大學簽訂合約，以追求創新、品質、管理目標。以「產出」取代「投入」的經費編列機制。

四、強化大學治理委員會的功能

(一) 傳統上，歐陸大學的內部治理，較偏重以講座教授爲核心的科層性組織。因此，資深教授及其組成的學術委員會，在大學的內部治理上，扮演者關鍵性的角色，爲大學的主要決策單位。

(二) 大學治理委員會的主要功能（De Coster. et al., 2008）

1. 促進大學和政府、社會間的溝通及合作。
2. 提供大學發展方向策略的外部觀點。
3. 確保大學利益及其作爲的合法性。
4. 監督大學的財務運作。
5. 遴選及解聘校長。
6. 核備大學的年度報告。

五、加強校長權責及大學治理角色

(一) 歐洲大學治理改革的重點之一，乃在強化大學校長的角色，必須負責大學的策略規劃及推動組織管理等。校長在多層次治理結構下，亦要兼各委員會的主席。

(二) 爲強化大學校長實權，歐洲大學院長多改由校長遴聘，而非由

學院教師推選。

臺灣大學自主治理方案的試行

一、國立成功大學及金門大學之試辦

(一) 為使國立大學脫離傳統公務體系人事、財務及會計制度，各大學可以依其學術特性，自主彈性規範發展，改變其行政機關之不利定位。

(二) 教育部依2010年總統與學術教育類國策顧問座談會指示，規劃「大學自主治理方案」，並於2010年8月第八次全國教育會議，提出「落實大學法人化精神，提升大學經營與治理效能」策略方向。

(三) 國立成功大學及國立金門大學，係於2010年主動和教育部研商，並進一步組成研究團隊規劃大學專業化機構運作模式。

(四) 自2010年至2012年間，國立成功大學與教育部共同發展大學治理模式及財務會計機制。金門大學亦組成校內專案小組，進行治理架構之調整建議。

(五) 由大學主動規劃並提案，是本試辦方案之核心精神，可確保所提方案已獲得校內教職員生認同，以降低制度與實務運作謀合不佳的風險。

二、大學自主治理之目標

(一) 賦予大學經營自主，提升機構競爭力：大學組織自主，學術自主，財務自主，人事自主，減低公務系統層級節制，發展大學專業機構運作模式。

(二) 引進多元治理模式，強化機構內外績效：打破「教育部大學」單一治理模式，改以政府、學校、校友、社會代表組成的「多元治理」，促進大學社會績效責任。

(三) 釐清校務決策分工，增進管理品質及效率：釐清大學校長、教育部及校務會議各自權責，各類校務決策應依其屬性，回歸最

適決策及諮詢單位，並強化校長的外部考核機制。

三、大學自主治理的實施策略

(一) 以試辦計畫方式推動，建立可行模式，與部會共識為先，再進行制度修法，建立長久性機制。

(二) 試辦性策略，其利有五：

1. 減少人事會計單位抗拒力，降低溝通成本。
2. 因應需求調整方案內容迅速，提升作業效率。
3. 試辦學校有限，成效指標與檢討指標清楚，明定作業效益。
4. 試辦成功後，複製經驗及修正法令有所依歸，降低行政成本。
5. 保留辦理彈性，有效掌握可能衝突之範圍，控制政治成本。

四、大學自主治理的推動方式：先授權，同時課責，再予考評

(一) 授權（參與式授權）

授予大學學術、財務及人事自主權。教育部與試辦大學簽訂行政契約，授予大學經營運作自主權。大學自籌經費支用，無須比照公務機構標準。

(二) 課責（內控式責任）：課予國立大學健全內控及審議機制責任

1. 基於自籌經費大幅鬆綁，教育部要求試辦大學健全其內控及稽核制度，各校應分別就組織面及制度面研訂改善措施。
2. 試辦大學應設置「大學自主治理委員會」，以利審議權之行使，由教職員代表、教育部代表、社會及相關產業代表、校友代表組成。

(三) 評量（外部滾動式檢核）

1. 教育部依試辦大學所提試辦計畫書，核給其因應組織調整所需之經費。
2. 該經費分期核給，並配套三年一期的試辦成果評鑑。
3. 若試辦成果不佳，可酌扣減補助款，或可依約提出停辦或不續辦。

五、大學自主治理委員會、校長及教育部之互動關係

(一) 大學自主治理委員會為治理者

大學自主治理委員會在授權事項擔任治理者，審議並協助校長就所提提案，透過校長遴選及參與校務評鑑之方式，提出績效評估。

(二) 試辦大學校長為管理者

1. 大學校長將具有完整管理權，校長提案之校務發展策略或重大決策，經委員會同意後即可執行。
2. 校長須定期向委員會提出教學研究及服務績效報告。

拾貳　大學自主治理的未來永續發展策略

一、短期發展策略

(一) 明確政府大學治理的角色

1. 《大學法》及其他相關法規中，並無政府大學治理的角色規範，目前公立大學尚未法人化，私立大學為社會公益財團法人。
2. 未來宜定位政府大學治理的角色為：辦學監督者、卓越促進者、制度協調者、資源保障者、紛爭仲裁者。

(二) 明確大學自主辦學範疇

1. 《大學法》第1條：「大學應受學術自由之保障，並在法律規定範圍內，享有自治權。」惟自治權的範疇，卻無任何法律的規範。
2. 未來宜在《大學法》與私立學校法中，明確自主辦學範疇為：學術自主、財務自主、人事自主、組織自主。

二、長期發展策略

(一) 大學全面法人化

1. 目前公立大學仍屬「具有部分人格權的公營造物」，而「私立大學」則為社會公益的財團法人。惟「學校雖有公私立之分，

學生則無公私之別。」

2. 未來可考慮訂定公私立大學一體適用的《學校法人法》，讓大學治理與辦學，有更明確的規範。

(二) 健全大學治理的法令規章

大學自治權的明確規範，需有周延法令規章訂頒，未來有待努力作為：《大學法》的再修改、私校法的修改、評鑑制度的修正、《行政程序法》的遵循、相關法規的訂定與修正。

拾參 結語

大學自主治理是當前國際高等教育發展的共同取向，因為大學自主治理，有助於教師的教學創新，學術研究品質的提升，有助大學學術發展和教育品質競爭力的強化。今日歐美日各國，世界大學排名前段的名校，莫不以學術自主、學風自由而著稱。

大學永續發展的社會責任，則因聯合國2015年發布永續目標（SDGs）而更為人所重視。因為只有優質教育（Quality Education）的大學，才能有永續發展的未來。因此，強化大學自主自治的制度建立，提供學術自主、財務自主、人事自主和組織自主的環境，才能冀求高品質的大學教育產出的可能，能夠永續發展的大學，自然會有美好的未來遠景可期待。

參考文獻

(一) 中文部分

范欣華（2022）。大學社會責任實踐計畫之執行挑戰與因應對策之研究（未出版之博士論文）。國立臺灣師範大學，36-37。

(二) 英文部分

Ashby, E. & Anderson, M. (1966). *Universities British, Indian, African: A Study in the Ecol-*

ogy of Higher Education. London: Weidenfeld & Nicolson.

Berdahl, R. (1990). Academic freedom, autonomy and accountability in British universities. *Studies in Higher Education, 15*(2), 169-180.

Baldridge, J. V., Curtis, D. V., Ecker, G. & Riley, G. L. (1991). Alternative Models of Governance in Higher Education. In Organization and Governance in Higher Education (4th ed.), ed. M. Peterson, 30-45. Association for the Study of Higher Education (ASHE) Reader Series. Needham Heights, MA: Simon and Schuster Custom Publishing.

Clark, B. R. (1983). *The higher education system: academic organization in cross-national perspective.* Berkeley: University of California Press.

Harman, G. (1992). Governance, Administration and Finance. In B. R. Clark & G. R. Neave (Eds.). *The Encyclopedia of Higher Education, Volume 2: analytical perspectives.* Oxford, Pergamon Press. 1279-1293.

OECD (2008). *Economic, Environmental and Social Statistics. Education-expenditure on education-public and private education expenditure.* https://www.oecd-ilibrary.org/economics/oecd-factbook-2008_factbook-2008-en

Sporn, B. (2006). Governance and Administration: Organizational and Structural Trends. In James J. F. Forest & Philip G. Altbach (Eds.), *International Handbook of Higher Education (pp.141-157)*. Netherlands: Springer.

問題與討論

一、大學自主治理，是否與大學教育品質，具有密切關係？

二、聯合國2015年發布永續發展目標，與大學的永續治理關係如何？

三、大學自主治理的法源依據為何？

四、大學自主治理模式發展的影響因素如何？

五、大學自主治理的永續發展策略有哪些？

第二章

實踐聯合國「永續發展目標」（SDGs）教育指引：嘉義市為例

林立生·

　　聯合國於2015年發布「2030年永續發展方針」，提出「永續發展目標」（SDGs），作爲世界各國於未來15年（2016-2030）具體行動的指導原則」（United Nations, 2015a）。嘉義市爲了實踐聯合國「永續發展目標」（SDGs），特發展本指引，作爲所屬學校推動與實踐的依據。本指引秉持十二年國民基本教育課程綱要總綱「全人教育」精神（教育部，2014：1），連結本市教育發展綱領「人文第一、科技相佐、精緻創新、國際視野」的教育願景與理念（嘉義市政府，2006），統籌了市層級的國民教育輔導團、校長及教師專業發展中心，及課綱相關計畫與業務單位，在實踐聯合國「永續發展目標」（SDGs）的課程與教學專業推動上，共好前行。

　　本文分成六部分：首先，說明緣起；其次，敘述聯合國「永續發展目標」（SDGs）的意義；第三，論述SDGs與108課綱的連結；第四，闡述嘉義市教育發展綱領與SDGs連結的策略架構；第五，分別說明將於本市實踐的聯合國「永續發展目標」（SDGs）的知識、情意、技能面與可執行的行動方案；最後總結。

壹 前言

　　聯合國於2015年9月25日聯合國發展高峰會，發布「2030年永續發展方針」，提出「永續發展目標」（SDGs），包含17個永續發展目標及169個細項目標，作爲世界各國於未來15年（2016-2030）具體行動的指導原則。嘉義市政府教育處爲了能進一步系統化的實踐SDGs，特別擬訂「嘉義市實踐聯合國『永續發展目標』（SDGs）教育指引」透過連結SDGs的17個議題目標，推動各校發展適合學校總體環境的相關課程。這是以縣市層級課程治理的方式，發展的實踐聯合國「永續發展目標」（SDGs）的教育指引，極具教育意義。

　　本指引希望各校推動時，以全人實踐的方式，將17個目標落實於學生的生活中，強調孩子適應未來的能力，重視動手做、跨領域、跨議題的課程學習，讓嘉義市成爲培育永續地球公民的基地。例如：在實踐SDGs永續目標13「氣候行動」目標的議題上，結合永續目標7「人人可負擔的永續能源」，嘉義市推出「5心教育與教育111」政策，在全

市學校建立「班班有冷氣及新風換氣系統」的同時，也建立智慧能源管理系統；並在校園推廣種植本土樹種、推動太陽能光電屋頂、落實雨水回收與中水使用、教學空間全面換裝LED發光照明，以及配合全市綠色空間分布型態，發展生態圍籬以建立生態跳島等措施，努力往校園零碳排的目標邁進。為深化上述案例，有必要發展成為系統課程，以利永需經營。

　　綜上，本指引期望嘉義市各級學校皆能將SDGs的17項指標之推動意義與價值，依各校條件之不同，從聯合國永續發展目標項目中，選擇適合各學校發展的目標，融入學校的課程與校園生活中，努力實踐讓全校親師生成為具備聯合國永續發展目標內涵的世界公民，達到校校皆為「永續發展目標的實踐校園」之目的，學生也將成為SDGs的小小種子。而，由於SDGs的實踐在嘉義市的教育中扎根，鏈結了全世界，嘉義市也將成為世界永續環境發展重要的實踐城市。

貳　SDGs的意義

　　永續發展目標（Sustainable Development Goals，簡稱SDGs）於2016年開始在全球範圍內導入，此過程稱為「永續發展目標的在地化」。地球上的所有事物、人種、大學、政府、機構和組織，都共同致力於多個目標。各國政府也必須積極尋求合作夥伴，同時將目標立法，納入國家法律體系中，並制定執行計畫與訂定預算，務實執行。此外，低度發展國家需要高度發展國家的支持，因此國際間的協調與互助，極為重要。永續發展目標呼籲所有國家行動起來，在促進經濟繁榮的同時保護地球。目標指出，消除貧困必須與一系列戰略齊頭並進，包括促進經濟增長，解決教育、衛生、社會保護和就業機會的社會需求，遏制氣候變化和保護環境。據此，永續議題即成為跨領域議題，與108課綱的課程革新方向不謀而合。以下分別就永續發展目標（圖1）的意義，以示例方式加以敘述（United Nations, 2015b）。

圖1

聯合國永續發展目標（United Nations, 2015b）

一、終結貧窮（No Poverty）

意義：透過社會的經濟與安全照護系統，強化弱勢族群的生活水平，達到消除貧窮的目標。這個議題不僅發生在開發中國家，也影響著已開發國家，即使在全世界最富裕的國家群之中，也有3,000萬個以上的兒童家境貧困，需要社會安全系統照護救濟。

二、零飢餓（Zero Hunger）

意義：透過促進永續農業確保糧食安全、食材安全並達到消除飢餓，改善學童營養攝取均衡。全球有9.75億飢餓人口，聯合國預計2050年將再增加20億人口，為滿足全人類營養需求，全球農業、糧食及食安系統必須做出變革。

三、良好的健康和福祉（Good Health and Well-Being）

意義：確保各年齡層人民的身體與心理健康，以促進健康生活與福

祉，增加全球各國人民的生活幸福感。WHO每年能撥款至少50億美元用於各種疫苗接種或罕病、癌症藥物研發，就能拯救至少600萬以上兒童的生命。

四、優質教育（Quality Education）

意義：確保全面共融、公平和高品質的優質教育，並培養自主學習方法與習慣的終身學習素養。重要性：開發中國家的基礎教育（小學教育）入學率已達到91%，但全世界仍有5,700萬兒童失學。

五、性別平等（Gender Equality）

意義：實現性別平等、增強所有婦女和女童之賦權。在全球範圍內，婦女在勞動市場的平均收入仍比男性少24%，工作機會與職務升遷仍有歧視存在。

六、潔淨水資源（Clean Water and Sanitation）

意義：確保環境品質及生活資源永續管理基礎，為所有人提供潔淨水源和衛生的環境，同時善用中水資源推動永續維護管理。水、環境與個人衛生是人類生活的基本權利。人類活動產生的汙水80%以上未經任何處理就排放到河流或海洋中，連帶造成食物鏈的汙染；而校園用水多數可經由回收系統再用，落實有效省水及用水目標。

七、可負擔的潔淨能源（Affodable and Clean Energy）

意義：確保所有人皆能負擔得起安全、永續與潔淨的能源，校園場域是可作為基礎實踐的教育場所。不同的能源使用項目是導致氣候變遷的主要原因，在全球溫室氣體排放量中約占60%。如何在校園中推動潔淨能源的使用與有效率使用能源，是養成公民正確行為的重要基礎。

八、減少不平等（Reduce Inequalities）

意義：減少國家內部和國家之間的不平等。我們將世界上任何一部分人口排除在外，將無法實現永續發展的。鼓勵孩子與不同文化、社

會背景的人交朋友；透過與孩子討論對他人的感受，並消除對年齡、性別、種族、信仰的刻板印象；到食物銀行、關注移工，或無家者等非營利組織當志工，去切身理解不平等對人類身心造成的傷害與影響。

九、永續城市與社區（Sustainable Cities and Communities）

意義：建設包容、安全、有抵禦災害能力和永續發展的城市、人類居住區和校園空間。重要性：在世界未來的發展中，將有超過75%人口將居住在城市當中，尤其嘉義市地狹人稠，更需要透過城市永續發展保障社區與學校的居住安全。

參 SDGs與108課綱的連結

本小節從三個面向探討SDGs與108課綱的連結，包括：SDGs與課綱的8大領域與19項議題和其他相關的連結、意義面關聯性探討、解決問題面關聯性探討。

一、SDGs與學科領域、議題和課綱其他相關的連結

經過逐一檢視後，SDGs與108課綱相關的分類、連結一覽表如表1。

表1
SDGs與108課綱相關的分類、連結一覽表

聯合國永續發展目標 SDGs	與108課綱19議題或領域相關	108課綱其他相關主題	課程設計建議
SDG 1終結貧窮		弱勢照顧	鼓勵採用跨領域教學設計：
SDG 2零飢餓		食農教育	1.探究教學模式（Bybee et al., 2006）
SDG 3良好健康與福祉	健康與體育領域	健康促進	2.DFC（社團法人臺灣童心創意行動協會，2022）
SDG 4優質教育	5.科技教育 10.生命教育 12.資訊教育 17.閱讀教育	創新教育 創客教育	3.現象為本的跨領域課程設計（洪詠善，2016） 4.跨領域素養導向課程設計（陳佩英，2018）。
SDG 5性別平等	1.性別平等		

聯合國永續發展目標 SDGs	與108課綱19議題或領域相關	108課綱其他相關主題	課程設計建議
SDG 6乾淨水與衛生	3.環境教育	水資源教育	5.S2課程設計（呂秀蓮，2020） 6.其他可以呈現實踐SDGs與108課綱相關的課程設計
SDG 7可負擔的潔淨能源	3.環境教育 6.能源教育		
SDG 8尊嚴就業與經濟發展	15.生涯規劃	技職教育	
SDG 9產業創新與基礎建設	5.科技教育 12.資訊教育	創新教育 創客教育	
SDG 10減少不平等	2.人權教育 8.原住民族 16.多元文化		
SDG 11永續城市與社區	3.環境教育 6.能源教育 10.生命教育 13.安全教育 14.防災教育 15.閱讀教育		
SDG 12負責任的消費與生產	7.家庭教育		
SDG 13氣候行動	3.環境教育	氣候變遷	
SDG 14保育海洋生態	3.環境教育 4.海洋教育 10.生命教育		
SDG 15保育陸域生態	3.環境教育 10.生命教育		
SDG 16和平正義與有力的制度	11.法治教育		
SDG 17夥伴關係	19.國際教育		
SDGs17個目標適用	9.品德教育、18.戶外教育		

二、SDGs與108課綱意義面關聯性探討

SDGs與108課綱的意義面關聯性，以示例的方式加以說明如下：

1. SDG 1終結貧窮VS.弱勢照顧：可在對貧窮的弱勢照顧相關教育主題上產生關聯。貧窮家庭相對的在生活上增加許多困難與不便，因而生活周遭與世界上的貧窮族群，作為弱勢族群，需更多的關懷。本項目非屬學科領域與議題，可以以主題、專題或活動等方式進行跨領域課程設計。

2. SDG 2零飢餓VS.食農教育：可在對飢餓族群的相關教育主題上產生關聯。飢餓家庭或個人仍充斥世界，特別是第三世界，因此，他們面臨生存與生命的考驗更加險峻。透過食農教育的推廣，讓學生建立人飢己飢、人溺己溺的情懷，並且能有行動。本項目非屬學科領域與議題，可以主題、專題或活動等方式進行跨領域課程設計。

3. SDG 3良好健康與福祉VS.健康與體育領域、健康促進業務：可在健康與體育領域、健康促進業務的相關教育主題上產生關聯，前者為課綱特定領域，其課程發展的系統性，學科組織邏輯嚴謹，僅須關注與聯合國永續議題「良好健康與福祉」的連結即可，而健康促進業務為專案業務，仍有可依循的計畫來執行與連結。

4. SDG 4優質教育VS.科技教育、生命教育、資訊教育、閱讀教育、創新教育、創客教育：科技教育、生命教育、資訊教育、閱讀教育四項屬於108課綱的議題，依議題融入說明手冊發展課程與教學，並關注與聯合國永續議題「優質教育」的連結。創客教育一般包含於科技議題中處理，重點在作品的實作與產出；而創新教育可依循本市教育發展綱領「精緻創新」願景，及2022教育處的中程旗艦計畫「教育新都心─人文創新拚世界」的內涵與項目為依據，連結本項聯合國永續議題來切入。

5. SDG 5性別平等VS.性別平等：二者用詞一致，屬於108課綱的議題，依議題融入說明手冊發展課程與教學，並關注與聯合國

永續議題「性別平等」的連結。

6. SDG 6乾淨水與衛生VS.環境教育、水資源教育：環境教育屬於108課綱的議題，依議題融入說明手冊發展課程與教學，並關注與聯合國永續議題「乾淨水與衛生」的連結即可；而「水資源教育」為直接關聯的主題、議題或活動。乾淨的水與衛生在世界的許多國家仍求之而不可得，特別是第三世界，此問題讓他們面臨生存與生命的險峻考驗。透過彰顯世界「乾淨的水與衛生」的問題，與教育的安排，課程與教學的設計，讓學生建立乾淨水與衛生的知識情意與技能，並且能透過行動，深入問題核心。雖非屬學科領域與議題，仍可以主題、專題或活動……等方式進行跨領域課程設計。

7. SDG 7可負擔的潔淨能源VS.環境教育、能源教育：環境教育、能源教育屬於108課綱的議題，依議題融入說明手冊發展課程與教學，並關注與聯合國永續議題「可負擔的潔淨能源」的連結。

8. SDG 8尊嚴就業與經濟發展VS.生涯規劃、技職教育：生涯規劃教育屬於108課綱的議題，依議題融入說明手冊發展課程與教學，並關注與聯合國永續議題「尊嚴就業與經濟發展」的連結。技職教育除了與上述生涯規劃相連結外，亦可與本市嘉義國中的職業探索中心的相關業務與活動來連結並設計課程，讓學生有職業試探與興趣了解的機會，幫助日後尊嚴就業，並了解自己的就業與社會國家甚至世界的經濟發展之關聯。

三、SDGs與108課綱解決問題面的關聯性探討

SDGs17個目標透過與108課綱產生關聯後，試圖幫助地球的永續發展解決什麼問題，教育實踐時，有幾個方向與原則加以說明，方便掌握：

1. 從學生生活中找問題：SDGs與108課綱都強調與學生的生活相結合。

2. 透過解決問題過程，建立素養：SDGs與108課綱都強調培養學

生解決問題的能力，透過解決問題的過程中培養跨領域的統整能力，是素養教育的重要內涵。

3. 擴大學生的學習經驗基礎：學習階段的學習內容與學習表現不斷加深、加廣過程中，前一階段的學習結果形成的知識、經驗、態度、情意、能力等的建構，是下一學習階段的再建構過程的基礎。由於SDGs與108課綱都強調與學生的生活相結合與培養學生解決問題的能力，這些都是比在教室中被動被灌輸知識來得有趣、自然，與更符合學生學習生活的完整性，當然對於擴大學生的學習經驗基礎的幫助更大更全面而不斷裂，且更有永續的意義。

4. 引導自主學習，強調體驗實作的行動力：SDGs與108課綱都強調學生是學習的主體、須從實作、行動中去經驗世界、組織世界、產生永續的意義，這便是自主學習的精神，也是教師須引導學生自主學習的重要方向。

5. 問題須為務實可解決為優先：基於建立學生的成功經驗，而對學習產生成就感與自信心考慮，教師所布置的主題、議題、專題需考量學生的學習發展階段、認知發展階段，與知識經驗基礎，來布置可務實解決，或可探索而學習成功的問題為優先。SDGs與108課綱的素養導向的精神，便是需掌握此一共通原則。

6. 幫助學生獲取學習的成功經驗，建立學習自信心：當學生獲得學習成功、感覺滿意、壓力解除、並獲取生命的意義時，便獲取了成功經驗，相對對學習會產生更大的興趣，也能為永續議題產生貢獻；萬一失敗，也要引導並非失敗，而是下一階段學習成功的基礎。108課綱素養導向全人教育精神與SDGs的永續內涵不謀而合。

7. 主題、專題、議題與活動的靈活運用，深化問題的學習：宜區分主題、專題、議題與活動的導入時機與適合度，有些適合主題探究、有些適合專題研究、有些具爭議性的議題並沒有標準答案，而是在啟發深度思辨，需釐清且加上活動安排來設計課

程，讓學習更有系統與深度。

綜上，本教育指引希望透過提出SDGs與108課綱解決問題面相關聯的部分，訂出教育實踐時的方向與原則，供作嘉義市教育同仁共同實踐聯合國「永續發展目標」（SDGs）的教育方向與原則。

肆　嘉義市教育發展綱領與SDGs+1連結的推動組織與策略架構

嘉義市實踐SDGs永續教育目標奠基嘉義市教育發展綱領「人文第一」的人文關懷爲核心價值，以全人實踐的方式，結合108課綱，將17個目標落實於學生的生活中，幫助學生以實際行動實踐SDGs的永續發展目標。以下圖解說明嘉義市教育發展綱領與SDGs+1連結的推動組織與策略架構。

一、推動組織

圖2
嘉義市實踐聯合國「永續發展目標」（SDGs）目標的推動組織

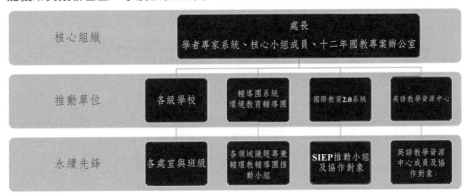

嘉義市教育發展綱領與SDGs+1連結，實踐聯合國「永續發展目標」（SDGs）的推動組織由教育處處長帶領，分成三個層級。

1. 核心組織層級：由處長召開，學者專家系統爲諮詢輔導單位，核心小組成員則包括副處長、督學、及課發科爲主責科、體健科爲主配合科、其餘爲配合科、十二年國教專案辦公室執行祕書、SDGs專長校長代表。

2. 推動單位層級：主要為學校單位，須配合108課綱並結合教育發展綱領，發展與SDGs+1連結的學校特色課程設計與相關活動；環境教育輔導團系統則承體健科指導結合環境教育每年度的推動計畫，連結108課綱、教育發展綱領和聯合國永續發展目標（SDGs），發展環境教育推動計畫；其他各領域輔導團則列入每年團務計畫中作適度妥切的連結；國際教育2.0系統則以SIEP為核心推動與聯合國永續發展目標（SDGs）相關的專案，並與108課綱和教育發展綱領結合。英語教學資源中心以2030雙語國家政策為依據，在108課綱、教育發展綱領和SDGs的結合上，以課程、營隊、節慶、跨界等方式推動之。

3. 永續先鋒層級：學校方面以行政方的教務處來主責推動為原則，跨處整合，以班級為最小單位，得以群的方式推動之，並鼓勵以協作方式引進專家協作指導，並且學校的教育治理須以實踐聯合國「永續發展目標」（SDGs）的課程治理為核心，發展課程；輔導團系統、環境教育輔導團系統、國際教育2.0系統、英語教學資源中心系統，均以相關成員或小組成員為主力，以年度計畫為主，結合協作專家與相關對象推動之。

二、策略架構

圖3

嘉義市教育發展綱領與SDGs+1連結的推動策略架構

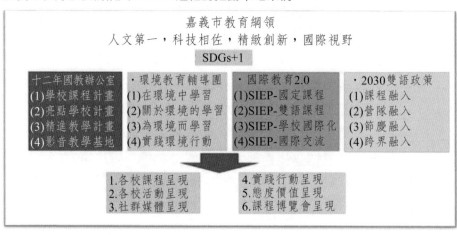

　　嘉義市實踐聯合國「永續發展目標」（SDGs）目標的策略架構，除遵循108課綱的總綱與領域綱要、19項議題及相關主題與內容等面向的指導之外，以下分四個面向來敘述嘉義市教育發展綱領指導下的策略架構，用以指引本市相關組織架構單位，與成員的整體性思維、規劃與實踐，分述如下：

1. 由嘉義市教育發展綱領指導：嘉義市教育發展綱領及其後續發展的教育圖像，用以掌握全球教育發展、展現地方教育特色、符應學生身心發展，開啟教育新價值、重塑教育新內涵、構築教育新結構，提升本市公民的競爭力為目的；綱領區分為「願景」、「理念」、「使命」、「學理」、「圖像」、「目標」、「行動方案」等標題，具結構性、整合性、未來性的總體性「戰略與戰術」（嘉義市政府，2006）。

2. SDGs+1：將「自己」投身永續實踐的教育文化氛圍中，+1同行；盤點「組織」相關資源投入永續實踐的市層級推動策略架構中，+1共好；整合各項可實踐永續目標的教育「計畫」，+1創新。

3. 跨組織連動整合：各級學校、環境教育輔導團系統、市層級各領域議題輔導團系統、國際教育2.0系統、英語教學資源中心系統等，及周邊人力、物力、財力、計畫等資源的連動整合，在市層級的教育治理、課程治理之下，組織作戰、團結向前的實踐聯合國「永續發展目標」（SDGs）目標。

4. 六大面向的呈現：主要是成果展現與宣傳，包括：課程博覽會、各校多元課程成果發表、臉書等社群媒體的宣傳、聚焦永續核心價值論述的宣傳、實踐行動的故事、社團活動等的呈現實踐聯合國「永續發展目標」（SDGs）目標的成果，讓永續價值的創新擴散。

伍　實踐聯合國「永續發展目標」（SDGs）目標的教育指引

　　以下以示例方式具體呈現SDGs的知識、態度、技能與可參考的行動方案，作為本市各校實踐聯合國「永續發展目標」（SDGs）的教育指引，如表2。

表2

嘉義市實踐SDGs的知識、態度、技能與行動方案教育指引表（示例）

聯合國永續發展目標SDGs	知識面	態度面	技能面	行動方案
SDG 1終結貧窮（No Poverty）	1. 能理解極端貧窮和相對貧窮的概念，並思考在不同國家這兩個概念所隱含的文化差異性。 2. 能認識造成貧窮的成因和影響，例如：國家資源和權力分配不均，自然災害、環境惡化和氣候變遷、教育水準不足或缺乏社會安全保障等原因。 3. 能了解縮小貧富差距的策略或措施，思考解決人民貧窮問題的方法。	1. 願意面對社會貧窮的現實面與對立面，並提高對貧窮所衍生問題的敏感性。 2. 面對貧窮與弱勢族群人民時，願意聲援並設法協助，也能反思自身在改善社會結構流動與進步時能扮演的角色。	1. 能在課程裡學習思考、規劃、實施、評估和推廣有助於減少貧窮問題的倡議和活動。 2. 能面對學校和社區弱勢族群所面對的困境，思考提出解決方案，或是願意和社會機構、企業等外部資源合作，解決與貧窮相關的系統性問題。	1. 師生一起了解能源和氣候變遷如何造成貧窮現象。 2. 結合政府與民間社團力量，照顧校內弱勢家庭學童學習及生活所需。 3. 結合學校活動與社團義演募款，以行動力支持公益團體對貧童的愛心活動。 4. 結合學校課後照顧班、夜光天使班與社區兒少照護基地等專案，強化弱勢家庭學童教育機會平等，減少因社經因素產生的教育品質落差。

聯合國永續發展目標SDGs	知識面	態度面	技能面	行動方案
SDG 2零飢餓（Zero Hunger）	1.理解從永續農業解決全球飢餓和營養不良等問題。 2.反思個人、地方、全國和全球層面，導致飢餓的根本原因和主要因素。 3.理解飢餓和營養不良問題，對人類生理和心理的影響，以及造成弱勢族群複製增加的影響。	1.對飢餓的人具有同理心，以同情、負責任和協助的態度對待，如知道飢餓與浪費食物的對比。 2.從學習過程中，反思自己對理解解決飢餓、改善營養狀況與促進永續農業的價值觀，願意從產地到餐桌的食物履歷進行追蹤關心，以規劃城市或校園相關的專案。	1.落實食育與食農相關的素養能力，從改變自身的生產和消費習慣做起，促進解決飢餓，增加全球永續農業發展的共識。 2.從個人、校園到社區的層面，參與解決飢餓救助、公平分配、永續農業等實際行動方案。	1.推動食農教育，學校小農園栽種有機蔬菜及水果。 2.營養午餐食材推動3章1Q，盡量選用在地食材，減少運輸過程碳排放，落實學童均衡飲食，減少廚餘產生。 3.參與社區食物銀行的推動及募集行動，協助社區弱勢民眾及減少即期食物浪費。 4.參與公益基金會搶救受基兒活動，募集捐款協助偏鄉弱勢兒童。 5.寒暑假及突發事故（例如：疫情）停課期間發放弱勢兒童午餐食物兌領券。

聯合國永續發展目標SDGs	知識面	態度面	技能面	行動方案
SDG 3良好健康與福祉（Good Health and Well-Being）	1. 了解學校健康促進的概念，而且是不分性別同等重要。 2. 理解嚴重的傳染性和非傳染性疾病的病程概況，以及會對人體造成傷害或死亡的情形。 3. 理解身體與心理健康同等重要的必要性，也願意培養正向生理、心理行為與態度的正確知識。 4. 知道酒精、菸害、毒品及其他藥物成癮對健康的傷害，學習積極預防及接受治療的正確知識。	1. 能讓自己和同儕在師長的引導下，對健康和福祉的生活有全面的了解與期待，並能深化其價值觀、信念和態度於活之中。 2. 願意勇敢追求幸福生活，也願意學習針對性健康、生殖健康與福祉促進等知識，並支持身心健康促進相關策略與行動。 3. 願意承諾為自己、家人和社會他人促進身心健康和福祉，也願意在國民健康和社會福利領域從事專業工作或擔任志工。	1. 落實在日常生活中健康的生活態度，與正向的心理素質，並能適時幫助有需要協助的他人。 2. 能夠為自己、家人和社會他人規劃、實施、評估促進良好健康與福祉的策略與行動。 3. 能夠公開要求和支持政府制定旨在健康促進和福祉促進的公共政策。	

聯合國永續發展目標SDGs	知識面	態度面	技能面	行動方案
SDG 4優質教育（Quality Education）	1. 了解接受教育與終身學習，是人類發展與實踐永續發展目標的重要方法。 2. 認識教育是一項公益事業，也是普世價值的基本人權。 3. 理解缺乏優質教育和終身學習機會的不平等是社會發展低落的主因。	1. 能認識教育的內在價值，並在個人發展過程中實現自己的學習需求。 2. 從親身參與學習過程中，鼓勵他人利用學習機會增強能力，改善自身生活品質。 3. 提高全民接受優質教育的共識，是促進社會永續發展的重要力量。	1. 善用學校教育和終身學習的機會，學習如何學習的方法。 2. 積極在不同層面制定促進全民優質教育、永續發展教育的相關政策和方法。 3. 以自由、平等、無性別差異和融合教育的精神，促進全民教育機會均等。	1. 落實嘉義市教育發展綱領、教育111政策及教育5心政策內涵，讓孩子享有教育公平正義的均質學習環境。 2. 依據教育部108課綱、聯合國SDGs永續發展目標，發展學校SDGs相關課程與建構學生圖像。 3. 積極運用政府部門與民間單位的協助資源，提供家庭弱勢孩子或學習弱勢的孩子適性教育計畫，以保障平等優質教育與終身學習機會。

聯合國永續發展目標SDGs	知識面	態度面	技能面	行動方案
SDG 5性別平等（Gender Equality）	1. 理解性別差異、性別平等和性別歧視的概念，了解一切形式的性別歧視、暴力和不平等，以及造成這些現象的歷史因素和現況發展。 2. 對照全球規範與現況，了解本國文化中對於性別平等的實踐水準；並認識婦女和女童的基本權利，包括其免受剝削和暴力侵犯的權利及生育權利。 3. 理解教育對促進性別平等的積極意義與功能，尤其是在某些國家、地區或宗教文化區域更是需要積極接入與推動。	1. 能尊重性別之間的文化敏感性，但勇敢反對任何形式的性別歧視與暴力，以及強化性別平等對增進人類普世價值的益處。 2. 願意從學習終結性別歧視的過程中，提高自身對於性別平等價值觀的尊重與認識。 3. 願意反思自己的性別身分和角色安，同情和聲援那些不符合社會性別期望和角色歸因的少數人。	1. 能夠學習和實踐減少性別歧視的行動，願意參與和影響促進性別平等有關的決策。 2. 能夠學習規劃、實施、支持和培力促進性別平等相關教育措施和實踐行動。 3. 支持他人培養跨性別的同情心，打破性別歧視，制止性別暴力的事件或環境發生。	

聯合國永續發展目標SDGs	知識面	態度面	技能面	行動方案
SDG 6乾淨水與衛生（Clean Water and Sanitation）	1. 了解水是生命存在的基本條件，而水汙染和水源短缺會造成生命存續和生活品質極大的影響。 2. 了解水是地球系統運作一項極為重要的動力，也和人類生活息息相關。 3. 了解安全飲用水安足夠的生活用水是人類文明得以永續發展的重要資源。	1. 個人對用水負責任，能夠謹慎用水、節約用水，並防止水汙染情形發生。 2. 能了解良好的社區供水系統和衛生設施管理完善的重要性，以及對人民健康、社會國家永續發展的重要影響。	1. 能夠減少個人的水足跡、節約用水，維護與保障優質水資源的來源。 2. 積極發展中水回收、海水淡化、用水效率、廢水處理回收再利用、地下水補給等技術，促進有效的水源自給自足能力和水資源管理能力。	1. 進行善用水資源課程，落實雨水、飲水機廢水、洗手台用水等的回收，善用這些水資源，進行校園植栽澆灌或清掃使用。 2. 透過透水鋪面及校園生態池的設置，涵養校園地下水源。 3. 參與世界展望會水資源專案，募款幫助非洲地區村落取得乾淨、安全的飲用水。透過興建水井與廁所，推廣衛生教育等工作，改善社區的衛生觀念，並增加婦女就業及孩童就學機會。

聯合國永續發展目標SDGs	知識面	態度面	技能面	行動方案
				4.進行與本市水資源議題相關之戶外教育教學，如蘭潭水庫水源區、自來水淨水廠、頂庄環境教育基地、大溪厝環境教育基地等，實際了解大型水資源處理運作狀況。

陸　案例（代結語）

本小節以嘉義市北園國小的教學成果範例為例，呈現嘉義市推動聯合國「永續發展目標」（SDGs）目標的具體行動，代結語。採用的SDGs的教學模式為「探究式教學」模式（國家教育研究院，2000），訴求以人為本，強調解決問題的學習法，從親自經驗問題、探究設計，為問題找出解方，然後反思、行動，激發內在學習動機。有三大關鍵原則：(1)學習是建構於真實世界經驗到概念、理論與通則的課程實踐。(2)學生需靠自己有方法地統整資訊，進而發展並提出自己的看法與重要結論。(3)教師在課程進行中最重要的角色是不斷地引導學生進行討論、行動與省思。核心概念「探索－行動－反思」，課程規劃的主題名稱結合聯合國永續議題，五項教學準備與引導方式分別為：(1)看見Notice（what）－事件、新聞、圖片、景象；(2)探索Explore（why, how）；(3)表達Express（如何呈現與表達問題與發現，善用資訊工具如ppt/video/infographic）；(4)行動Act（解決問題的行動）；(5)反思

Reflect（反思／回饋／修正）。嘉義市北園國小以「目標10：減少國內及國家間的不平等」為例的設計範例如下。

表3

「SDGs目標10：減少國內及國家間的不平等」的教學成果範例

一、課程主題名稱：你容我融、藝哉北園—融合書畫
說明：2030年前，增強並促進所有人的社會、經濟和政治包容性，無論其年齡、性別、身心障礙、種族、族群、族裔、宗教、經濟或其他任何區別，確保機會平等、減少不平等現象。

二、看見Notice（what）—事件、新聞、圖片、景象	 

好心同學揹玻璃娃娃滑倒判賠	大學生推打辱罵身障學生

唐氏症女孩成日本知名書法家	身心障礙者權利公約推動

前些年來，常在新聞媒體看到玻璃娃娃受傷事件的負面新聞，令一般社會大眾對於身心障礙者的需求與照護，有著錯誤的認知與對應的方式；再者，我們也看見全世界身障生的正向報導，再加上近幾年來，國際上所倡導的身障者權利公約（CRPD），也在我們的國家立了法來推動身障人士的人權；所以北園國小團隊決定以融合書畫的方式來設計課程，幫助普通班的學生從小認識身障學生，透過正向的融合學習互動，增進彼此的了解、消弭對身障人士的錯誤認知，進而提升普通生將來步入社會後，能更加地發揮能量，幫助弱勢。

三、探索Explore（why, how）	 
	身心障礙者權利公約宣導（師、生）

	融合宣導活動 ／ 認識小小藝術家
	(一)運用身心障礙者權利公約CRPD的精神與意涵進行全校師生的宣導。 (二)北園特教團隊設計三節課的微型的、試探性融合書畫課程教學活動。 (三)進行跨校跨學制的正面直接接觸與互動，並彼此共同完成畫作。
四、表達Express（如何呈現與表達問題與發現，善用資訊工具	   

	(一)普通生與身障生共同創作書法寫字與點點拼貼，一起完成創意畫作。 (二)學生會彼此觀察互動與學習，進而相互觀摩來完成作品，老師緊接著進行作品賞析，並請普通班學生發表和身障生一起互動學習的感想。 (三)最後，帶領全體學生進行課程反思；由教師藉由提問的方式來引導學生反思對弱勢族群或是社會不平等對待族群的看法。
五、行動Act （解決問題的行動）	  107學年第一屆融合書畫展　　108學年第二屆融合書畫展   109學年第三屆融合書畫展　　110學年第四屆融合書畫展 (一)課程結束後，發放學習單給普通生紀錄填寫，敘明未來自己可以採取的行動力來幫助並解決國內不平等族群的需求或方案。 (二)北園團隊連續4年辦理書畫融合展，並邀請國際崇她嘉義社一起來共襄盛舉，讓社會大眾看到身心障礙族群孩子的優勢與亮點。

六、反思Re-flect（反思／回饋／修正）	 
	教師引導學生進行省思學習活動
	 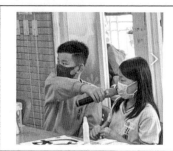
	(一)團隊教師亦從一個一個的學習單中去引導學生有無享受這個課程？對身障生的感覺是什麼？以後願不願意幫助弱勢族群？普通生皆回饋：喜歡這個學習內容；對身障生不感覺害怕，反而覺得他們很可愛；長大以後他們都樂意幫助弱勢族群。
	(二)透過課程的實施與融合展的辦理之後，北園團隊思索課程的設計與活動的辦理方式該如何在精進與切合SDGs目標。
七、反思後再探究整理	(一)簡介：什麼是關懷弱勢？學生已經從融合書畫課程探知這個主題，他們對問題的回饋和如何看待這個問題。學生會發現一些自己的具體想法。
	(二)普通生在課程進行時，該如何協助特殊生完成作品？欣賞完特殊生的作品後，有什麼看法？以及他們如何看待弱勢族群。
	(三)學生反思他們的對這堂課程的感受，以及改觀自己原本對特殊生的刻板印象，認同特殊生的才華與能力，並願意未來為特殊生付出小小的心力。
	(四)特教融合的方向，由教室走進校園、踏出了校門、跨出了縣市；小小的畫作，從教室的桌案、浮貼上校園的白牆，接著翻越了那堵牆，自信的展示於美術館。是否改變了人們對特殊生的態度？特殊生是否改變自己對自己的看法？

參考文獻

(一) 中文部分

呂秀蓮（2020）。**新課綱教材的編製與使用之新路徑：S2素養課程的學習內容**。
2022年8月25日，網址：http://www.ater.org.tw/journal/article/9-3/topic/02.pdf

洪詠善（2016）。**學習趨勢：跨領域、現象為本的統整學習**。2022年8月25日，網
址：https://epaper.naer.edu.tw/edm.php?grp_no=2&edm_no=134&content_no=2671

陳佩英（2018）。**跨領域素養導向課程設計工作坊之構思與實踐**。2022年8月25日，
網址：http://www.edubook.com.tw/OAtw/File/PDf/414054.pdf

嘉義市政府（2006）。**嘉義市教育發展綱領**。嘉義：嘉義市政府。

教育部（2014）。**十二年國民基本教育課程綱要總綱**。中華民國103年11月28日臺教
授國部字第1030135678A號令訂定發布。

國家教育研究院（2000）。**探究教學法**。2022年8月16日，網址：https://terms.naer.
edu.tw/detail/1309716/

社團法人臺灣童心創意行動協會（2022）。**關於DFC挑戰**。2022年8月25日，網址：
https://tycaa.dfctaiwan.org/dfc-challenge

(二) 英文部分

Bybee, W. R., Joseph, A. T., April, G., Pamela, V. S., Janet, C. P., Anne, W., & Nancy, L.
(2006). *The BSCS 5E Instructional Model: Origins, Effectiveness, and Applications*.
Colorado Springs, CO: BSCS.

United Nations (2015a). Transforming our world: the 2030 agenda for sustainable develop-
ment. 2022年8月16日，網址：https://sdgs.un.org/2030agenda

United Nations (2015b). Do you know all 17 SDGs?. 2022年8月16日，網址：https://sdgs.
un.org/goals

問題與討論

一、嘉義市為什麼要訂定實踐聯合國「永續發展目標」（SDGs）的教育
　　指引？

二、實踐聯合國「永續發展目標」（SDGs）為什麼鼓勵採用跨領域教學
　　設計，包括：探究教學模式、DFC、現象為本的跨領域課程設計、
　　跨領域素養導向課程設計、S2課程設計等其他可以呈現實踐SDGs與
　　108課綱相關的課程設計？

第三章

戶外教育與海洋教育整合政策之發展與影響

吳靖國

壹 前言

教育部國民及學前教育署（簡稱「國教署」）整合戶外教育與海洋教育兩個議題之政策，源於行政院提出之「向山致敬」與「向海致敬」。

行政院檢討國內山林政策，於2019年10月向國人宣布「向山致敬」，提出「開放、透明、服務、教育、責任」五大政策主軸，並於同年11月首度提出「向海致敬」概念（行政院全球資訊網，2019），進而在2020年5月的院務會議中指示「向海致敬」之規劃比照「向山致敬」之政策主軸，以及在6月4日的院會中明確指出（行政院全球資訊網，2020）：

> ……「向海致敬」五大原則為「開放、透明、服務、教育及責任」，鼓勵人民「知海」（知道海洋）、「近海」（親近海洋）及「進海」（進入海洋），確保海洋永續發展，讓臺灣因海而無限遠大。

教育部因應「向山致敬」與「向海致敬」政策，進一步在2020年5月25日由教育部長召開「向山、向海致敬」研商會議，針對「教育」面向進行討論與規劃，其中有關整合發展之推動重點如下（教育部，2020）：

> 強調「落實」及「普及」，讓學生可普遍地學習及體驗，並以戶外教育為基礎，聚焦於山、海部分，強化引導措施，培養學生冒險犯難的精神，以及符應「十二年國民基本教育課程綱要」強調的探究實作精神。

會議結論也特別提及「結合戶外教育，強化山海交流及城鄉交流」，更確立了以戶外教育為基礎來連結山野教育與海洋教育的政策發展。

　　由於教育部推動海洋教育、山野教育、戶外教育都分別制定有相關補助要點，但分屬不同主管單位（海洋教育與戶外教育由國教署主管，山野教育由體育署主管），且各議題已經運作多年，也各成運作體系，而「連結」涉及了不同運作體系之間的協調與統整，尤其在經費補助、組織運作、教學內涵上都必須進一步研議與規劃，故國教署自2020年6月開始邀集相關單位了解議題執行情形，以及持續邀請專家學者進行整合發展之可行途徑的討論，並於同年於8月筆者受邀至國教署，連同一位推動戶外教育學者及一位推動山野教育之小學校長，共同討論及研議整合發展之作法，而由筆者進一步協助規劃4年之專案推動計畫，並於2020年10月專案委託國立臺灣海洋大學執行「109-110年度戶外教育、海洋教育、山野教育整合與發展計畫」。

　　由於山野教育的補助經費及發展規劃由體育署主管，考量兩個單位要共同整合三個議題難以在短時間內獲得良好的規劃，而為了讓整合過程能依時程順利進展，經由幾次會議討論之後，遂將整合發展聚焦於戶外教育與海洋教育，僅將山野教育內涵納入戶外教育中而不特別突顯，並將委辦計畫修正為「109-110年度戶外教育與海洋教育整合及發展計畫」，於是確立了當前戶外教育與海洋教育兩個議題之整合發展的政策方向。

貳　當前戶外教育與海洋教育整合發展情形

　　海洋教育的發展，自2007年頒布《海洋教育政策白皮書》，成立「教育部海洋教育推動小組」，國教署協助各縣市設置「海洋教育資源中心」，並由筆者於2013年9月協助國立臺灣海洋大學設置「臺灣海洋教育中心」，作為協助教育部整合與推動海洋教育之單位，遂於2015年開始經由國教署委辦計畫建立與地方政府的運作體系，從教育部、臺灣海洋教育中心、各縣市海洋教育資源中心到學校之間的運作與互動，已經相當具有組織性與系統性（吳靖國，2018），也正因為如此，戶外教育與海洋教育的整合希望藉由此一運作體系，快速獲得穩健的發展，故2020年委託國立臺灣海洋大學的整合發展計畫係由筆者擔任計畫主持人，2022年接續委辦「2022年普及戶外教育計畫」包含六

個子計畫，其中總計畫「設置戶外教育總中心及強化戶外教育與海洋教育組織運作計畫」，希望爲未來整體發展體系建立組織運作基礎。也就是說，目前戶外教育與海洋教育的整合發展係透過委辦計畫的方式來進行各項任務的推展，以下就目標、法令、組織運作三個面向來說明整合發展之情形，並說明委辦計畫對整合發展的進一步導引。

一、整合發展之目標

在2020年的委辦計畫中，筆者以4年發展的角度來構思，分別從地方政府、學校、教育工作者三個層面提出整合發展的三項主要目標：

第一、協助各縣市檢視戶外教育與海洋教育可用資源與支援體系，進行場域、人力、經費等各項資源的整合與運用，建構更符合時代需求與實質效益的運作體系。

第二、經由學校課程促發學生從自己的居住地連結山野、湖泊、河川、濕地、海洋等，拓展學習場域，並透過探究、實作、感受、欣賞與關懷的歷程，展現自己與生活環境的適切互動，實踐自發、互動、共好的素養行動。

第三、促進教育工作者整體思考戶外教育與海洋教育的關係，減輕課程內容的重疊與教學時間的不足，並從人與環境的整體互動來建構課程和實踐教學，以期達成人與自然的永續發展。

二、法令上的整合

國教署原本制定有《教育部國民及學前教育署補助實施戶外教育要點》，以提供學校申請補助實施戶外教育，其包括「戶外教育資源整合及推廣」、「學校辦理推展優質戶外教育路線」、「戶外教育自主學習課程」、「辦理偏遠地區國民中小學進行社會、文化、自然及環境之戶外教育課程」四個部分（教育部主管法規查詢系統，2008）；針對海洋教育，國教署亦制定有《教育部國民及學前教育署補助直轄市與縣（市）政府推動國民中學及國民小學海洋教育作業要點》，包括「強化海洋教育行政支持與運作」、「精緻海洋教育課程與教學計畫」、「推動跨直轄市、縣（市）海洋教育合作計畫」三部分（教育部主管法

規查詢系統，2017）。整合發展之首要，乃將兩者整併為《教育部國民及學前教育署補助實施戶外教育與海洋教育要點》，條文整併後主要辦理內容有四項（教育部主管法規查詢系統，2021）：

(一) 設置戶外教育及海洋教育中心：包括健全組織運作、發展學習路線、提升教學專業、建構資源網絡、呈現推動亮點。

(二) 辦理戶外教育課程：包括學校實施戶外教育、學校推展優質戶外教育路線、學校辦理戶外教育自主學習課程。

(三) 推動海洋教育課程：包括研發海洋教育教材、提升教師海洋教育素養、辦理學生海洋體驗課程活動。

(四) 各機關（構）辦理偏遠地區國民中小學戶外教育課程：鼓勵偏鄉清寒學生參與進行社會、文化、自然及環境之戶外教育課程。

其中第一項屬於兩議題之組織運作上的整合，超越了原來兩個補助要點的內容；第二與第四項是由原來戶外教育補助要點劃分出來的項目，幾乎保留了原來的內容；第三項則來自於原來海洋教育補助要點，將原來子計畫一有關組織運作移到整併後的第一項「設置戶外教育及海洋教育中心」，將原來子計畫二包含的教師專業獨立出來，以及最大的改變是將原來強調跨縣市交流（移至整併後第一項）調整為體驗課程活動。也就是說，在條文的整併上是保守的，並沒有真正將兩個議題的內容整合在一起，而是對原來條文及內容的微幅修正，主要原因在於避免打亂既有的運作體系，而對各縣市的執行單位與運作模式造成困擾。

三、組織運作上的整合

再從組織運作上來看，戶外教育與海洋教育兩者既有的模式差異甚大。戶外教育的運作及推動方式是由各校提出需求，由縣市教育局（處）進行彙整及審核之後，再向國教署提出申請；海洋教育則是由各縣市教育局（處）及海洋教育資源中心擬定整體計畫，向國教署提出申請之後，再進一步推展到各校（吳靖國，2022）。也可以說，戶外教育較屬於由下而上的運作及推動模式，而海洋教育則較傾向於由上而下

的模式，將兩種不同運作模式一起放在同一個組織進行推動，不但需要統整兩個議題原本的推動人員，而且也必須統整兩個不同的組織運作模式，並非短時間可以獲得解決，尤其每一個縣市有其歷史發展脈絡及獨特性，也無法用同一種運作模式提供給各縣市來使用。這也正是採以保守整併補助要點的主要原因。

從2021年至今，組織運作上的變動有兩次，一次在要點整併時，另一次在2022年的委辦計畫中的進一步組織建構與發展。

2021年完成整併的新補助要點，對既有組織運作產生了三個主要的改變（教育部主管法規查詢系統，2008，2017，2021）：第一、將各縣市於2007年設置的「海洋教育資源中心」轉型為「戶外教育及海洋教育中心」；第二、在整體運作上增加了專責人員編制，各縣市得依其規模設置一至二名專責人力，並且可設置執行祕書，給予每月協同主持費；第三、增加人事費及微幅調升某些推動項目之額度，故在整體經費上，各縣市依其不同規模，可增加申請180至240萬元。

另外，為因應戶外教育與海洋教育普及化之發展方向，在2022年委辦計畫中進一步規劃設置總中心及北、中、南、東四個分區協作中心，以突顯「在地性」（應用在地資源、展現在地特色）與「即時性」（反映實際需求、提供即時服務），各協作中心協助服務之縣市如圖1所示。

在第一年的運作上除了進行建立協作機制及培養運作默契，四個分區都進行四項協作任務：(1)盤點戶外教育及海洋教育資源，以協助充實資源平台；(2)彙編跨縣市戶外教育學習路線；(3)協助各縣市建置分類專業人才庫及辦理教師增能活動；(4)辦理戶外教育線上諮詢及專家到校服務。

四、委辦計畫導引整合發展的進一步作法

上述是推展一年多所形構出來的情形，更進一步的整合發展作法，則可以從正在執行的2022年委辦計畫中看出以下六項發展重點：

第一、輔導與協助各縣市撰寫推動戶外教育與海洋教育的中長期發展計畫（111-114學年度），其中國教署在撰寫計畫內容上提供了四

圖1

戶外教育與海洋教育整體發展的組織架構圖

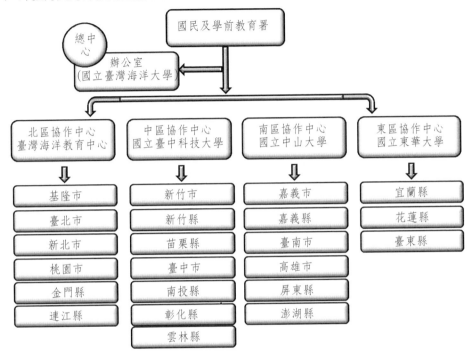

資料來源：作者。

個導引的向度，包括「課程教學」、「教師專業」、「資源整合」、「行政支援」，不以單一議題個別進行運作與發展，而是將兩個議題共同納入四個向度進行整合發展。

　　第二、在補助各縣市111學年度實施戶外教育與海洋教育的申請計畫重點項目中，將「辦理戶外教育與海洋教育整合發展相關研討會」列為必辦項目，以促進各縣市依自身資源及條件，發展符合在地性之組織運作、實質內涵、校本課程、教學設計、資源應用等內涵。

　　第三、原本戶外教育與海洋教育的網路資源平台分別獨立運作，提供屬於自己議題上的推動資源與資訊，在整合發展之後，兩個網路平台都在既有的推動架構中納入了另一個議題的內容，以讓所服務的對象獲

得更多元的資源。

第四、原本國教署分別針對戶外教育與海洋教育進行委辦不同的計畫，彼此獨立運作，從2021年開始逐漸整合兩個議題的委辦計畫內容，從最根源性的委辦計畫內容著手，以期能夠促發資源共用及朝向共同目標發展。

第五、在委辦計畫中已經納入過去為海洋教育建置對各縣市進行巡迴諮詢服務的機制，同樣地透過組成團隊巡迴各縣市戶外教育及海洋教育中心，深入了解其實際推展情形，並進一步提供相關協助。

第六、對於整合發展的規劃需要有更多元的思維，故經由焦點團體會議，設定焦點討論主題，包括理念與內涵、課程與教學、教師增能、資源整合、網路學習、親子共學、安全管理、行政運作等，邀請各方專家學者共同思考及表達意見，以期用於修正補助要點及規劃整合發展之中長期計畫。

就整體而言，從2021年在法令與組織上的整合開始，進入2022年後啟動協助各縣市著手盤點相關資源，並擬於後續進一步普及推動到校園，尤其促進教師在教學設計上的思考，逐漸朝著上述三項主要目標發展。

參　戶外教育與海洋教育整合發展帶來的影響

在整合發展政策的推動下，對於縣市政府的推動方式，以及兩個議題原來的發展，都造成了某程度的影響，以下分項進行討論。

一、對縣市政府推動戶外教育與海洋教育的影響

從縣市政府推動的情形來看，兩個議題的整合發展帶來了三個比較明顯的影響：

第一、為各縣市解決了專責人力的問題

過去曾透過巡迴諮詢服務蒐集與彙整各縣市海洋教育資源中心提出的難題，主要包括（吳靖國，2017）：(1)經費不足，造成推動上無法順利進展；(2)縣市海洋教育承辦人更迭頻繁，導致業務銜接延宕

及溝通困難；(3)編制內的師資在海洋教育上的專業不足，教育資源取得困難；(4)由於海洋教育未獲縣市大多數學校及教師認同，導致教師培訓及活動參與度相當不足，許多資源中心由個別學校獨力承擔全縣（市）海洋教育重任，壓力沉重。

各縣市轉型後的戶外教育及海洋教育中心增加了人員編制及整體提高了補助經費，解決了十幾年來各縣市推動海洋教育面臨的難題，不但減輕了教師兼辦業務的負擔，也能夠在業務推動內容與資料的建置上，獲得比較穩定及持續性發展，讓上述前三個問題逐漸獲得舒緩或解決的契機。

第二、對各縣市既有組織運作造成衝擊

如同前述，為了不造成各縣市在組織運作上的困擾，2021年計畫補助申請書中的說明導引，在戶外教育及海洋教育中心的組織架構上國教署提了兩種參考模式，一是在教育中心之下設置「戶外教育組」與「海洋教育組」，傾向於維持兩議題既有組織運作的作法；另一則是打破既有運作模式，設置「課程發展」、「教師專業」、「資源整合」等組別，以將兩個議題共同納入各組別。就各縣市實際設置的情形來看，大多數都維持原來的運作模式。

即使如此，由於原來的海洋教育資源中心負責學校幾乎都是小型學校，且大多位處海邊（吳靖國，2017），所以轉型後，大部分縣市調整了負責學校，由原來戶外教育召集學校擔任，或找另一所學校來重新規劃與運作，不管如何，不同運作上的調整都面臨著不同的挑戰（吳靖國，2022），包括縣市內參與議題之原來學校的重組、行政運作模式、資源整合與分配、推動內容的溝通與協調等，都必須重新構思、規劃、磨合和建構，為兩個議題的執行單位造成許多衝擊。

第三、促發各縣市思考兩議題的互動關係

除了組織與運作上的影響，也促發了各縣市思考戶外教育與海洋教育在內涵上如何進行整合發展，尤其臨海學校與非臨海學校面對兩議題的整合時，需要不同的考量：

其一，從「場域」來構思如何整合戶外教育與海洋教育，帶領學生

進入海洋場域，也同時屬於戶外教育的範疇，尤其是離島學校與臨海學校，一到戶外即是海洋，所以實施的戶外教育也就是海洋教育。

其二，思考非臨海學校如何透過戶外教育來實踐海洋教育，包括透過交通車到海邊實施的海洋教育（包括近海與進海的課程），以及在學校附近實施的海洋教育（課程連結生活中的海洋元素，如魚市場、超商中的食品等）。

二、對戶外教育發展的影響

整合發展政策為戶外教育帶來三方面較明顯的影響：

第一、建構執行戶外教育年度計畫的整體歷程

原本海洋教育已經建構出年度計畫執行歷程的整體運作機制，包括年度計畫說明、計畫申請、計畫審查與修正、經費核撥、執行計畫內容、巡迴諮詢服務、年度成果彙整（網頁、書面）、年度觀摩與評選（口頭說明與實體展示）、核銷結案、檢討與改善等完整的歷程（吳靖國，2018），戶外教育藉由這個機制也進一步獲得了比較完善的發展。從這一年多的實際運作來看，目前已經導入整體歷程，但其中年度成果彙整與年度觀摩評選兩部分尚未進行兩個議題的統整，因其涉及在教育部內部兩個單位建立之海洋教育推手獎（綜合規劃司）與戶外教育卓著獎（國教署）之間運作模式的差異，兩者必須進一步協商與調整。

第二、建立戶外教育系統性組織運作機制

原本戶外教育並沒有如同海洋教育設置有海洋教育資源中心專責單位，而是由縣市政府教育局（處）邀請某一學校進行召集與彙整各校年度計畫申請資料。各縣市在執行多年之後也逐漸形成運作模式，甚至比較優質之縣市逐漸產生了戶外教育聯盟學校，形成由下（個別學校）而上（聯盟學校、縣市統整）運作情形。整合之後係透過戶外教育及海洋教育中心提出年度計畫，替代了原來的召集學校，同時也賦予縣市政府提出比較完整的戶外教育發展計畫，導入了由上而下的思維，讓整體發展的方向性比較明確化。除了增加縣市層級的組織，也在2022年增設

了跨縣市的北、中、南、東四個分區協作中心，讓組織運作更具系統性與在地性。

第三、提供戶外教育推動情形的反思與改善

在上述年度計畫執行歷程中，由臺灣海洋教育中心邀請專家學者組成巡迴諮詢服務團隊，依照以往協助各縣市海洋教育資源中心之模式，前往戶外教育及海洋教育中心提供相關諮詢服務，一方面提供各縣市了解國教署當前的推動重點，也經由實地參訪與座談了解推動情形及面臨之問題，以進一步提供各項資訊及參考意見，讓各縣市獲得相關回饋。再者，自2022年辦理第一屆戶外教育論壇與年會，提供了學術性及實務性的交流與相互觀摩之平台，讓各縣市參與之人員從中獲取相關理念、反思自己及學習各方經驗，並已規劃每兩年辦理一次，建立持續辦理機制。

三、對海洋教育發展的影響

由於在實施對象、實施範圍、補助經費等方面，海洋教育都不如戶外教育多，所以整合發展政策對海洋教育造成比較大的影響，經過一年多的發展之後，海洋教育逐漸呈現下列五個超越過去的發展：

第一、引入森川里海的整體觀

戶外教育促發海洋教育從環境的整體性來進行思考，導引教師以「森川里海」的系統觀來規劃課程及實施教學，也就是說，不再單從海洋來構思教學，而是將山林、河川、平原、海洋與居住地之間連成一體，讓學生體驗自己與整體環境的關係，以促發其內心和行動的改變。也因此透過戶外教育的啟發，讓海洋教育進一步連結環境教育、山野教育、安全教育、防災教育等議題，讓海洋教育的發展更具開放性與整合性。

第二、活化海洋教育的教學設計

在戶外教育的教學實踐上特別強調前、中、後三階段教學設計，也經由整合發展導入了海洋教育，讓教室內的授課內容緊密連結戶外

學習；其次，戶外教育重視為學生培養感受環境、關懷社會、保護環境、自我探索、身心健康、拓展視野、解決問題、自主學習、團隊合作等多元能力，豐富了海洋教育的教學內涵；再者，戶外教育重視的導覽解說、主題參訪、實作調查、探索挑戰、服務學習、自主規劃等多元教學方式，其教學內涵從教導、指導、引導到自導，也運用於海洋教育教學設計，尤其在安全與風險管理議題上讓海洋教育的實施獲得更完整的思考。所以整體而言，海洋教育吸收了戶外教育的教學內涵而活化教學實踐，而讓發展更加多元與精緻。

第三、激發海洋教育發展獨特性

如上述戶外教育擁有較豐富的推動資源，故一度出現海洋教育是否會被戶外教育稀釋、甚至「整併」的疑惑，也因此促使海洋教育推動者進一步思考有哪些海洋教育的內涵不能被戶外教育包含，也就是說，不受限於戶外場域而在教室中可以實施的海洋教育有哪些內容？例如：海權、海洋法規、海洋產業與經濟發展、海洋歷史文化、海洋職涯發展等，可以在教室內授課，也可以連結及擴展到戶外參訪；又例如食魚教育，可以在教室午餐時進行體驗與學習，不必然要透過戶外教育。這種思考和檢視進一步突顯了海洋教育的獨特性，也讓非臨海學校獲得更明顯的推動主題。

第四、擴充海洋教育可運用資源

由於戶外教育的經費相對比海洋教育充裕，所以海洋教育推動者可以更積極地思考，只要是運用到戶外場域來實施教學的海洋教育，都可歸納為戶外教育，也就可以使用戶外教育的經費，如此而讓海洋教育教學得以獲取更多的經費支持；再者，透過上述森川里海的整體教學觀，可以讓海洋教育的教學內涵連結更多資源和協助。所以有心推展海洋教育的教師，可以運用戶外教育的資源，更有力量來推動海洋教育。

第五、擴展海洋教育可普及化程度

雖然海洋教育與戶外教育都是108課綱中教師必須融入教學的議

題，但戶外教育的實施不受限於學校所處之單一場域特質，其包容性及可普及化的成分高於海洋教育，當兩個議題整合推動時，藉由戶外教育的可普及化情形，也一併帶入海洋教育元素，可讓海洋教育更容易進入每一個學校，更方便於提供給每一位教師。

肆　對整合發展的反思與建議

一、對整合發展的反思

戶外教育與海洋教育整合發展至今，面臨以下四個重要的課題，需要進一步關注與思考：

第一、兩議題在內涵上的整合不易

從108課綱教育議題實質內涵來看，海洋教育五個學習主題「海洋休閒」、「海洋社會」、「海洋文化」、「海洋科學與技術」、「海洋資源與永續」，是以海洋學科內涵來進行劃分，而戶外教育四個學習主題「有意義的學習」、「健康的身心」、「尊重與關懷他人」、「友善環境」，則是以學習者發展內涵來劃分，兩個議題建構學習主題的出發點不相同，在教學上如何將「海洋學科內涵」與「學習者發展內涵」進行融合？或者兩者不需要融合，而是在推動海洋教育時，融入戶外教育內涵？或者有其他的構思及方法？這些都不是隨即可以獲得解決的問題，需要有專家學者來進一步探索及導引思考。

第二、各縣市運作模式需要時間磨合

雖然各縣市將兩個議題的運作模式共同納入戶外教育及海洋教育中心，而事實上，大多數的縣市仍延續兩個議題過去的運作模式分開執行，故在組織運作上，尚未真正進行整合，由於各縣市對兩議題的運作方式原本就有極大差異，因此國教署尊重各縣市在地性，給予因地制宜的彈性，所以並未提供統一運作模式及規劃整合進程，而讓各縣市有磨合和重構的時間。另外，由於戶外教育及海洋教育中心肩負有推動縣市內海洋教育與戶外教育之責，故除了自身組織內部的調適之外，也必須協助所轄學校找尋整合發展的途徑與方法，從縣市內的整合發展到學校

內的整合發展，也同樣需要有逐步發展的時間。

第三、學校教師尚未覺察兩議題的整合

戶外教育與海洋教育的推動，應該要真正落實於師生互動之中，但實際上經過一年多的發展後，並未真正讓各校教師獲取兩個議題整合發展之訊息，也就是說，目前也只是透過政策帶動了縣市組織運作上的整合發展，並未真正深入到校園，尤其由學校申請戶外教育、由縣市申請海洋教育相關補助的既有模式並未改變，所以學校端難以覺察兩者的整合，即使目前國教署導引各縣市於111學年度辦理整合發展研討會，期待能帶動學校參與，但實際效果如何，尚有待觀察，所以必須尋求更具普遍深入校園的推廣途徑與方式。

第四、須關注專責人員的權責與專業

由於整併之補助要點賦予各縣市推動兩個議題的專責人力，而各縣市通常將人力配置於戶外教育及海洋教育教育中心，惟教育中心整合兩議題的型態不一，有將教育中心設於單一學校（兩位人力在同一學校），或由教育中心負責某一議題，而將另一議題交付另一學校（兩位人力分配到兩個學校）。當專責人員進入學校之後，容易出現兩個問題：其一，學校利用專責人員處理兩個議題之外的校內其他業務，扭曲了補助的原來用意；其二，專責人員因不是海洋、戶外或教育背景，對教育體系運作不了解，在推動上造成了困擾。這是讓教育中心無法如預期發展的兩個重要原因，需要特別關注與協助發展。

二、對未來發展的建議

針對上述面臨的問題，以及前述目前發展的情形，進一步對整合發展提出下列四項建議：

第一、各縣市專責人員的增能

由於戶外教育與海洋教育都是108課綱中的教育議題，對各縣市、學校及教師而言，只是整體教育中的一小部分，無法投入太多心力；就實際狀況而言，從年度計畫申請、修正、執行、成果彙整到核銷等，幾

乎都是由專責人員包辦，所以專責人員扮演著影響推動成效極大之影響力，如果專業背景不足，加上教育部對整合發展政策逐年調整，將造成縣市無法有效因應與發展，為了導引獲得明確的政策發展方向，以及掌握政策轉化與落實的策略，國教署有必要提供這些專責人員進修增能之機會，也藉以讓縣市之間相互交流學習。

第二、強化巡迴諮詢服務功能

目前國教署已經將巡迴諮詢服務納入年度執行項目，透過巡迴過程，除了傳達教育部的政策發展內容，尤其在各縣市組織運作磨合時期，特別需要透過一些較熟悉整合發展的專家學者深入各縣市，針對其面臨的難題提供相關建議及協助；再者，透過現場了解與座談，從中覺察和蒐集結構性問題（包含上述專責人力誤用的情形），以提供教育部調整政策內容與推動策略。由於巡迴諮詢服務盡量避免帶著官方色彩，提供一種非官方的協助，比較能夠避免表面化，透過這個機制協助各縣市獲得正向發展。

第三、委辦計畫融入實踐研究

由於兩個議題的整合發展無前例可循，兩者在學習內涵的建構邏輯、議題推動的運作模式、教學實踐的資源結構等都不相同，尤其導入各縣市實務現場，因其各自的獨特發展而無法採以單一規範，再加上各議題的背後包含著一批長期投入的專家學者，也顯現其權力影響的結構。所以整合歷程並非規劃好執行項目就能順利完成，而是要不斷了解在不同發展階段的不同需求，以及不斷因應變化調整策略，所以有必要帶入實踐研究，在執行歷程中蒐集資料及進一步研議改善方案，才能因應實際需求讓整合發展順利進展。

第四、建置整合發展整體機制

目前透過委辦計畫，經由焦點團體會議分場次聚焦於各項主題，深度蒐集各方意見，也參與、蒐集及彙整各縣市於111學年度預定辦理戶外教育與海洋教育整合發展研討會之討論內容，以及透過巡迴諮詢服務了解各縣市對整合發展的看法，並進一步歸納提出整合發展的短、

中、長程發展計畫,提供教育部建立整體發展機制之參考。然而,在委辦計畫中無法觸及的是教育部自身對戶外教育與海洋教育的整合,目前戶外教育由國教署主責,海洋教育由綜合規劃司主責,分別成立戶外教育推動會與海洋教育推動小組作為最高決策組織,也分別設有網路資源平台,所以有兩套整體運作機制,而目前整合的範圍只在國教署對兩個議題可管轄的內容,而不是一種整體機制的整合。如果能夠從中央到地方及學校都付諸思考與行動,才能真正建置整合發展的整體機制。

伍 結語

教育部頒布《海洋教育政策白皮書》之後,海洋教育在九年一貫課程中正式成為學校課程,並延續到十二年國教,其間雖然隨著政治更迭及更換不同領導者而有不同的推動力道,但是在歷經十幾年之後,推動海洋教育的教師已經從臨海學校逐漸擴展到非臨海學校,並透過海洋教育者培訓機制,聚集了許多熱愛海洋教育的推動者,也包含了民間非營利團體。就近年來的發展情形來看,教育部對於戶外教育的重視程度相對高於海洋教育,而也因為戶外教育具有廣大包容性及較高經費,讓這些海洋教育推動者擔心海洋教育一旦與戶外教育併同推動,非臨海學校及教師很可能逐漸失去對海洋教育的關注;然而這一年多來,筆者透過相關會議提出相關討論,積極尋求戶外教育與海洋教育整合發展之道,其中也特別為海洋教育尋找獨特性,並且不斷思考如何經由戶外教育來拓展及活化海洋教育的教學內涵,也逐漸為海洋教育未來的發展找出繼續前進的正向能量,但需要透過各種管道來進一步傳遞與說明這些理念、方法與策略,以化解海洋教育推動者一開始出現的擔憂及疑惑。

另外,從一開始整合兩個議題的動機來看,主要在藉由海洋教育的運作體系來為戶外教育建立系統性的運作機制,在歷經一年多的積極努力下,這個關鍵目標雖然尚未完全到位,但也已經逐漸成形,進而也為戶外教育未來的普及化政策發展目標奠定了基礎。所以就整體而言,戶外教育與海洋教育到目前的整合發展,確實有利大於弊的發展情形。對戶外教育而言,多屬於行政組織運作上的影響;對海洋教育而言,則多

屬於教學內涵與實踐方法上的影響。

　　在推展過程中，從中央、地方到學校之間彼此的運作與互動模式需要逐步建立機制，而以學校的運作來看，從理念與內涵、課程與教學、教師增能、資源整合、親子共學、網路學習、安全管理到行政運作等，必須整體性將各方面納入構思與發展，才是能否真正成功與落實的關鍵。目前兩個議題的整合才剛剛啟動，由於國教署主政者運用的策略得宜，在一開始就成功地建立起整體組織運作機制，但回歸到各縣市的實際運作與發展時，會有組織文化上的獨特性，需要在不同發展階段中了解其難題與需求，以及持續提供協助，尤其從縣市進一步落實到個別學校的歷程，需要有更長遠的規劃以及建立相關的支持系統。

　　戶外教育與海洋教育的整合發展政策，是國內第一個嘗試進行議題整合的案例，其能否順利成功發展，將會影響未來是否進一步出現更多元議題的整合發展政策。

參考文獻

行政院全球資訊網（2019，11月7日）。**蘇揆：向海致敬，善用海洋資源培養國力與競爭力**。2022年8月4日取自https://www.ey.gov.tw/Page/9277F759E41CCD91/8bc7b8dd-565b-4316-94c3-da3c75013242

行政院全球資訊網（2020，6月4日）。**鼓勵人民「知海、近海、進海」，蘇揆：向海致敬留下美好記憶**。2022年8月4日取自https://www.ey.gov.tw/Page/9277F759E41CCD91/f3e6fd5d-4337-44ca-b1ec-d0f2c0cd604a

吳靖國（2017）。海洋教育在偏鄉？——各縣市海洋教育資源中心面臨的難題與發展契機。**臺灣教育評論月刊，6**(9)，33-39。

吳靖國（2018）。建置中小學海洋教育的永續推動機制。**科學研習，57**(3)，4-9。

吳靖國（2022）。戶外教育與海洋教育整合發展的省思與作法。**臺灣教育評論月刊，11**(5)，192-197。

教育部（2020，5月25日）。「向山、向海致敬」相關事宜研商會議紀錄。臺北市：教育部。

教育部主管法規查詢系統（2008）。教育部國民及學前教育署補助實施戶外教育要點。2022年8月4日，取自https://edu.law.moe.gov.tw/LawContent.aspx?id=FL046957&kw

教育部主管法規查詢系統（2017）。教育部國民及學前教育署補助直轄市與縣（市）政府推動國民中學及國民小學海洋教育作業要點。2022年8月4日，取自https://edu.law.moe.gov.tw/LawContent.aspx?id=GL001624&kw

教育部主管法規查詢系統（2021）。教育部國民及學前教育署補助實施戶外教育與海洋教育要點。2022年8月4日，取自https://edu.law.moe.gov.tw/LawContent.aspx?id=GL002077&kw

問題與討論

一、促發戶外教育與海洋教育整合發展的契機是什麼？主要想要解決什麼問題？

二、戶外教育與海洋教育整合之後，與原來沒有整合之前的差異在哪裡？各縣市可能出現什麼問題？

三、整合之後，分別對原來的戶外教育與海洋教育造成什麼影響？

四、當你了解戶外教育與海洋教育整合發展的情形及相關問題之後，你對未來的發展有何建議？

第四章

從政策法制面析論偏遠地區學校與弱勢學生之扶助

盧延根

學生是教育的主體，學校是為學生而設，教師也是為學生而
教。

要想改變一個人，必先改變他的環境，環境改變了，他就會跟
著被改變了。

～杜威

教育一個孩子，需要整個社區的力量。

～美國前第一夫人希拉蕊

壹　前言

　　都市化後城鄉差距擴大，偏遠地區人口外移增加。故關懷城鄉教育
發展與弱勢族群權益，硬體建設方面，政府不斷地有心投入，差距明顯
縮小（吳清基，2015）。然而，少子化現象已是目前不可逆的社會問
題，也是各先進國家面臨的社會危機（盧延根，2019b），由於學生數
牽涉學校規模，影響學校經營及文化不利地區弱勢學生的教育問題。

　　十二年國民基本教育總體目標，不外促進教育機會均等，實現社會
公平與正義；充實學校資源，均衡區域與城鄉教育發展；落實學生性向
探索與生涯輔導，引導多元適性升學或就業（行政院，2017）等，也
是影響偏遠地區學校經營關鍵因素。世界各國基於「教育機會均等」
（equality of educational opportunity），已然關注偏遠地區學校制度及
革新的核心價值，俾能達成社會公平與教育均等（盧延根，2020b），
《中華民國憲法》及《教育基本法》保障帶好每個孩子及成就國家最大
利益的教育基本權利。然而，偏遠地區教育仍存在一些問題，依聯合
國經濟合作暨發展組織（Organization for Economic Co-operation and
Development, OECD）自2000年開始，每3年舉行一次國際學生能力評
量計畫（Programme for International Student Assessment, PISA），其
中偏遠地區學校學生學習成就低落現象，引起各國教育學者與主管機關
重視（吳美瑤，2017）。我國偏遠地區教育向為國家施政的重點，但
研究指出，臺灣前後段學生差距全世界第一，學習落後學生高於全球

平均值（王彩鸝，2015），更令人憂心的是愈窮的孩子，學習表現愈低落；另城鄉差距也逐年惡化，國立臺灣師範大學教育學院以PISA成績資料庫，針對臺灣偏遠與非偏遠地區國中生學業落差的研究，發現2006年城鄉學業差距是OECD國家的2.6倍，2009年擴大為OECD國家的5倍（王彩鸝，2015），探究偏遠地區學生學習落差，存在其社會生成的歷史脈絡與糾結相關因素，更宜長期深層參與理解與實踐（王慧蘭，2018）。基本上，偏遠地區學校的問題及處理，中央與地方教育主管機關均責無旁貸，但牽涉國家資源整體規劃、分配與地域空間治理等政策，亟待政府跨域整合與協力，提具維護與推動地區環境發展計畫，年輕人願意返鄉，方能保留學校與社區文化再生，也增進地區永續發展（盧延根，2020a），真正解決偏遠地區教育與弱勢學生扶助的相關問題。

　　本文關注偏遠地區弱勢學習低成就的學生，並聚焦於地區學校經營問題，首先定位偏遠地區學校之意涵與經營現況，接著了解偏遠地區學校經營困境與問題，最後針對問題分析研提政策法制建議供參。

貳　偏遠地區學校的意涵與經營現況

　　偏遠地區相對於都會區的交通不便與工作機會少，年輕人外移，隔代教養比率偏高，學校及教師成為學生學習與生活關照重要的支持力量。

一、偏遠地區學校之意涵

　　偏遠地區謀生不易，青壯年遷移，人口銳減，擴大城鄉與貧富差距，也或有打拼事業孩子留鄉，造成隔代教養；另生活不便，教師流動率偏高，影響正常教學與校務運作。再者，城鄉落差與文化刺激不足等因素，不利於弱勢學生學習與生活關照。

　　1966年《Coleman報告書》（Coleman et al., 1966）發表後，透過學校教育弭平學生經濟、文化與學習條件的不利因素，成為關注焦點。為改善偏遠地區學校教育環境與教育機會均等，教育部於2015年4月28日發布「偏鄉教育創新發展方案」，同年10月2日發布「偏鄉學校

教育安定方案」，規劃於現有教育資源基礎上，協助偏遠地區學校教育發展與永續經營（行政院新聞傳播處，2017）。惟囿於法規，似仍難以完整處理偏遠地區學校問題，案經立法院（2017）三讀通過《偏遠地區學校教育發展條例》（以下簡稱該條例），讓行政能依法施行，有利於解決偏遠地區學校辦學困境，並保障學生受教權，依該條例第4條第1項規定，「偏遠地區學校」係依交通、文化、生活機能、數位環境、社會經濟條件或其他因素，致有教育資源不足情形之公立高級中等以下學校，界定位處偏遠地區學校，通常指6班以下或學生人數100人以下的小型學校（湯志民，2018），故檢視偏遠地區學校經營現況的困境與問題，亦宜藉由修正該條例予以改善。

二、偏遠地區學校之現況

國民教育階段雖隸屬地方政府業管範疇，偏遠地區學校受到諸多不良因素影響，生源銳減。而面臨此情學生多為家庭社經弱勢學生，值得中央主管機關重視。

(一) 依學校數統計

依《偏遠地區學校分級及認定標準》第2條規範，偏遠地區學校區分離島地區及臺灣本島偏遠地區兩類，並分為極度偏遠、特殊偏遠及偏遠等三級。就教育部（2021）統計顯示，110學年度國中及國小校數共計3,360所，偏遠地區國中及國小學校概況，其中偏遠地區學校核定校數827所（占70%）、特殊偏遠地區學校核定校數211所（占18%）、極度偏遠地區學校核定校數139所（占12%），以上三類偏遠地區國中及國小之校數1,177所（教育部統計處，2021），占全臺灣地區校數之比率已逾3.5成，該類學校仍將賡續存在教育現場，並受到高度重視；茲彙整詳如表1所示。

(二) 依學生數統計

生育率降低，嚴重衝擊教育階段學校之生源。根據美國中央情報局於2021年4月發表全球生育率調查結果指出，我國生育率於全球227個國家中為最低（引自虞希正、雷文玫、邱淑媞、鄧宗業，2021），影響國

表1

110學年國中小偏遠地區學校核定校數概況

項目別 ＼ 學校層級	國中	國小	總計	比例
偏遠	162	665	827	70%
特殊偏遠	33	178	211	18%
極度偏遠	19	120	139	12%
總計	214	963	1,177	100%

資料來源：整理自教育部統計處，110學年中等以下偏遠地區學校校數概況，2021年3月，頁4。

家發展所需勞動力、兵源、生產力及學校生源不足等嚴肅之國安問題。

　　近60年來，我國出生人口概況：1961年42萬254人，1981年41萬2,779人，2001年遽降為26萬354人，至2021年更跌破16萬人（15萬3,820人）（內政部統計處，2022）；數據顯示，出生率嚴重遞減已逾20年，顯現我國少子化問題已極度嚴峻，雖然政府陸續推出相關政策因應，成效似乎仍未見彰顯，生育率仍賡續遞減（盧延根，2022a）。依教育部統計處數據呈現，110學年度臺灣地區（包含離島澎湖縣、金門縣與連江縣）國中及國小學生人數統計，學生數較少之前10名學校（每校總班級數皆低於6班）及學生數較多之前10名學校（每校總班級數皆高於50班，甚至高達103班，但學生數卻都分別出現遞減情形），各級學校學生人數皆呈現負成長。顯然少子化現象，業已衝擊生源流失。

　　少子化現象嚴峻，首當其衝就是生員銳減的教育問題。學生為教育主體，學生人數攸關學校規模，對於教師聘用、校舍變動或可能退場等，也是政府制訂教育政策、預算編列、資源配置及擘劃教育藍圖重要參據（盧延根，2021a）。然而，偏遠地區囿於地理位置，教育資源、產業發展等基礎資源，均不如都會地區，再者產業外移、外勞引進等因素，導致居民普遍居經濟弱勢（Miler, 2012），衍生師資、教育資源及學校經營不易等問題（張國保、王娜玲，2019）。因此，教育主管機關允宜依社會正義、公平受教權與提升教育品質的原則，檢視偏遠地區

學校不足處，提供學生向上社會流動的學習機會。

參　偏遠地區學校經營困境與問題

　　偏遠地區學校位處交通及生活機能不便地區，文化相對弱勢，社會資源不足，學校規模、班級數與學生數偏少，學生缺少同儕互動下，學習動機薄弱（張文彬、蔡麗華、林新發，2015；徐明和，2019），雖然教育部對偏遠地區學校新增設施設備、行政及輔導人力、學生多元試探、教師專業發展及整合性計畫等給予專款補助（教育部統計處，2021年3月31日）。然而，偏遠地區存在教師進修不便、流動率偏高、學生必須適應不同教師與教育品質等情（張國保、王娜玲，2019），茲彙整相關經營困境與問題概述如下。

一、資源分配不均，影響教育活動

　　偏遠地區學校教學資源與教學人力匱乏，缺乏競爭力、教師流動率高與課程教學創新不易，影響學生學習表現（周玉秀，2019；林志成，2018；鄭新輝、徐明和，2018）。學校部分預算（譬如學生活動費、電腦設備維護費等）依學生人數計算，生數影響經費分配。

　　教育部計畫性補助款，雖依學校急迫性需求排序協助，對偏遠地區學校有專款補助另亦給予經費加成，對於新增設施設備、行政及輔導人力、學生多元試探、教師專業發展及整合性計畫等需求，學校依規定上傳計畫，申請補助。然而，限制因素與計畫繁複性，造成偏遠地區學校在設備修繕仍緩不濟急，經常捉襟見肘，尤其學校位處山上或海邊，氣候潮濕，鹽分較高，電器用品容易損壞，維修人員來回不便，修繕費用亦相對提高。另校園建築老舊或有耐震安全之虞，無法獲得立即補強或重建（王慧蘭，2018）；研究指出，不良或低於標準的學校建築與場地對師生健康與學業成績有負面影響（Filardo & Vincent, 2017）。由於學校位處偏遠，弱勢學生比率較高與學業成就較低，政府更宜提供適足經費，讓學生跳脫不利情境（彭錦鵬、許添明、陳端容、李俊達、吳濟安、周延，2016）；雖然政府每年定期評估學區劃分之適切性，並調查交通不便地區學生就學交通及住宿需求，提供就學照顧措施。實務

上，對於非山非市學校並無補助交通不便接送學生所需交通費用（部分家長自行送孩子上學，但放學時，家長因加班或其他因素，學生常苦於公車班次不足滯留的安全問題），故學校仍面臨軟硬體設備缺乏，不利於校務推展與扶助弱勢學生。

二、教師不易教學，影響深化學習

偏遠地區學校配置教師員額較少，雖然目前對偏遠學校除置校長及必要之行政人力外，其教師員額編制，依教師授課節數滿足學生學習節數核給，所增加人事費由中央主管機關補助。

實務上，偏遠學校無法聘用專任教師，而是以約聘「鐘點教師」為主。再者，偏遠地區學校合聘教師及巡迴教師聘任辦法，由偏遠地區學校就其教師員額與同級或不同級偏遠地區學校，聘任合聘教師；或由各該主管機關將所屬學校部分教師員額，提供予同級或不同級偏遠地區學校，聘任巡迴教師。然而，「鐘點教師」依授課課程節數支付酬勞（每節400元），而「巡迴教師」係以代課方式聘任，因無長期工作保障，又位處偏遠，故常面臨招考意願與團隊凝聚力的困擾。因此，雖以回歸學生學習節數多寡，配置所需教師員額，但尚無誘因與配套措施，恐淪為理想而已。因此，學校各類科課程教師的專長難以均衡聘任，也衍生教師專業領域無法兼顧各類科課程系統教學，造成非專長授課或勉強予以配課進行教學的情形，影響教師在課程及教學活動的深化。再者，偏遠地區教師的專業支持與進修機會不足，教師專業認同與專業承諾容易偏低，造成教師流動性偏高，也較難建立師生深厚的關係與親師合作（王慧蘭，2018）。教育部為協助偏遠地區學校之教師專業發展，補助國中小學校辦理教師專業學習社群、教師共備、觀課、議課、教師培力增能研習等活動之經費，保障偏遠地區學校每校每年最高核定25萬元（分校分班為10萬元）補助，鼓勵學校依教師專業成長需求提供優先進修機會，透過教學研究會、自辦研習或應用國民教育輔導團等校外資源協助其增能，協助偏遠地區學校依實際需求，規劃促進全體學生多元試探活動，以維護學生受教權益。

針對偏遠地區學校似有補助經費弭平不利因素，但提供前述教師教

學增能研習，減少影響教學品質外，仍欠缺弱勢學生課後照顧之需求（王慧蘭，2018），對於提升學生學習動機與基礎學力仍待加強。

三、班級學生數少，不利學生互動

班級人數少有助於實施個別化教學，提高學生學習表現，但班級人數過少且教師仍採傳統講述式教學，或未適切地規劃促進學生間互動、合作與競爭的教學活動，則班級學習氣氛便容易因人數過少而顯得沉靜，或因互動少而減低學習動機（林志成，2018；鄭新輝、徐明和，2018）。

由於少子化的影響，遠地區小型學校的學生學習，也會受到班級人數過少，缺乏人際互動、合作與競爭機會（劉文通，2009），教育部為增加學生同儕互動機會，目前國民教育階段之一般地區學校、偏遠地區學校及實驗教育學校，得分別依《公立國民小學及國民中學合併或停辦準則》、《學校型態實驗教育實施條例》、《公立高級中等以下學校委託私人辦理實驗教育條例》及《偏遠地區學校教育發展條例》等規定，辦理混齡編班及混齡教學相關事宜。再者，目前透過定期實地輔導試辦學校、在職教師增能課程及師資培訓課程等方式，推動小校試辦跨年級教學及協助實驗教育學校推動混齡教學，以促進學生群性發展，提升學生學習動機，及擴展課堂討論空間及學習廣度，前述處理模式似乎有利學生群性發展與學習。

藉由混齡編班或混齡教學，確實可增加學生互動發展機會。實務上，國中小教材分屬不同年級，教師須重新選編教材，教學現場宜重視教材銜接問題，更宜兼顧學生身心發展、認知能力及有效學習（其中體育或藝能等學科影響或較小，尚屬可行），故混齡編班似非合宜模式，不宜擴大施行。

四、教文服務不足，缺乏多元刺激

每一個學生天賦智能或文化環境刺激，都會產生不一樣的個體（盧延根，2021c）。偏遠地區受到教育、文化、社會服務資源等基本需求匱乏；學生社經地位普遍低於一般地區、家庭可提供學生文化資本與

課業輔助機會相對較低，加上學校交通與生活機能較不便利，文化活動與場域資源較少（鄭新輝、徐明和，2018）。教育部關注偏遠地區學校，透過由增置圖書館閱讀推動教師，規劃校內圖書資訊利用教育及閱讀推廣，另與民間團體合作進行學校閱讀推廣巡迴，增加學生興趣，亦補助設置「愛的書庫」，以循環機制流通共讀書箱，擴大圖書資源運用效益。

教育部雖盡力提供資源，但研究地處特偏學校，發現超過三分之二的學生，暑假期間並未離開過學區，遑論課餘時間學習才藝或參與活動（潘淑琦，2017），學生處於文化不利及資源不足的困境。依財團法人中華民國兒童福利聯盟文教基金會調查（2020），臺灣偏鄉兒少閱讀三大學習困境，包含缺乏數位設備、親子陪伴及閱讀資源等，教文資源服務不足，缺乏多元刺激，讓學生輸在起跑點，影響至深。顯然，偏遠地區學校存在城鄉失衡、資源不足及教學品質等嚴重缺乏多元刺激問題，宜規劃增進學生自信，促進學生多元試探之課程或活動。

五、教師流動率高，教學無法傳承

偏遠地區學校地處偏遠、交通不便、生活機能不佳、隔代教養比率偏高及文化刺激不足，教師調動頻繁，影響教學品質（洪榮昌，2019；盧延根，2019a），因學校編制小、教師授課科目多，且須兼辦行政工作，負擔沉重，教師流動率偏高。

目前國中小教師除每班基本配置，並依教師授課節數滿足學生學習節數訂定相關員額編制，以6班規模國小為例，每班至少可置2位教師；以3班規模國中為例，每班至少可置3位教師，以充實偏遠地區學校之師資人力需求。為減緩教師流動率，教育部提出策略：(1)非偏遠地區學校服務成績優良且自願赴偏遠地區學校服務之校長及教師，給予特別獎勵。(2)偏遠地區學校校長、教師及相關人員，提供久任獎金及其他激勵措施，提高服務誘因。(3)對於公費生分發或專為偏遠地區學校辦理之專任教師甄選錄取者，訂定正式教師留任年限，規定應服務至少滿6年以上。(4)偏遠地區學校未具教師資格之現職代理教師，可參加中央主管機關全額補助師資培育之大學辦理之高級中等以下學校及特殊

教育學校（班）師資類科師資職前教育課程，以確保代理教師具備教育專長。(5)研訂《教育部國民及學前教育署補助改善偏遠地區國民中小學宿舍作業要點》，補助與改善偏遠地區學校宿舍環境與居住品質，提高教師至偏遠學校任教意願。再者，為增進一般地區與偏遠離島地區公立國中小之教學交流與經驗傳承，鼓勵一般地區學校優秀正式教師，至同級偏鄉學校從事教學訪問，自105學年度起，推動教學訪問教師計畫，透過「單一學校」全時蹲點，或與鄰近學校「跨校合作」之模式，引進優秀教師至偏遠地區學校推動協同教學及課程與教學發展，不僅挹注偏遠地區學校教學人力資源，也藉此傳承教學經驗；另為充實偏遠學校教學人力，推動「教學換宿」計畫，媒合退休老師或具教學專長志工到偏遠學校服務，基於「互惠互利」精神，由教學志工無償協助偏鄉學校的課程、活動與社團等教學服務，學校則於教學期間提供免費住宿。透過多元方式，為學童提供更多學習機會，也挹注新的力量。顯然，教育部為偏遠地區學校教師教學盡力規劃與挹注經費。

然而，偏遠學校具熱忱意願之校長有任期制，無法長期深耕（雖已延長得連任2次[1]），且教師年齡層偏高、缺乏教學熱忱或不適任，不利維持教學品質與創新（王慧蘭，2018），甫畢業公費生教師分發至學校，年輕有活力與熱情，但不久（6年）後即調回自己家鄉。偏遠地區學校教師流動率仍高，教師專業團隊的形成、精進及專業文化的扎根更加困難（林志成，2018），當學校教師異動更迭，不僅教學經驗難以傳承，學生必須不斷適應新任教師，影響學習連貫性，甚至進用未具教師證的比例也高，影響教學品質。

六、員額編制不足，行政負擔沉重

學生為教育主體，生源與編制連鎖效應牽涉學校規模，也攸關教

---

[1] 《偏遠地區學校教育發展條例》第10條第1項第2款：「校長任期一任為四年，其遴選及聘任程序，由主管機關依實際需要另定之；其辦學績效卓著，校務發展計畫經審核通過，並經主管機關校長遴選委員會同意者，得連任二次。」

師聘用、校舍變動或退場等重要參據（盧延根，2020c，2022b）。依《國民小學與國民中學班級編制及教職員員額編制準則》規定，學校依規模建置員額編制與行政人員。偏遠地區學校受限規模編制，教師兼任行政比率偏高，必須處理大量行政業務，影響教學準備與提升教學品質。

依據《偏遠地區學校教育發展條例》第11條規定，偏遠地區國民中學及國民小學，除置校長及必要行政人力，教師員額編制應依教師授課節數滿足學生學習節數定之。因此，在相關員額編制準則明定全校學生人數達31人以上之偏遠地區學校，其教師員額編制之計算公式，並分3年逐步完成教師員額編制，以達成新課綱之彈性師資人力需求。是以，偏遠學校員額編制似已能滿足授課需求。另為減輕行政人員負擔，改善學校工作環境，同時有效協助學校事務及108新課綱之推動，教育部自108學年度起，擴大補助「國民小學充實行政人力」班級數範疇，由全校9至20班擴大為7至20班；另考量全校學生100人以下（多為6班以下學校）國小之行政需求，是類學校可選擇按合理教師員額增置代理教師或改聘行政人力，俾利推展校務。

事實上，偏遠地區學校多數教師仍須負擔多項科目（領域）教學，投入較多時間備課，且地區存在高比率弱勢學生，即使有心將理論觀念轉化為實際行動，時間不足也苦無工具與對策，造成教師教學成就感低落（吳俊憲、羅詩意，2017），影響教師投入教學意願至鉅。

七、小結

都市化使偏遠地區人口外移，少子化現象影響人口結構，也明顯衝擊偏遠地區學校與弱勢學生扶助的教育危機。

然而，危機也是轉機，偏遠地區學校雖面臨上述問題，但允宜妥善運用學校的特性，諸如組織規模較小，運作更具彈性，更能迅即反應問題。因此，在責任歸屬明確，行政溝通順暢，教師凝聚力強，師生互動頻繁，家長更能信任與支持教師，有利於學校成為社區精神堡壘等優勢，對於偏遠地區學校經營發展更有發揮空間。另外，提升教師專業職能，增加學生互動機會，進行差異化個別教學，更能協助學習遲緩學

生；再者增進學生閱讀能力，激發學生學習興趣，發揮自主探究問題精神，提高口語練習機會，學生不懂處能迅速反應與回饋；且自然科實習課程，更有機會讓學生動手操作空間，藉由多元形成性評量了解問題，有利於獲取總結性評量最終成績。因此，主管機關宜針對相關問題，研議策略解決，並妥善運用偏遠地區學校既有利基，開創成為社區永續發展。

為增進偏遠地區發展，政府亦宜跨域整合提出關懷政策進行補助與輔導方案，依實際需求制定或修正法規，並以提供多元與符合在地需求的創新經營機會，方能解決偏遠地區學校與社會發展的實際問題。雖然，國民教育階段係屬地方自治範疇，然而國土整體規劃，偏遠地區又多為弱勢學生，係學習低成就的關鍵因素，因此中央主管機關責無旁貸允宜給予更多關注，除中央機關間業務之跨域整合，並與地方資源協力研提創生計畫，增進年輕人樂意返鄉，也提升社區繁榮進步，學校也能擁有足夠資源創新經營，提供學生潛能開發與學習空間。

肆　偏遠地區學校經營問題與政策法制之建議

有關偏遠地區學校現況與問題，檢視運作機制、資源投入、跨部會合作、中央與地方合作及社區支持等層面，茲就《偏遠地區學校教育發展條例》分別盤整政策相關法制之建議（盧延根，2021b）供參。

一、鬆綁教師甄選規範，提供代理教師機會

近幾年公立學校教師聘任的怪象，環境條件較差的學校常乏人問津，甚至只求有人願意來就好。偏鄉的孩子，理應擁有相同的受教品質才對（李萬吉，2019）。由於偏遠地區學校位處地遠人稀、交通、生活機能不便、隔代教養比率偏高及文化刺激不足等特性。因此，教師流動率高，影響正常教學及校務運作發展，不利於學生學習（盧延根，2019a）。為鼓勵願意服務偏遠地區學校之代理教師，對於連續服務偏遠地區3年以上年資，且成績優良者，於正式教師甄選得酌予加分。但因加分而甄選成為偏遠地區學校之教師，允宜參照《公務人員考試

法》[2]規定訂定綁約年限，年限內不得申請轉調其他學校任職，以穩定偏遠地區學校之教師。爰建議該條例第5條增訂如下：

1. 增訂第4項：「代理教師連續服務偏遠地區學校三年以上，且服務成績優良者，參加專為偏遠地區學校辦理之甄選，得酌予加分。」
2. 增訂第5項：「前項因加分甄選成為偏遠地區學校之教師，服務三年內不得申請轉調其他學校任職。」以鼓勵願意服務偏遠地區學校之代理教師，並紓解偏遠地區學校教師聘任問題。

二、依經費編列法規定，做好資源均衡分配

該條例第9條第1項規定：「主管機關為協助偏遠地區學校，應考量實際需要優先採取下列措施：一、建設學校數位、藝文、體育、圖書及其他基礎設施。二、補強學校教育、技能訓練所需之教學設備、教材及教具。……。」其序文係在協助偏遠地區學校依需要優先採取之措施，但似乎更應有經費挹注。

依《國民小學與國民中學班級編制及教職員員額編制準則》第2條第1項第3款規定：「山地、偏遠及離島等地區之學校每班學生人數，得視實際情形予以降低，並以維持年級教學為原則。」是以，現行針對偏遠學校每班學生人數有彈性之規範，而行一般性補助款設算也是以「班」設算，但偏遠學校的學生人數較少，班級數也自然較少，經費補助與分配相對不足，影響師生福利與學習成效。教育部為給予偏遠地區學校適足的資源，保障教育機會之均等，經盤點並彙整涉及偏遠地區教育相關計畫及補助規定，補助計畫依各校急迫性需求排序協助，對偏遠地區學校另給予經費加成，並新增固定補助經費，以期達成教育資源均衡分配目標。目前教育部既已關注偏遠地區學校，似已符合《教育經費

---

[2]　《公務人員考試法》第6條第1項規定：「公務人員之考試，分高等考試、普通考試、初等考試三等。高等考試按學歷分為一、二、三級。及格人員於服務三年內，不得轉調原分發任用之主管機關及其所屬機關、學校以外之機關、學校任職。」

編列與管理法》第5條規定，但為避免人為施政操作，不利於教育賡續發展，允宜以法律周延規範，作為協助偏遠地區學校依實際需要專案核定補助，以達成教育資源均衡分配之目的。

爰建議該條例第9條修正如下：

第1項：「主管機關應依教育經費編列與管理法第五條規定，為協助偏遠地區學校，考量實際需要優先採取下列措施：

一、建設學校數位、藝文、體育、圖書及其他基礎設施。

二、補強學校教育、技能訓練所需之教學設備、教材及教具。

三、……。」

第2項：「前項所需經費，中央主管機關應依地方政府財力級次及偏遠地區學校級別優予補助，並應專款專用，以達成教育資源均衡分配之目的。」

三、校長辦學績效卓著，遴選通過連選連任

偏遠地區學校地處偏遠、交通不便、生活機能不佳，再者行政工作繁重。但對於具熱忱且有意願留任之校長卻受到任期限制（雖已延長得連任2次），仍無法長期深耕久留。

經查該條例第10條第1項第2款之規定，校長一任為4年，既經遴選及聘任程序，亦經檢視其辦學績效卓著，且校務發展計畫審核通過，並經主管機關校長遴選委員會同意者，得連任2次；亦即校長服務偏遠地區學校有意申請連任者，在該校最多服務年限為12年。依目前遴選及聘任校長之現況，一般而言偏遠地區學校校長少有現任校長會填此志願，大多均為剛考上之候用校長，雖具滿腔熱血與幹勁，但缺乏經驗，且依前述就此新任學校當作跳板，服務一任就想調職，因無心久任，對學校並非好事。因此，對於經驗豐富，也具有熱忱意願之現任校長，似可仍依現況之規範，任期每4年接受遴選及聘任程序，經確認為辦學績效卓著，獲得審核通過者，允宜不受年限制約得再予連任。經參酌《高級中等以下學校教師評審委員會設置辦法》第4條第1項及《私立學校法》第17條第1項規定「……，連選得連任。」爰建議修正之，讓經驗豐富，具有熱忱意願之現任校長留任，以利偏遠地區學校教育發

展。

因此，該條例第10條第1項第2款建議修正爲：「校長任期一任爲四年，其遴選及聘任程序，由主管機關依實際需要另定之；其辦學績效卓著，校務發展計畫經審核通過，並經主管機關校長遴選委員會同意者，<u>連選得連任</u>。」

四、非關教學行政業務，應以專任人員擔任

偏鄉地區學校編制較小，行政處室縮減編制，但是各項工作或公文仍須辦理，行政負擔很重（何俊青，2017；鄭新輝、徐明和，2018；張國保、王娜玲，2019）；在行政業務束縛與員額編制不符需求等環境下，教師視行政爲畏途，校長難覓兼任行政工作者，爲求填滿每個工作職缺，退而「只問意願不問能力」，甚或抽籤決定（鄭燿男，2017），故除了強化行政人員的使命感外，宜思考減輕行政業務方爲正題。

因此偏遠地區學校增置「專任行政人員」編制，進用通過國家考試專職之學校行政人員，比增置一名代理教師更具實質效用（何俊青，2017），兼任行政支援教學業務的行政工作，譬如會計、總務處的文書、出納與事務組等，以專任職員擔任，減輕教師工作，專心於教學工作；至於相關勞務，包括導護老師、餐飲衛生或宿舍管理等，亦可邀請家長會、志工協處，或以約聘人員或外包模式辦理，也可增加在地居民的就業機會。校推動學校行政專職化，將能減輕教師工作負擔，再者行政支持教學，教師有機會進行教育相關會議、研習活動或討論學校經營與公共關係議題，有利於學校經營與發展（洪榮昌，2020）。讓教師專心從事教學工作，並有良好行政支援，在心無旁鶩下，順利進行教學，有利於照顧與協助偏遠地區學生有效學習。

因此，建議該條例第10條第1項增訂如下兩款：

1. 增訂第3款：「<u>支援學校教學業務之相關行政工作，應以專任職員擔任。</u>」
2. 增訂第4款：「<u>支援學校行政之相關勞務工作，應以約聘人員或外包方式處理。</u>」

五、偏遠地區生源不足，不以經濟規模編班

值此少子化現象的衝擊，各級學校面臨減班困擾，偏遠地區更是嚴重（盧延根，2019a）。學生爲教育之主體，學生人數牽涉學校班級規模，實係政府制訂教育政策、預算編列、資源配置及擘劃教育藍圖重要之參據（盧延根，2020c）。

國民教育階段均爲未成年之青少年，政府依據人口、交通、社區、文化環境、行政區域及學校分布情形，劃分學區，分區設置[3]。再者，國民教育的特色是政府設校，讓人民可就近接受教育，並且使學校成爲社區文化發展與活動推行中心（盧延根，2017）。由於少子化現象是不可逆之社會問題，主管機關不能因偏遠地區學生人數已嚴重不足，雖然可不適用於一般地區學校之學生人數編班原則（國中30人、國小29人）[4]。且依《國民教育法施行細則》第2條第4款規定，針對交通不便、偏遠地區或情況特殊之地區，直轄市、縣（市）政府應視實際需要與學習成效，選擇採取包含設置分校或分班等有利學生就讀及學習等措施。另依《公立國民小學及國民中學合併或停辦準則》第4條第2項規定，學校新生或各年級學生有1人以上者，均應開班……。事實上，爲偏遠地區整體發展，方便未成年學生就近入學，只要有學生就讀，就應給予學校成班之機會，爰建議將前揭規定提升爲法律位階，裨益確實執行。

---

[3] 《國民教育法》第4條第2項規定：「公立國民小學及國民中學，由直轄市或縣（市）政府依據人口、交通、社區、文化環境、行政區域及學校分布情形，劃分學區，分區設置：……。」

[4] 《國民小學與國民中學班級編制及教職員員額編制準則》第2條規定：「國民小學及國民中學普通班班級編制規定如下：
一、國民小學每班學生人數以二十九人爲原則。
二、國民中學每班學生人數以三十人爲原則。
三、山地、偏遠及離島等地區之學校每班學生人數，得視實際情形予以降低，並以維持年級教學爲原則。
其他班級類型之班級編制，依各該法規規定辦理。」

因此建議該條例第11條增訂第2項：「<u>偏遠地區學校得以一人成班。</u>」讓偏遠地區盡可能避免學校退場而沒落，並照顧偏遠地區學校之學生方便就學。

六、教師專業成長費用，應由中央全額補助

教師是教育實踐最基本的關鍵。因此，提供偏遠地區教師專業發展，讓教師教學能力持續精進，有利於優質教育產出與弱勢學生扶助，也是確保學校永續發展之重要因素。

然而偏遠地區學校師資流動率高、學校特色發展與傳承困難、學生流失、資源短缺，衍生處理配課與經驗傳承不易、排擠其他課程……降低競爭力，且缺乏典範學習、組織縮編預算減少、家長社經背景低與社區資源挹注較少等經營運作問題（盧延根，2019a）。政府基於社會正義與扶助偏遠地區弱勢學生，依據《憲法》第159條、第163條的教育機會均等主張，以及《教育基本法》第1條保障國民受教權的立法精神，業陸續推出若干方案，諸如：「教育優先區計畫」、「攜手計畫課後扶助」、「大學師資生實踐史懷哲精神教育服務計畫」等政策，爲促進教師專業成長及運用多元教學方式，偏遠地區學校每年可申請補助25萬元經費，但對於偏遠地區學校教師專業成長允宜建立法制給予更多支持與經費挹注。

因此該條例第15條第1項建議修正爲：「主管機關應加強規劃、辦理並就近提供偏遠地區學校教職員所需之專業發展；地方主管機關辦理專業發展所需經費，由中央主管機關<u>全額補助</u>。」以提升偏遠地區學校教師之本職學能，增進學校優質教育之產出。

七、提升教師專業發展，扶助學生學習表現

偏遠地區的家庭功能相對匱乏，學校成爲學生學習與生活之重心（王慧蘭，2018），偏遠地區學生身處文化不利地區及家庭功能不彰，學生學習表現相對較弱，因此亟需教師的補救教學，以輔導學生學業表現。

教師是影響學生學習成敗的關鍵，偏遠地區與都會地區教師雖有地

理位置上的差別，但對教育奉獻與熱忱付出是不分區域的。教師久留偏遠地區是政府鼓勵的政策，教好每位學生，則是偏遠地區教師的共同職責，更是擔任教師的神聖使命（張國保、王娜玲，2019）。然而，偏遠地區學校的編制無法兼顧聘任各類科教師，造成教師必須兼負不同領域的課程，雖教師對國中小課程內容而言，並非艱澀，但非專業領域的授課，總難免心虛，且愧對學生學習，故政府針對偏遠地區教師允宜利用寒暑假、假日或夜間等課餘時間，結合該條例第7條第2項補助師資培育之大學開設修習第二專長之專業知識，並加強補救教學能力，以輔導學生學業表現。因此建議該條例第15條增訂第2項：「教師應修習第二專長專業知識，並加強補救教學能力，以輔導學生學業表現。」以提升偏遠地區學校教師之本職學能，增進學校優質教育之產出。

八、妥善開發學生潛能，提供適性教育機會

偏遠地區的孩子文化刺激不足，學科能力或許較弱，但在體育或藝能科領域的天賦則可能較強，為符合孩子適性教育，允宜提供有利於偏遠地區學生因材施教相關領域之課程，以激發天賦潛能，獲得更大的學習成就。

智育學習低成就的學生並非智能不足，可能只是貪玩或啟蒙較晚，造成學習遲緩。大家都知道「行行出狀元」，只要教師依學生潛能妥善引導，自有其勝任的水準；何況社會人力需求迥異，肯認學生獨特的智慧，就能對社會有充分發揮與貢獻（盧延根，2020a）。事實上，也印證每一位學生的興趣、性向與能力都會有其差異性，學校宜尊重不同發展傾向的學生，提供適當學習管道，安排因材施教的課程，使教育歷程中教學正常化，不再僅重視認知領域的「智育」成績，讓每個學生都能獲得適性發展機會，各展所長，培育不同領域的傑出人才（盧延根，2019c）。因此提供符合學生學習進度之多元補救教學方式與內容及訂定學習輔導相關措施，除了國語（文）、英語（文）及數學之補救教學者外，允宜依學生實際學習需要開設相關課程，所需經費由中央主管機關全額補助。

為符應偏遠地區學生適性學習之實際需要，爰建議該條例第16條

修正第2項：「前項措施除爲國語（文）、英語（文）及數學之補救教學者外，應依學生實際學習需要開設相關課程，學校所需經費，得由中央主管機關全額補助。」

九、學生課後照顧服務，中央全額補助經費

偏遠地區學生學習動機相對較弱，人口結構老化、文化刺激不足、社會風氣封閉及生活貧困等不利教育推動之因素，低社經背景學生因家庭教育資源不足，無法獲得較佳的教育成就（Burton & Johnson, 2010）。另偏遠地區學校生員較少，教育問題易被政策忽視（Trinidad, Sharplin, Ledger, & Broadley, 2014）。

爲改善偏遠地區學校的教育環境，各先進國家業挹注很多資源，卻不見成效，城鄉差距仍是非常大（Davies, 2002）。近年來，臺灣非營利組織型態從事課後照顧或輔導的團體很多，諸如：博幼基金會、永齡希望小學、TFT（Teaching For Taiwan）等都甚受社會肯定。教育部於2015年4月28日發布「偏鄉教育創新發展方案」，同年10月2日又發布「偏鄉學校教育安定方案」，再者2017年12月6日公布施行該條例，作爲解決偏遠地區學校問題，且已有相當成效（何俊青，2017），但地方政府財政長期入不敷出的困境（徐仁輝，2010），而少子化問題賡續嚴峻，每個孩子都應帶上來是國家的責任，教育部對財力級次5級縣市之極偏學校、特偏學校與財力級次4級縣市之極偏學校予以100%補助，補助經費逐年增加。然而，對於偏遠地區學校的關注不宜僅就政府財政收支情形考量，只偏重「經費」及「學生數」，而是依實際需要以「更長期、更深層的參與理解與實踐」的關注，故中央主管機關應全額補助偏遠地區學校學生學習活動及兒童課後照顧服務所需之經費。

因此建議修正該條例第16條第3項：「偏遠地區學校得結合非營利組織、大專校院及社區資源，提供學生學習活動及兒童課後照顧服務；學校所需經費，中央主管機關應全額補助。」以完成偏遠地區學生學習活動及兒童課後照顧服務之實際需要。

十、擴大學校招收生源，不受行政學區限制

依據《國民教育法》第4條第2項：「公立國民小學及國民中學，由直轄市或縣（市）政府依據人口、交通、社區、文化環境、行政區域及學校分布情形，劃分學區，分區設置；其學區劃分原則及分發入學規定，由直轄市、縣（市）政府定之。」

偏遠地區人口外流，學校生源嚴重不足；鬆綁學校得以跨越縣市、跨越行政區招生，讓學校辦理特色擴大招收認同之生源到校就讀。譬如：臺南西港區的松林國小，學校沒有公車抵達，教育部認定的偏遠國小。學生數2014年跌至53人，面臨併校危機。但該校2020年學生人數成長，突破百人，其中近三分之二為跨區慕名而來就讀，目前不再擔心學生不足，而是教室快無法容納慕名而來的學生（張毓思，2020）。顯然前述留任經驗豐富之校長、具意願在偏遠地區服務之熱心教師及充沛之教育資源挹注外，為避免偏遠地區因生源不足，學校消失而衍生地區之沒落，爰建議增訂跨區就讀以擴大生源。

因此建議該條例增訂第16條之1為：「偏遠地區學校招生，得不受縣市、行政區限制，以擴大學校生源。」以激勵學校妥善經營，也帶來地區繁榮。

十一、制訂教育發展計畫，促進區域整體發展

偏遠地區人口結構老化、交通不便、資源不足、發展遲滯、生活貧困等諸多不利因素，除影響地區教育發展外，其中國土發展願景，在有限國土範疇內更應考量全國性、區域性的保育、經濟、城鄉、運輸等相關問題，有關國民住居、就業及地區產業發展等因應國家生產，並進一步擴大參與層面，而且偏遠地區颱風暴雨水患及坡地災害情勢亦漸常態化趨勢，引發嚴重的國土破壞、水土資源流失與生態環境劣化問題。

研究指出（王慧蘭，2018），公益社會與良善教育發展，應積極回應社區實際需求，並引入更多實質努力與創新作為，從法規鬆綁、資源到位、團隊凝聚與在地培力，對於生活、生態與生產真實思考與反思，偏遠地區學校教育更能永續。因此，為解決偏遠地區學校教育發展

問題，應擴大為國家更高層次的介入，並跨域整合各部會依據地區居民實際需要，提供特別措施及必要資源，使其功能得以振興及再發展，方能提升競爭力。因為，「處理教育問題，不能只處理教育問題」，一所學校退場，也反映一個社區的凋零，學校興衰與社區發展密不可分，「改善偏鄉經濟，家長才能回頭凝視自己孩子的成長。」（張毓思，2020）。當地區生活機能改善，工作穩定，人口就會回流，教育發展問題自然解決。

面對少子化的浪潮，許多偏遠學校面臨退場命運，但臺南松林國小學生人數反而翻倍，其中多是慕名而來跨區就讀（張毓思，2020）。雖然，目前部分地方政府業以「整合性計畫」經費，成立偏遠地區學校教育資源中心，譬如：嘉義縣茶山水教育資源中心、新北市東北角學校資源整合暨學生學習課程發展中心、高雄市偏鄉教育資源中心等，但仍似嫌不足，中央主管機關允宜以整合性思維，主動協助各地方政府，規劃偏遠地區學校教育發展計畫，協助學校永續發展，落實教育機會均等理念。

茲建議該條例第19條第3項修正為：「中央主管機關應衡酌社會實際情形及區域均衡發展，每三年辦理全國偏遠地區教育會議，制訂偏遠地區學校發展計畫，以跨域整合資源，促進偏遠地區教育發展，並作為偏遠地區學校政策與推動發展之依據。」並增訂第4項「前項教育會議之組成、運作及辦理事項之辦法，由中央主管機關定之。」方能完整促進偏遠地區的發展，並真正解決偏遠地區教育問題。

十二、非偏遠教師願借調，鬆綁期間制約規範

偏遠地區生活機能匱乏，學校教師配置數較少、授課科目又多，教師須兼辦行政工作，教學負擔沉重，造成教師流動率高的問題，甚至甄選代理代課教師都有問題。對於偏遠地區學校教師進用不易，行政主管機關允宜提供專任教師職缺、特別加給、交通費與宿舍等適切誘因，考量教師基本需求（盧延根，2019a），因此對於該條例第20條第2項，鬆綁非偏遠地區學校現任教師自願在原學校留職停薪借調至偏遠地區學校擔任編制內教師之規範，頗值肯定，惟其中規定「期間總計不得超過

6年」，讓有意願與熱忱至偏遠地區學校服務之教師，給予不必要之制約。面對偏遠地區學校甄選教師困難，而非偏遠地區學校現任教師自願支援服務，研判已無家累，又具教育熱忱願意付出，應屬兩全其美，宜予肯定與嘉勉；何況如有不適任偏遠地區工作者，尚須「經偏遠地區學校請求，並經任職學校同意及主管機關許可者」，可規範終止借調；故對於教師自願借調之期限，允宜鬆綁。

爰建議該條例第20條第2項修正爲：「非偏遠地區學校現任教師經偏遠地區學校請求，並經任職學校同意及主管機關許可者，得自願在原學校留職停薪借調至偏遠地區學校擔任編制內教師；其待遇及福利，依偏遠地區學校適用之規定，由其服務之偏遠地區學校支給；借調期滿回任原學校，原學校應保留職缺，服務年資應予併計。」

伍 結論

近年來，受到都市化與少子化影響，城鄉差距擴大，衍生偏遠地區學校經營與弱勢學生扶助的教育問題。教育部基於社會正義與實踐教育機會平等原則，於2017年12月6日制定公布《偏遠地區學校教育發展條例》，迄逾5年，但檢視目前實務運作似仍有精進空間，本文藉由文件分析將現行問題，對應法制相關條文依序研提如下建議。

一、鬆綁教師甄選規範，提供代理教師機會。
二、依經費編列法規定，做好資源均衡分配。
三、校長辦學績效卓著，遴選通過連選連任。
四、非關教學行政業務，應以專任人員擔任。
五、偏遠地區生源不足，不以經濟規模編班。
六、教師專業成長費用，應由中央全額補助。
七、提升教師專業發展，扶助學生學習表現。
八、妥善開發學生潛能，提供適性教育機會。
九、學生課後照顧服務，中央全額補助經費。
十、擴大學校招收生源，不受行政學區限制。
十一、制訂教育發展計畫，促進區域整體發展。
十二、非偏遠教師願借調，鬆綁期間制約規範。

政府關懷偏遠地區學校教育，允宜深入了解實務問題，因應偏遠地區學校教育特性及需求，跨域整合相關資源，並藉由教育政策與法規鬆綁，提供偏遠地區學校發展利基，兼顧弱勢學生扶助學習，確保教育均衡發展。

參考文獻

(一) 中文部分

內政部統計處（2022年1月10日）。人口年齡分配按單齡組。內政部戶政司。

王彩鸝（2015年6月16日）。臺灣前後段學生落差 世界第一。**聯合報**。https://vision.udn.com/vision/story/8253/995855

王慧蘭（2018）。創造教育的多元生態──偏鄉教育政策與小校轉型創新。**教育研究月刊**，**287**，38-51。

中央社（2020年12月25日）。**兒盟調查：偏鄉學童缺學習、閱讀資源及親子陪伴**。https://udn.com/news/story/6885/5122192?from=udn-referralnews_ch2artbottom

立法院（2017年12月12日）。立法院公報，**106**(103)，頁291。院會紀錄。

行政院新聞傳播處（2017年6月5日）。**制定《偏遠地區學校教育發展條例》──落實教育機會實質平等**。https://www.ey.gov.tw/Page/5A8A0CB5B41DA11E/42e700cc-3741-4c04-9d44-50df30dd5fe3

行政院（2017）。2017年10月12日院臺教字第**1060191247號函**。

朱桂芳、林新發（2020）。偏鄉小型學校轉型與發展之策略。**臺灣教育**，**723**，1-12。

何俊青（2017）。偏鄉教育問題的迷思。**臺灣教育評論月刊**，**6**(9)，15-19。

李萬吉（2019年5月7日）。把關師資素質 不應有城鄉差距。**中國時報**，A12版。

周玉秀（2019）。偏遠學校成為典範個案──奧地利Ludesch小學。**臺灣教育評論月刊**，**8**(9)，144-148。

吳俊憲、羅詩意（2017）。一所偏鄉小校「轉型再生」之歷程與成果。**臺灣教育評論月刊**，**6**(9)，122-127。

吳美瑤（2017）。時代變遷中的偏鄉教育及其師資問題。**臺灣教育評論月刊，6(9)，**
　　20-22。

吳清基（2015）。臺灣教育發展的新挑戰與因應策略。載於黃政傑（主編），**教育政**
　　策與教育發展（黃昆輝教授祝壽論文集）（2-30頁）。五南。

林志成（2018）。偏遠地區學校SMART創新之道。**教育研究月刊，287**，82-98。

洪榮昌（2019）。偏鄉小校縮小城鄉教育落差可行性策略之初探。**臺灣教育評論月**
　　刊，8(4)，135-138。

洪榮昌（2020）。偏鄉小校縮小城鄉教育落差策略初探。**臺灣教育，723，**25-32。

徐仁輝（2010）。地方改制與地方財政。**府際關係研究通訊，11，**1-5。

徐明和（2019）。地方政府創新經營偏遠地區小型國小之探討。載於湯志民（主
　　編），**偏遠地區學校教育與發展**。政大教育學院（261-284）。

教育部統計處（2020年3月）。**國小及國中動態視覺化圖表**。http://stats.moe.gov.tw/
　　statedu/chart.aspx?pvalue=12

教育部統計處（2020年3月10日）。「**109學年學校基本概況統計結果**」提要分析。
　　https://depart.moe.edu.tw/ED4500/News_Content.aspx?n=672D3725AE71AAC1&s
　　ms=DD07AA2ECD4290A6&s=05E787F81FD969C6

教育部統計處（2021年3月3日）。「**110學年學校基本概況統計結果**」提要分析。
　　https://eds.moe.gov.tw/edust/webMain.aspx?sys=100&funid=cduout&funid2=B020100
　　0&cycle=4&outkind=1&outmode=8&defmk=1&outkind=1&fldlst=11111111111&co
　　dlst0=111&codlst1=1&dfknd=1212

教育部統計處（2021年3月31日）。**專業培育、偏遠地區教育、實驗教育及在學率概**
　　況／中等以下偏遠地區學校概況，1-7。

湯志民（2018）。小型學校轉型與創新。**教育研究月刊，287，**82-98。

彭錦鵬、許添明、陳端容、李俊達、吳濟安、周延（2016）。**偏鄉教育政策之檢視與**
　　未來發展：偏鄉資源配置與偏鄉學生能力提升。國家發展委員會委託研究報告
　　（編號：NDC-104115）。

張文彬、蔡麗華、林新發（2015）。國民小學偏遠小校轉型整併與退場之因應策略。
　　載於林新發（主編），**學校退場問題與因應策略**（67-123）。五南。

張毓思（2020年11月26日）。學生數逆勢翻倍、跨區也來就讀！臺南偏鄉國小為何不

怕少子化？天下雜誌。https://www.cw.com.tw/article/5102919。

張國保、王娜玲（2019）。偏鄉地區學校的困境與創新經營策略。載於湯志民（主編），**偏遠地區學校教育與發展**（165-183）。政大教育學院。

虞希正、雷文玫、邱淑媞、鄧宗業（2021）。臺灣人工生殖立法前後五年生殖結果的比較。**臺灣衛誌，40**(5)，566-569。

鄭新輝、徐明和（2018）。偏鄉小校跨校整合創新經營的另類模式。**教育研究月刊，287**，4-22。

鄭燿男（2017）。偏鄉學校行政人才的銜接與危機。**臺灣教育評論月刊，(6)**9，53-58。

潘淑琦（2017）。初任校長從實踐經驗中開拓偏鄉教育之研究。**嘉大教育研究學刊，38**，35-70。

劉文通（2009）。少子化趨勢偏遠學校經營之挑戰與回應。**社會科學學報，16**，105-130。

盧延根（2017）。**偏鄉學校經營策略之研析**。立法院法制局研究成果／議題研析，R00214。

盧延根（2019a）。**偏遠地區師資不足相關問題之研析**。立法院法制局研究成果／議題研析，編號：R00695。

盧延根（2019b）。**私立大學面臨少子化招生相關問題之研析**。立法院法制局研究成果／議題研析，編號：R00778。

盧延根（2019c）。**導正偏重「智育」教育的相關問題研析**。立法院法制局／議題研析，編號：R00858。

盧延根（2020a）。**國民教育階段學生學力精進相關問題之研析**。立法院法制局研究成果／議題研析，編號：R00990。

盧延根（2020b）。**國民教育階段弱勢學生問題與扶助策略之研析**。立法院法制局研究成果／專題研究報告，編號：A1524。

盧延根（2020c）。公立中小學退場與活化校園歷程策略之研析。立法院法制局研究成果／議題研析，編號：R01106。

盧延根（2021a）。**少子化現象教育政策因應策略之研析**。立法院法制局研究成果／議題研析，編號：R01217。

盧延根（2021b）。**偏遠地區學校經營問題之法制研析**。立法院法制局研究成果／專題研究報告，編號：A1569。

盧延根（2021c）。**私立國中小學招生模式法制與適性培育之研析**。立法院法制局研究成果／議題研析，編號：R01527。

盧延根（2022a）。**我國少子化問題與對策之研析**。立法院法制局研究成果／議題研析，編號：R01617。

盧延根（2022b）。**學校代理教師相關問題研析**。立法院法制局研究成果／議題研析，編號：R01707。

(二) 英文部分

Burton, M., & Johnson, A. S. (2010). "Where else would we teach?": Portraits of two teachers in the ruralsouth. *Journal of Teacher Education, 61*, 376-386. doi:10.1177/0022487110372362.

Coleman, J. S., Campbell, E. Q., Hobson, C. J., McPartland, J., Mood. A., Weinfeld, F. D., & York, R. L. (1966). *Equality of educational opportunity*. Washington, DC: U.S. Government Printing Office.

Davis, M. (2002). Teacher retention and small rural school districts in Montana. *Rural Educator, 24*(2), 45.

Filardo, M., & Vincent, J. M. (2017). *Adequate & equitable U.S. PK-12 infrastructure priority actions for systemic reform*. US: PK-12 School Infrastructure National Initiative.

Miler, L. C. (2012).Situating the rural teacher labor market in the broader context: A descriptive analysis of the market dynamics in New York state. Journal of Research in *Rural Education, 27*(3), 1-31.

Trinidad, S., Sharplin, E., Ledger, S., & Broadley, T. (2014). Connecting for innovation: Four universitiescollaboratively preparing pre-service teachers to teach in rural and remote western Australia. *Journal of Research in Rural Education, 29*(2), 1-13.

問題與討論

一、請簡述人力培育的重要性？

二、我國人力培育政策的歷程與現況檢討策略為何？

三、請分析我國技專生學用落差之相關問題？

四、請就所知，簡要進行比較世界各國人力培育政策之差異？

五、請簡述我國人力培育政策之具體建議？

六、面對經濟結構演變，我國技專校院人力培育之具體建議？

第五章

高等教育中運動社團參與情形之性別分析：後結構女性主義觀點

劉國兆

不要為過去的時間嘆息！我們在人生的道路上，最好的辦法是
向前看，不要回頭。

～羅曼・羅蘭

 前言

　　運動向來被視為是男性中心的活動項目，在此男性主宰的世界
中，藉由社會所建構出的性別差異，及不斷被刻意強調及渲染的陽剛
特質，不僅讓運動被合理化成男性文化的一部分，運動也與男性產生
「自然而緊密」的連結，並在資本主義的消費文化及商品化帶動下，讓
運動衍生出商業利益、偶像崇拜、流行文化，甚至是國家的象徵、政治
的手段等等。可見，運動的本真價值已隨著時代的推演，而產生劇烈的
轉變（洪煌佳，2007）。

　　而運動也往往不只是運動本身而已，它還包括遊戲、遊玩、消遣等
類型，它也可以區分為競爭與非競爭型態的範疇，它的空間更可以從室
內延伸到戶外，它的時間更是無所限制（Standeven & Knop, 1999）。
從社會學的觀點來看，運動類型的選擇與決定，是一種權力的相互競
逐，而競爭型態的運動模式，更是一種優勝劣敗的地位展現，至於運動
空間的運用，更牽涉到場域中的資源爭奪與分配。由此可見，運動不光
是種體能與技巧的練習，也不只是種休閒與趣味的遊戲，它已成為知識
與權力交互運作下的制度化與結構化的競爭性產物（陳俊玄，2003；
Houlihan, 2008）。

　　至於與運動有關的項目，包括：運動社團、運動代表隊、運動競
賽、體育課及規律運動等（教育部，2011），而本文以運動社團為探
討對象，主要是社團是一種制度化的組織型態，有其內部運作的顯規則
及潛規則，這套規則結合運動的特性，形塑出運動社團的獨特風格，這
套運作模式也因此而決定了誰是重要成員、各自扮演何種角色等事項
（許明章，2005）。特別是在高等教育場域中，參與社團是學生重要
的社交與休閒活動，也是學生在學術活動以外主要的生活方式之一，而
運動社團往往與運動代表隊、運動競賽相互搭架結盟，成為爭取學校榮

譽、宣傳學校品牌及獲取資源挹注的最有效方法，由此也可看出，運動社團在邊際效益的烘托下，所顯示出的重要性。

　　然而，就算政府及相關單位大力宣導「全民運動」、「國民體育」的政策及觀念，但因缺乏「社會性別主流化」的思考（張淑紅、張珏，2008），以致於推動至今，男女大學生在參與運動社團方面仍有顯著的差異，而此一差異除了「沒有時間」、「沒有興趣」及「沒有開設」等原因外，尚須從性別的角度加以深入探討（教育部，2011）。

　　為了深入探討男女大學生在參與運動社團方面的差異情形，本文以後結構女性主義的理論觀點，運用論述、權力、知識、主體、差異等核心概念，針對相關文獻與研究進行分析，以指出運動社團中理所當然的性別預設背後的意識型態，進而拆解運動社團中的性別偏見文化與性別階層化現象，並理解女性如何在父權體制的監視下，將自我排除在運動社團之外的規訓過程，從而尋找到女性在運動社團中重構主體性的可能性。

貳　運動社團的社會學分析

　　運動是一種深具性別區隔及性別差異意涵的身體活動，本節將以社會學的理論進行相關探討，以剖析運動社團如何在知識與權力的宰制下，藉由陽剛特質的習性培養，並以身體作為社會規範下的實踐場域，進而成為區隔他者、鞏固優勢的地位團體。

一、運動、身體與規訓

　　運動除了具有休閒與娛樂之目的外，主要的型態是以競爭的方式，運用身體的超越技能與技巧，並遵循制度化的規則，以追求適合其能力水準的個人表現。王宗吉（2000）認為當身體活動的程度愈趨向制度化、組織化、競爭性，就會變得愈傾向於運動。可見，運動必須在制度化的運作下，藉由身體來作為媒介，以展現符合規定的動作及才能。Foucault（1976/1978）認為在社會與道德的約束下，身體會被規訓與治理，以符合當代的規範與標準，而這種規範與標準，其實就是一種知識與權力的宰制關係。

　　從女性主義的觀點來看，身體所必須遵守的規範與標準，不僅是一種知識與權力的宰制關係，更是一種男性對女性的壓迫與控制，因為在男性所設定的範疇下，女性必須依循性別階層化的身體表現方式，否則女性就會被貼上非理性（irrational），甚至是歇斯底里（hysteria）的標籤（Turner, 1984）。故在以男性身體為中心的社會秩序下，女性只能學習順從，並接受男性的優勢地位（Holmes, 2010）。

　　於是，就在社會文化及男性中心思維的建構下，運動形塑出自己的獨特性，以符應特定族群的需要，但是也訴求大眾化，以迎合消費市場的普遍需求，並藉由身體作為具體實踐的方式，以符合主流價值的規訓標準。

二、陽剛特質、習性與場域

　　陽剛特質（masculinity）被視為是一種男子的特性，它代表的是積極主動、體格強壯、堅毅果決、性慾旺盛、獨立自信等特徵（黃淑玲，2007）。Connell（1995）認為陽剛特質是依據權力、勞動、情感與象徵四種緊密連結的性別關係發展出來的，而身體則是陽剛特質實踐的場域，尤其是競爭性的團隊運動，更是一種極度性別隔離與男性宰制的社會實踐方式。

　　然而陽剛特質並非是與生俱來的本質，它是社會建構的產物，Bourdieu（2001）認為人們會依據二元對立原則，將男性／女性截然劃分開來：男性代表的是正面、剛硬，女性則代表負面、柔弱。而男性所擁有的陽剛特質，若以Bourdieu（1972, 1978, 1990）的觀點來看，其實就是一種習性（habitus）的培養，因為唯有讓內在的秉性與外在的結構相結合，並透過日常生活中的行動、經驗與符號加以強化，才能夠自然而然地建構出性別化的身體，並藉由身體這個場域，讓陽剛特質成為換取或鞏固自己優勢地位的最有力武器（Brown, 2005, 2006）。

　　所以，我們會看到女性在運動競賽上，就算遵循男性定義的陽剛特質標準，並努力呈現出主動、強壯、堅毅等男性特質（Bourdieu, 2001），但是女性仍然是女性，她們仍然無法顛覆男性所建立的「運動等同於男性」的定律，結果也落入到「仿效男人」及「學習成為男

人」的結構再製中。

三、運動社團、地位團體與區辨

　　運動社團是一群志同道合、有相同喜好、有共同理想的人所組織而成的團體，並以鍛鍊身體、運動競技、運動休閒等作為團體活動之內容與目的，因此，運動社團應該是學生所組成的自發性、自主性及自治性的社群。既然是自發性，理應不受他人控制；而強調自主性，也就強調權力是掌握在參與者手裡；再者所謂的自治性團體，也會有其運作的模式與社員的入社資格等團體規範。

　　然而從新Weber學派提出的「地位團體」（status groups）概念來看，文憑是取得進入某種地位團體的權力或資格，也可以作為地位團體之間門檻或區隔的工具（Collins, 1979），而運動社團就是憑恃著陽剛特質的「象徵暴力」（symbolic violence），透過合法化的身體控制，讓男性在誤認（misrecognition）的過程中，得以掌握不對等的身體權力關係，並藉由參與運動社團，突顯自己的獨特生活品味，並鞏固自己的優勢地位，進而區隔他者，更讓女性邊緣化為次一級的附屬者。

　　故運動社團在性別階層化的宰制下，權力是集中在男性手中，所建立的運作規範也成為複製性別差異的合法武器，因此，看似自發、自主及自治的社群，其實只是掩護其男性主宰事實的煙幕彈。

參　後結構女性主義的理論觀點

　　本節除介紹女性主義的理論發展外，並探討後結構女性主義的理論觀點，以作為本文後續探討與分析的主要論點。

一、女性主義的理論發展

　　女性主義理論的演變，大致可分為三個階段，第一個階段是傳統女性主義時期，並以自由主義女性主義為代表，其主要論點是「女性欠缺公平發展的機會」，故應從政策及法律著手改革；第二個階段是現代女性主義時期，並以激進女性主義、馬克思女性主義、當代社會女性主義、精神分析女性主義為代表，其主要論點是「婦女受壓迫的根源來自

各個層面，都需要加以解構或摧毀」，故必須從社會結構的根本改變做起；第三個階段則是後現代女性主義時期，並以批判女性主義、後結構女性主義、後殖民女性主義、後現代女性主義爲代表，其主要論點是「應重新省視『女性主義』這個詞的建構方式」，以激發女性的批判意識及抗拒的行動（潘慧玲，1999；顧燕翎、鄭至慧，1999；彭渰雯，2007；Arnot & Dillabough, 2006）。

　　前述三個階段雖然關注重點不一，但皆將焦點鎖定在如何改造、解構或摧毀父權體制，以重新建構出一個去父權、對女性賦權的環境與制度，讓女性得以掙脫性別階層化的枷鎖，從而帶領所有人朝向眞正解放之路邁進。

二、後結構女性主義的理論觀點

　　後結構女性主義是後現代女性主義的分支，不僅承繼後現代主義對眞理、本質與同一的懷疑立場，更將後現代主義認爲「主體」（subjectivity）與「眞實」（reality）是經由論述所建構的觀點加以發揚光大（Allan, 2010），並從Derrida（1976）的「語言解構」與Foucault（1976/1978）的「權力／知識」論述出發，進一步拆解「女人」（women）這個詞的虛構性，以直指男性中心思維下，「女性」如何被建構成爲「女人」的過程（卯靜儒，2004）。

　　因此後結構女性主義一方面運用後結構主義的「論述理論」與「權力／知識」論作爲工具，以致力打破男／女及權力概念的二分法（Domangue & Solmon, 2009;李淑菁，2010），另一方面則深入到女性主義所關注的社會結構制度及社會關係中存在的性／性別不平等現象，並藉由社會行動來改變及消除社會關係所建構出的性／性別不平等產物（Allan, 2010）。由此可以看出後結構女性主義意欲跨越鉅觀／微觀、結構／能動、宰制／抗拒的界線，並從社會結構脈絡中不同的位置（position），去思考及探討論述、權力／知識及男／女二元對立等問題（王孝勇，2007；李淑菁，2010），進而從既定的男／女二元性別框架中掙脫出來，藉以理解後現代社會中多元性別共存的事實。爲架構出本研究探討之理論觀點，茲將後結構女性主義重要理論整理說明如下。

(一) 論述理論

論述是後結構女性主義的理論核心，Foucault（1976/1978, 1980）認為論述是一種工具，一種位置，一種視角，它也是一種實踐的策略，不僅可以構成客體，更可以發掘藏身在各種社會關係與機構中，所交織而成的複雜綿密的權力網絡。Fairclough（1992）則認為論述是一種語言的運用，它不僅受到社會結構的制約，同時也對社會結構發揮建構的作用。Smith（2005）則提到論述是一種社會性組織的媒介，是一種人類日常活動的社會關係的統理，而論述也是一種和主體之間的對話和協調關係，強調主體詮釋文本的能動性（agency）。

進一步從Foucault（1976/1978, 1980）的觀點來看，論述所生產出「真實」包括幾個面向：首先論述不僅是文本上的字句而已，他們還可以製造出意義；再者論述更是動態的，可以生產出文化；最後透過論述，可以讓我們自己來詮釋自己生活世界中的社會與物理現象。除此之外，論述所建構出的「主體」，則是在動態的論述過程中，因主體所處的特殊位置，所建構出的不同認同（Alcoff, 1988）。

因此後結構女性主義就是以「論述」作為利器，搭架起主體與結構之間的橋樑，也讓我們從主體形構的過程中，深入到結構的底層，去發掘權力的行使與抗拒的作為，以理解論述如何規範我們說話的位置、方式、內容、時間、地點等，及個體如何同時成為主體與客體的轉換歷程（Ball, 2008）。

(二) 權力 / 知識

Foucault（1976/1978, 1980）認為，權力並非是壓迫性的，而是被生產出來且藉由特定知識類型散播到社會上的每個角落，因此，權力是無所不在的，不僅滲透至各種社會關係與機構中，各種權力之間亦會架構出綿密的微型網絡。然而有權力就會有抗拒，不過抗拒並非只是一味的抵抗與對立。事實上，抗拒者往往也參與了權力的生產過程。

Foucault（1976/1978, 1980）進一步提到，在權力的論述過程中可以發現知識的影響力，在知識的形構過程中也可以窺見權力的作用力，故權力與知識具有共生的關係，有權力就有知識，反之亦然。因此

Foucault以「權力／知識」這個專有名詞作為二者之間密不可分的連結關係，是故當代的知識形構、真理宣稱與規訓，就是一種權力生產下的產物。

在後結構主義的架構中，除了「權力／知識」一體兩面的概念外，另一個與論述、權力有關的重要概念是「差異」，Derrida（1976）認為所謂的「二元」與「對立」，如：男／女、理性／感性等，並非處於對立的兩端點，而是多元差異的一部分，因此，後結構女性主義強調打破男／女範疇的二分法，並從權力的多面向關係中，藉由論述的層層剖析，去深入了解「女性如何變成女人」的權力／知識互動過程。

(三) 重構女人的主體性

為了解決「女人」這個概念被解構後的困境，Alcoff（1988）提出位置性（positionality）的概念，以重新省視女人如何被定義、被賦予特質以及如何被「女人化」的過程。Alcoff 說：

> 從位置性來看主體的概念，我們可以想像主體是非本質化且從歷史經驗所形成的……然後我們可以說，性別不是與生俱來的、生物性的、永恆不變的、非歷史的、本質性的，因為我們將性別視為一種位置，並與政治行動有關（Alcoff, 1988: 435）。

因此我們必須把「女人」這個詞放置在更廣大的政治、社會、經濟、文化、歷史等脈絡中加以檢視，以了解形塑「女人」定義的時代背景，也才可以理解女人所處的特定位置與外在環境之間所進行的交互作用，並掌握到「女人」定義的動態性與變動性。Alcoff（1988）認為在女人建立認同的同時，她並非只是被動的接受，她也主動參與了建構的過程。

故後結構女性主義解構「女人」這個被「他者化」、「客體化」、「本質化」的詞彙後，又從不同的位置出發，以積極建構出女人的自我認同，進而重新看待她們的主體位置，同時也能開展出不同生理性

別、不同性別認同、不同性別氣質及不同性傾向者，皆能獲得肯認、尊重與公平對待的可能性。

肆　高等教育中運動社團參與情形之性別分析

　　後結構女性主義從論述、權力、知識、主體、差異的觀點出發，對高等教育中的性別偏見、中立表相下的知識與規訓理論以及意識型態霸權論述下的主體形構與能動模式，進行批判、揭露、解構與建構（Allan, 2010）。由於Foucault式的論述分析，其中心思想就是「論述／權力／知識」三者的交互作用，故一方面從所蒐集到的文獻資料中，了解運動及運動社團如何在歷代真理政權中，被生產及建構成具有特定意涵的事物；另一方面則深入到論述中，去發現論述如何在性別權力所架構出的綿密網絡作用下，呈現出特定規範下的形貌，並發掘背後所代表的知識形構與真理宣稱，進而確立多元性別者在運動社團中的主體地位。因此本節將以後結構女性主義觀點，運用Foucault式的論述分析方法，對於高等教育中運動社團參與情形進行分析如下：

一、男／女二元的對立論述與運動的本質性定義

　　「運動」的出現，可追溯自古希臘與羅馬時代的競技性身體活動，並歷經時代的變遷與種種因素後，從貴族與平民截然劃分的消遣、娛樂或運動活動型態跳脫出來，成為今日大眾所熟知的現代化與商業化的面貌（洪煌佳，2007）。不過，無論運動的活動型態如何改變，其核心仍然是「競爭」與「身體表現」。一直以來，運動都與男性特質劃上等號，因為無論是「競爭」或「身體表現」的概念，都是以男性為中心的思考與實踐模式，故在此思維模式下，運動往往指涉特定的活動方式（Drury, 2011）；反之，具備較多女性特質的活動，在成為正式的「運動」之前，就必須經歷男性標準的質疑、測試與檢驗等「男性化」及「去女性化」過程。

　　從美國高等教育女性學生參與校際運動的發展歷程中，就可以窺見此一男／女二元的區隔模式。在1890年代至1950年代期間，女性大學生雖然開始參與校際運動，但是卻被鼓勵參與較不具競爭性的運動，而

男性所獲得的待遇卻截然不同，因為高等教育的管理階層相信，男性大學生參與校際運動，不僅可以提升大學機構的聲望與地位，還可以促使大學朝向高度競爭與商業化的方向發展，因此對大學的發展是有正面助益的。這種男／女二元的對立模式，已成為美國高等教育中校際運動發展的論述核心，就算政府從1950年代以來不斷立法改善女性學生參與校際運動的機會並致力提升參與比例，但是不平等的現象依然存在，並深植於校園文化中，成為結構體制中根深柢固的一部分（Hoffman, Allan, Iverson, & Ropers-Huilman, 2010）。這種男性學生結合商業市場的運動競技模式，正是美國高等教育高度市場化下的必然結果，也更加深了性別的階層化與不平等。從臺灣近年來操作各項校際運動比賽的模式來看，亦可以窺見循此資本主義市場法則運作的商業手法（洪煌佳，2007）。

於是在男／女二元的架構下，男性位居優勢論述的主宰地位，女性則居於次一級的附屬地位。也因此，男性大學生被賦予較高的期待，以符合運動的本質性定義，女性大學生則被賦予較低的期待，並順理成章地被歸類到「女性化的運動範疇」中（Domangue & Solmon, 2009）。

二、父權體制的監視與運動社團的納入與排除機制

有別於權力的宰制與壓迫觀點，Foucault（1978）提出權力似蜘蛛網狀的觀點，他認為權力往往以各種細微不可見的樣態，散布到社會上的每個角落，進入到不同機構中，並隱身在各種制度裡，然後再以靈活多樣的策略與手法來加以運行，由點開始、連接成線並擴大至面，終致全面地滲透到我們的生活世界裡。Foucault（1975）進一步提到，為了確保權力的順利行使，必須藉由規訓、懲罰與監視等方式，才能讓權力的作用力與影響力發揮到淋漓盡致，而其中最為有效的方法就是「監視」。Foucault（1975）認為透過全景敞視（panoptic）的原理，讓人覺得無論在何時何地都會被徹底地注視著，但是卻無法發現誰是監看者，因此，才會產生精神上的恐懼感而自我規訓，也使得權力可以持續且自動地發揮作用。

「父權體制」就是利用無所不在的監視原理，除了建立以男性為

中心的權力分配體制外，更藉由政治、經濟、教育、宗教、道德、文化、家庭、媒體等不同型態互動環境的傳輸與散播，交織成綿密而完整的制度化性別關係網絡，並透過意識型態的穿透，讓男／女性都習以為常，並轉換成思考、言行及生活的一部分，所以父權的力量就表現在它的從不干預，但是又可以在任何時刻進行干預（游美惠，2002；劉靜貞、洪金珠譯，1997）。在高等教育中，運動社團就是父權體制施展的最佳場域，由於運動社團所強調的「陽剛特質」、「高度競爭」或「身體表現」等男性特徵，正與父權體制的「男性中心」思維不謀而合，是故運動社團在父權體制的全面監視下，會形成辨識的系統，藉以區分男／女、陽剛／陰柔、主動／被動等特質，再依據二元特質加以歸類，並建構出運動社團的納入與排除機制，有的人被納入到運動社團成員中，有的人則更進一步成為運動社團的核心成員，當然也有人被排除在運動社團之外，而這樣的「排除機制」，不只是因為被排除者不符合運動社團的入社標準，而是他們早已將自己「排除在外」。

　　王清讖、黃郁琦（2004）分析不同性別大專學生運動參與動機與運動阻礙的相關因素，發現男性大專學生在內在動機及外在動機方面皆顯著高於女生，而女性大專學生的運動阻礙因素中，在指導人員、同伴、家人態度、時間及個性方面的影響則顯著高於男生，進一步分析這些影響因素，可以看出其與女性大專學生自我認同的關聯性，由此看來，女性學生會自認為個性不合、時間不夠，再加上又得不到周遭人員支持的情況下，於是就將自我排除在外。另外Scanlon（1994: 443）針對大學的橄欖球社團所作的研究發現，「陽剛特質」是橄欖球社員認為最應具備的條件，而所謂的「陽剛特質」就是要「強硬的、具侵略性的、有強而有力的性行為及可以控制的情緒」，這些特質正可以將「陰柔特質」者排除在外。而這種男性學生在競技場上所展現強悍的「男子漢」風格，也正是美國大學對男性運動員的理想圖像與必然印象。進一步對照臺灣近年來媒體對於男性運動員「陽剛特質」的偏愛與大幅報導，也就可以發現，雖然在不同國家的不同文化下，對於「陽剛特質」的重視，卻反而都具有高度的共識（黃淑玲，2007）。

　　故女性在父權體制的監控下，不論是不自覺或有意識地，大抵都

會依循著運動社團的納入與排除機制，先決定自己是歸屬到「陽剛特質」的範圍之內或之外，再決定參與運動社團的方式。不過，不能忽視的是，並非是所有女性都能完全接受此一行事標準與運作邏輯，因為，在權力行使處就會有抗拒的行動發生（Drury, 2011; Foucault, 1980）。

三、意識型態的滲透與運動社團的性別偏見文化

霸權的行使不能光靠武力的威嚇，更必須倚賴道德、價值、觀念、知識的灌輸與傳遞，才能讓優勢者的權力根基更加地穩固（Gramsci, 1976）。而父權體制就像是一部擁有複雜構造的巨型機器，但是真正讓機器順利運轉，並使其發揮效益的樞紐，並不是依靠各部門的各司其職，而是藉由看不見的「意識型態」加以串連成既可以分開運作又可以有機整合的結構體。因為唯有意識型態才會讓人覺得父權文化中不合理的一切都是理所當然且不容質疑的，甚至於還讓人心甘情願地去服從、幫助它，而促使其更加地壯大。

在運動社團中，性別偏見就是一種雖然無法形諸於文字，但是卻在男性主宰的文化模式下轉化成社團規範中最深層、最具影響力的意念與思想，並透過男性之間的口耳相傳與行動實踐後，所逐漸形成穿透力強大的意識型態。就在這樣的文化中，女人成為一種被貶抑、被嘲笑的代名詞，尤其在某些男人心目中，女人等同於「挫折、混淆、神祕與危險」（Scanlon, 1994: 443），特別當男性懼怕自己的弱點、無能與失敗被發現與揭穿時，女人就成為轉移對自己注意力的最好話題，Scanlon在研究中提到：

> 男人藉由汙辱女人，隱藏對於自己行為與認同的恐懼……
> （Scanlon, 1994: 443）

男人對於自我認同的恐懼，也是源自於運動社團父權文化中男／女對立思惟下所建構出來的產物，男人如果未被歸屬到「陽剛特質」的範疇，就要擔心被「當成女人」，於是藉由貶抑女人的循環反覆過程，

來確認自己身為男人的獨特地位。因此他們當然也認為女人是運動的「門外漢」，而女人所組成的運動社團只不過是「娘們在玩的遊戲」（Drury, 2011; Scanlon, 1994）。在這群信奉「陽剛特質」為至高無上精神象徵的男性社員眼中，只要不是遵循男性主流文化標準所成立的運動社團皆乃「異類」，「異類」當然非我族類。Drury在研究中提到：

> 女人玩足球就像是男同志一樣，無論是否在男同志球隊打球，
> 公平地來說，它非常地「男同志化」……（Drury, 2011: 429）

　　從Drury的研究中可以看到，在階級與性別壁壘分明的英國保守封閉社會中，就連女同志也要像男性一樣的玩足球，才是「像樣」的足球社。再將此現象對照王雅各（1998）針對大學社團男性社員所作的深度訪談及參與觀察的研究發現，更可以理解大學社團活動中為什麼充斥著性別歧視與性別差異現象，尤其是在運動社團中更存在著濃厚的性別刻板印象。由此來看，運動社團中所存在的性別偏見意識型態，已然成為社團運作的核心要素，是無法被挑戰與顛覆的本質性原理，它不僅影響到男女生的參與比率，更影響到男女生的參與方式，甚至於影響到未來對於運動的定義與看法（Litchfield & Dionigi, 2012; 李志峰、楊慶南、邱智麟，2003；教育部，2011；黃振紅，2004）。

四、權力／知識的規訓與運動社團的性別階層化現象

　　父權體制的權力行使，必須以知識論述作為強而有力的支撐，並藉由有形的組織、制度、政策的實踐，使其「結構化」，再透過無形的知識、思想的散播，讓父權體制深植人心，因此這套以男性為中心的權力分配模式，就在軟硬方法兼施之情況下，得以歷久而不衰，並在汲取各家理論菁華後，更加壯大起來（Virtanen & Nevgi, 2010）。

　　在父權體制權力／知識的規訓下，社團建立了一套行事邏輯與用人哲學，並在男性中心思維下，預先設定好各種職務所須具備的特質與能力，因此擁有「陽剛特質」與「競技性能力」者，當然「責無旁貸」地成為社團領導人及重要幹部，並擔負起社團興衰存亡的重責大任，而

此任務自非男性莫屬。表面看起來，社團幹部職位是開放且公平競爭的，且只要願意付出時間就可以來「接受磨鍊」，然而，經過社團文化的浸潤，再經過自我及外在環境的篩選及排除後，女性往往已界定好自己的角色及參與社團事務的範疇（Litchfield & Dionigi, 2012; Scanlon, 1994）。其實這些職務被賦予的期待，遠超過工作執掌以外，王雅各訪談男社員提到：

> ……我們社團入社儀式是喝酒……你也知道，不會有太多女生做得到……（王雅各，1998：256）

在男性社員強力主導的運動社團中，女性更是被貶抑及物化的對象，在Scanlon（1994: 443）對大學橄欖球社團的研究就發現，社團印製的背心後面就寫著「橄欖球社團有十個理由認為啤酒比女人好」，由此可見，在他們心目中，女人連啤酒都不如。另外Litchfield和Dionigi（2012）針對澳洲中年及老年婦女的運動社團參與經驗研究也發現，這些婦女在年輕時參與大學運動社團，通常較被期待扮演啦啦隊的角色，而不是真的參與競技性活動，這也反映出澳洲長久以來，男大學生喜歡美式足球、足球與橄欖球等具有陽剛特質運動下，所產生的女性被邊緣化的結果（Smith, et al., 1999）。進一步將前述女性在運動社團所遭受到的不公平對待與所位居的次等化地位，去對應黃益松、羅麗雲（2007）研究中所提到男性參與運動社團及擔任社團幹部比例遠高於女性的顯著差距，兩相對照之下，正可以清楚看到運動社團中的性別階層化現象。

因此，在父權體制權力／知識的行使所架構出的綿密網絡下，女性若想參與運動社團，就可能陷入順從體制並接受性別階層化的安排，或退出體制之外，另組女性為主體的運動社團的兩難（Drury, 2011）。不過，在順從或退出之外，女性仍有突破結構束縛並展現主體動能的可能性。

五、認同／能動的實踐與運動社團的主體性重構

探討女性在運動社團中的地位與處境，不能光從女性與男性在生心理等差異性進行分析而已，應連結至更廣大的政治、社會、文化等脈絡中加以交叉比對，才能理解「女人」是在怎麼樣的時空背景下被形塑成符合當代真理政權的規範與定義下的「形貌」，並從女人所處的特定位置出發，去分析女人所建構出的自我認同及主體位置，進而從所生產的文化中詮釋所顯現的獨特意義。

事實上，女性在男性掌控的陽剛文化及場域中，是具有反抗與改變不合理結構的行動力與能動性。在Drury（2011）針對參加女同志足球社的女性所作的研究發現，面對主流運動的文化脈絡，女性既抗拒「同性戀」也反對「異性戀」論述，他們在男性主宰的足球世界中，透過協議來尋求自身的定位。另外Litchfield和Dionigi（2012）在中年及老年婦女的運動社團參與經驗的研究中也發現，中年及老年婦女已洞察到男性運動文化對女性的壓迫，因此她們現在是為了「自己」而參與運動社團活動，因為身體是屬於自己的，不須受限於女性的身分而加以種種束縛。而Scanlon（1994: 443）在大學橄欖球社團的研究中亦發現，這些男性社員對女性有嚴重的性別歧視現象，於是Scanlon設立工作坊，希望藉由實際行動改變這些深具陽剛特質習性的男人。

從前述研究可以得知，女性「發現」自己在父權社會中的位置後，可據此建立自我認同，並展現其主體的能動性，以突破父權體制加諸於運動社團的有形與無形藩籬，進而解放桎梏已久的心靈、精神與身體，讓女性得到真正的自由，並能自主地、自發性地、不受約束地，去選擇自己在運動社團中的位置，並從事自己的身心可以負擔且有足夠意願參與的運動，讓運動社團中的主體不再只是由男性所占有，女性也可以擁有自己的一席之地。

伍　結論與建議

綜合前述文獻分析及討論，茲以社會學分析及後結構女性主義的理論觀點為基礎，提出結論與建議如下：

一、結論

　　本文從後結構女性主義的觀點，深入探討高等教育運動社團中男／女參與情形的性別差異，由於運動社團中，父權體制已然成為權力／知識的論述基礎，再加上家庭、學校及社會三大場域中的性別二元對立、排除、偏見、歧視及階層化等不平等現象之間的相互連結，使得女性在運動社團中淪為邊緣化的次等地位。然而，女性的心靈、精神與身體，都不該受制於「女性」這個後天環境所建構出來的身分，是故加諸於其上的枷鎖應徹底拋開，讓桎梏已久的身心靈得到解放，也讓女性在一個去除男性中心思維的平等社會裡，享有選擇自身在運動社團中的位置及參與方式的權力。這樣的權力除了在高等教育運動社團中獲得具體實踐的機會外，更應擴及並延伸到女性生活的任何時空及場域中，讓「女性」的身分、角色與圖像不再是女性的負擔或負債，而能轉變成一種競逐地位、獲得資本及自我肯認的重要資產，更讓多元性別者得到真正的尊重與自由的發展，以迎接性別平等新紀元的來到。

二、建議

　　基於前述結論，本文提出如下建議：

(一) 透過高等教育運動社團相關政策的修訂，徹底去除高等教育運動社團中各種性別不平等因素，促使不同性別者能夠秉持相互尊重及包容之原則，透過協議及共同努力之方式，以達成運動社團的各項目標

　　由於父權文化的行使及性別階層化的運作，不僅架通家庭、學校及社會三大場域，更在學校運動社團中獲得具體實踐的大好機會，也因此性別歧視與偏見等各種性別不平等問題與現象，就如此輕易地落地生根並隨著時代演變而蛻變成各種形貌。然而高等教育運動社團中各種性別不平等因素必須徹底去除，才能讓不同性別者在相互尊重及包容的基礎上，真正理解彼此之間的生心理差異，及各自對於運動社團參與方式的看法，並透過對等協議等方式，共同訂定社團發展的各項目標，讓不同性別者都能在無宰制的環境中得到身心靈真正的解放，也讓運動不

再專屬於特定階級族群性別的產物，更讓社團成為人人都可實質參與的民主場域。而這樣的目標，需要在不同性別者攜手共同努力之下，方能逐步達成。因此主其事者，必須邀集與高等教育運動社團相關之行政人員、教師、學者專家以及不同性別學生共同商討研議，以修訂或制訂相關政策，俾使不同性別者都可以得到自由、解放的運動場域。

(二) 藉由高等教育性別平等課程或活動的實施，協助男性檢視自身的意識型態，並了解父權體制對於不同性別者所造成的正負面影響，以反思自己在現有的結構體制中，可以扮演的積極角色及進行的具體行動

男性向來即為父權體制的得利者，更因習性之養成及外在環境的支持下，因而具有權力／知識的親近性，於是在有意識及無意識之情況下，尤其是生理上屬於男性的男人，便掌握了大多數的資源與權力。然而在不同性別者共存的時代及多元性別的社會中，權力的過度集中會迫使無權者採取相對應的行動，甚至會起身反抗，且亦會使得有權者因而發生內鬨。故男性應反思自己具有的意識型態為何，並深入探討父權體制對於不同性別者所造成的正負面影響，從而採取積極而全面觀照的立場，並以具體的行動，讓不同性別者在現有的結構體制中得以實踐理想，進而提升生理性別、性別認同、性別氣質及性傾向趨向於「女性」者的地位。因此高等教育課程或活動的實施必須納入性別平等的議題，藉由議題的深入分析探討，讓不同性別者深刻體認彼此的處境，從而相互提攜與合作，共同對抗無所不在且無所不用其極的父權體制與政權。

(三) 落實高等教育公民性別權利的批判教育，培養不同性別者敏覺及洞察存在於結構體制中，各種性別不平等問題的批判意識及行動力，透過發聲、對話、參與、抗議等多元途徑，展現出主體的動能，以擘劃不同性別者真正平等的美好未來

生理性別、性別認同、性別氣質及性傾向趨向於「女性」者不該淪為父權體制中的附屬品，或成為現有結構體制中的他者或客體，為了對抗父權體制的強大作用力，應該積極培養敏覺及洞察存在於結構體

制中各種性別不平等問題的批判意識及行動力，並透過發聲、對話、參與、抗議等多元途徑，以展現出主體的動能，讓生理性別、性別認同、性別氣質及性傾向趨向於「女性」者不再只是他人眼中的那個「女性」，因為，唯有持續不斷地努力，才能彰顯自己的主體地位，並成為真正的自己，而不同性別者真正平等的美好未來，也才有實現的可能性。因此落實高等教育公民性別權利的批判教育，是刻不容緩的重要工作，因為高等教育不僅僅是生產出符合企業及市場要求的「規格化產品」的工具性角色而已，更重要的是，它必須培養出能夠以實際行動帶領不同性別者，反抗性別不平等處境，並朝向解放之路邁進的領導人才。

(四) 結合關心高等教育相關人員、單位及媒體，共同檢視、揭露、批判存在於社會文化、制度與結構中盤根錯節的性別不平等因素，藉由觀念導正、法令修改、行動展現等方式，逐步朝向多元性別共治的美好未來

雖然高等教育運動社團場域中存在的性別不平等，是與更廣大的社會文化、制度與結構相互連結搭架的，故其深植於結構底層盤根錯節的複雜因素，往往令人望而生畏，並因而卻步不敢碰觸。只是，深層因素未能處理，只在表面問題打轉，恐也是徒勞無功罷了。故當局或關心此議題之人士，可結合關心高等教育相關人員、單位及媒體，共同檢視、揭露、批判存在於社會文化、制度與結構中盤根錯節的性別不平等因素，藉由觀念導正、法令修改、行動展現等方式，逐步朝向多元性別共治的美好未來。因此，有關單位切勿只是虛應文章、作作表面功夫而已，唯有下定決心，整合相關資源人力，訂定具體可行政策並加以有效執行，若能如此，性別平等的未來或可期待。

參考文獻

(一) 中文部分

王孝勇（2007）。女性主義立場論的主體與權力問題。**政治與社會哲學評論，21**，89-146。

王宗吉（2000）。運動與生活品質——運動對社會人際方面的好處。**訓育研究，39**(4)，41-45。

王清欉、黃郁琦（2004）。不同性別大專學生運動參與動機與運動阻礙因素之分析研究。**政大體育研究，16**，83-96。

王雅各（1998）。大學學生社團中男性成員的性別意識及其影響。**本土心理學研究，9**，245-277。

卯靜儒（2004）。重構女性教師的主體性研究—女性主義研究觀點的探索。載於潘慧玲（主編）：**教育研究方法論：觀點與方法**（頁319-338）。臺北：心理出版社。

李志峰、楊慶南、邱智麟（2003）。大葉大學學生運動性休閒參與動機之研究。**大葉學報，12**(2)，99-108。

李淑菁（2010）。「開啟」教育變革的起點：後結構女性主義理論對教育政策研究的挑戰。**國家與社會，9**，111-150。

洪煌佳（2007）。運動社會學觀點論述運動的本真價值之啟示。**學校體育，17**(6)，107-112。

張淑紅、張珏（2008）。台灣國民體育政策的性別分析——以國民體育的均衡發展與普及為例。**實證護理，4**(4)，289-296。

教育部（2011）。**99年度學生運動參與情形調查報告**。臺北市：作者。

許明章（2005）。**運動社會學**。臺中：華格那。

陳俊玄（2003）。從知識社會學審視臺灣運動社會學知識的建構。**中華體育，17**(2)，124-131。

彭渰雯（2007）。婦運與政治。載於黃淑玲、游美惠（主編）：**性別向度與臺灣社會**（頁177-198）。臺北市：巨流。

游美惠（2002）。父權體制。**兩性平等教育季刊，29**，111-113。

黃振紅（2004）。不同學制技職生參與休閒運動之差異研究。**大專體育學刊，6**(2)，67-78。

黃淑玲（2007）。男子性與男子氣概。載於黃淑玲、游美惠（主編）：**性別向度與臺灣社會**（頁267-292）。臺北市：巨流。

黃益松、羅麗雲（2007）。大學生社團參與態度及其評價之研究。**嶺東通識教育研究學刊，2**(2)，17-34。

劉靜貞、洪金珠（譯）（1997）。**父權體制與資本主義**（原作者：上野千鶴子）。臺北市：時報。

潘慧玲（1999）。教育學發展的女性主義觀點：女性主義教育學初探。載於國立臺灣師範大學教育學系、教育部國家講座（主編），**教育科學的國際化與本土化**（頁527-552）。臺北市：揚智。

顧燕翎、鄭至慧主編（1999）。**女性主義經典**。臺北市：女書文化事業有限公司。

(二) 英文部分

Alcoff, L. (1988). Cultural feminism versus post-structuralism: The identity crisis in feminist theory. *Signs, 13* (3), 405-436.

Allan, E. J. (2010). Feminist poststructuralism meets policy analysis. In E. J. Allan, S.V. Iverson, & R. Ropers-Huilman (eds.). *Reconstructing policy in higher education: Feminist poststructural perspectives* (pp.11-35). New York: Routledge.

Arnot, M. & Dillabough, J. (2006). Feminist politics and democratic values in education. In H. Lauder, P. Brown, J. Dillabough, & A. H. Halsey (Eds.), *Education, globalization and social change* (pp. 161-178). Oxford: Oxford University Press.

Ball, S. J. (2008). *The education debate*. Bristol: Bristol University Policy Press.

Bourdieu, P. (1972). *Outline of a theory of practice* (R. Nice, Trans.). Cambridge, MA: Cambridge University Press. (Original work published 1972)

Bourdieu, P. (1978). Sport and social class. *Social Science Information, 17*, 819-840.

Bourdieu, P. (1990) *The logic of practice.* Cambridge, MA: Polity Press.

Bourdieu, P. (2001). *Masculine domination.* Stanford, CA: Stanford University Press.

Brown, D. (2005). An economy of gendered practices? Learning to teach physical education from the perspective of Pierre Bourdieu's embodied sociology. *Sport, Education and Society, 10*, 3-23.

Brown, D. (2006). Pierre Bourdieu's "masculine domination" thesis and the gendered body in sport and physical culture. *Sociology of Sport, 23*, 162-188.

Collins, R. (1979). *The credential society: An historical sociology of education and stratification*. New York: Academic Press.

Connell, R. W. (1995). *Masculinity*.Cambridge, UK: Polity.

Derrida, J. (1976). *Of grammatology*. Baltimore, MD: Johns Hopkins University Press.

Domangue, E. A. & Solmon, M. A. (2009). A feminist poststructuralist examination into the President's Challenge Physical Fitness Awards Program. *Gender and Education, 21*(5), 583-600.

Drury, S. (2011). 'It seems really inclusive in some ways, but ... inclusive just for people who identify as lesbian': discourses of gender and sexuality in a lesbian-identified football club. *Soccer & Society, 12*(3), 421-442.

Fairclough, N. (1992). *Discourse and social change*. Cambridge, UK: Polity Press.

Foucault, M. (1978). *The history of sexuality volume 1: An introduction* (R. Hurley, Trans.). London: Allen Lane. (Original work published 1976)

Foucault, M. (1980). *Power/knowledge: Selected interviews and writings, 1972-1977*. Brighton, Sussex: Harvester Press.

Foucault, Michel (1975). *Discipline and punish: The birth of the prison*. New York: Random House.

Gramsci, A. (1976). The intellectuals. In R. Dale, G. Esland & MacDonald (Eds.). *Schooling and capitalism: A sociological reader*. London & Henley: Routledge & Kegan Paul.

Hoffman, J. L., Allan, E. J., Iverson, S. V., & Ropers-Huilman R. (2010). IX policy and intercollegiate athletics. In E. J. Allan, S. V. Iverson, & R. Ropers-Huilman (eds.). *Reconstructing policy in higher education: Feminist poststructural perspectives* (pp.129-146). New York: Routledge.

Holmes, M. (2010). Social theory of the body. In Elliott, A. (Ed.). *The routledge companion to social theory* (pp.102-116). London and New York: Routledge.

Houlihan, B. (2008). *Sport and society: A student introduction*. London: SAGE.

Litchfield, C. & Dionigi, R. A. (2012). The meaning of sports participation in the lives of middle-aged and older women. *The International Journal of Interdisciplinary Social Sciences, 6*(5), 21-36.

Scanlon. J. (1994). Feminist pedagogy meets male sports: A workshop on gender sensitivity for the men's rugby club. *NWSA Journal, 6*(3), 442-451.

Smith, D. E. (2005). *Institutional ethnography: A sociology for people.* New York and Toronto: AltaMira Press.

Smith, P. K., Morita, Y., Junger-Tas, J., Olweus, D., Catalano, R., & Slee, P. T. (Eds.). (1999). *The nature of school bullying: a cross-national perspective*. London and New York: Routledge.

Standeven, J. & Knop, P. (1999). *Sport tourism*. Champaign, IL: Human Kinetics.

Turner, B. (1984). *The body in society*. Oxford: Basil Blackwell.

Virtanen, P., & Nevgi, A. (2010). Disciplinary and gender differences among higher education students in self-regulated learning strategies. *Educational Psychology, 30*(3), 323-347.

問題與討論

一、請從後結構女性主義的理論觀點，分析高等教育中運動社團參與情形
　　之性別現象，並提出自己對於此現象的見解。

二、Foucault認為論述是一種工具，一種位置，一種視角，它也是一種實
　　踐的策略。請問你如何以論述為「工具」，站在適當的「位置」上，
　　從最佳的「視角」出發，去「實踐」自己的理想？

第六章

我國健康促進學校政策之主要內涵、相關研究與未來展望

練千睿、范熾文

壹　前言

　　爲因應人類健康意識與社會心理安全抬頭，世界衛生組織（World Health Organization, WHO）於1948年所提出：「健康不僅爲疾病或羸弱之消除，而是體格、精神與社會之完全健康狀態」，代表現今人們對健康定義已有所改觀，從原本「身體沒有病痛表徵就是健康」的概念大大轉換至「健康」亦是所謂生理、心理、社會處於一種完全安寧、祥和的狀態，才速配得起「健康」這博大精深字詞呢！此外，我國預計於3年後正式邁向超高齡化社會（super-aged society），故即便1993年高齡化社會（ageing/aging society）演變至2018年高齡社會（aged society），共歷時25年說長不長、說短不短的黃金歲月期，然而當高齡社會步入至超高齡化社會，僅耗費7年就輕鬆達標，顯然易見有鑑於我國因雙「低」因素，指低出生率與低老年致死率所致（Preston et al., 1989；黃芳誼，2015），使得人口老化趨勢與速度，成爲刻不容緩需著手面對的重要挑戰（國家發展委員會，2020）。

　　接著，美國教育學者杜威（John Dewey）曾云：「要改變一個人，先改變他的環境」，所以就算人人都曉得「預防勝於治療」、「眼睛是靈魂之窗」的道理，然而在現今隨處充斥著3C世代，可想而知必然會延伸出許多料想不到的驚喜，因此以下將舉三點事例佐證之：

　　事例一：我國近視「年幼化」、「電玩失調症」（Gaming disorder）等新興問題在種種不利因素以及不友善環境情況，明顯浮出檯面後（饒儁眞等，2016），免不了就會引起各界專家學者與質疑聲音出現，認爲難道學童們只要高強度、高頻率且缺少自我管控能力、過度沉溺於網路世界，那就視同爲「電玩失調症」的標準之一嗎（WHO, 2018）？

　　事例二：世界衛生組織2019年所提出《世界視力報告》資料可知，在全球79億人口數約略有三分之一人口數是屬於四眼田雞的人口數外，另透過衛福部2019年資料内的數據可知，我國國小學童近視率截止至2019年，雖已從2015年的46.12%降低至

44.35%，有逐年遞減現象，只不過該如何化危機為轉機，將它攀爬速度、成長比例給緩慢，實為我國健康促進學校中，看似簡單又不簡單的課題！

事例三：我國2007年臺灣健康促進學校輔導與網站維護計畫輔導手冊中能明白，目前校園內經常推行健康議題包括了：健康體位、視力保健、口腔衛生、菸害防制、檳榔健康危害、性教育等共計八大類議題（黃珍，2013），可見維護國家未來棟梁們視力保健之健康，應持續加強視力保健工作（陳政友，2013），而不是淪為紙上談兵的健康促進學校政策。

　　我國規劃健康促進學校六大範疇囊括以下六點，分別為：(1)學校衛生政策、(2)學校物質環境、(3)學校社會環境、(4)社區關係、(5)個人健康技能、(6)健康服務（教育部，2012），因此這也代表在六大範疇中，與學校是有著環環相扣的關係所在，所以為營造多元友善校園環境，確實落實有效健康促進政策，肯定是當前學校教育首要的任務；至於事例二則為：藉中能得知，即便1920年已有學校健康服務在學校推動以促進學生的健康觀念思想，我國也於2008年推動臺灣健康促進學校且高達3,000所以上學校參與，這無形之中便表明了國民中、小學皆紛紛成為了健康促進學校首開全世界先例的典範（黃松元，2009）。

　　最後，所述健康促進學校包含二代實證導向性的健促學校政策、議題（教育部，2005），可謂內容眾多，已有多所國中、國小共同參與此計畫，但身為教育人員應明瞭到，在這資源不均、城鄉差異變化的大環境，其實每所學校所注重層面、議題內容皆不盡相同，如何制定合宜政策，發揮我國健康促進學校精神，讓推行時能暢通無阻、達到最大成效，值得省思。

貳　我國健康促進學校政策的主要內涵

　　學校不僅是推動健康促進計畫十分重要場所，亦是學生社會化機制（林芝筠，2015；Samdal & Nutbeam, 1998），所以，該如何達成「由下而上」的健康促進學校推展模式與方向，使學生能增能賦權（empowerment）（劉潔心、晏涵文，2005），沈浸在樂於發問、喜於學習的校園環境，顯然不是件輕而易舉之事，因此，以下希冀從三部曲，分別為，部曲一：健康促進學校政策之發展歷程；部曲二：健康促進學校六大範疇以及部曲三：健康促進學校國際認證來著手討論。

一、健康促進學校政策之發展歷程

任何的健康促進學校政策、計畫絕對不是像個母雞下蛋一般、容易簡單的，所以，縱然在我國國民中小學校園內，雖廣為推行的健康促進計畫議題共有八大類，以下將逐一解說（教育部，2005；陳政友等，2002；張露娜等，2014；劉潔心、晏涵文，2005）：

1. 視力保健：在校時，教師可教導實用又實在的衛教祕籍，至於在家時，家長則可透過常聽、常看見的3C公約，和孩子們打勾勾做個約束、溝通。菸檳防制：綠綠、圓圓的檳榔且不長又不短地會誘發出迷人味道的煙，對於會碰觸到、實用到的學童們來說，不光忽略了其自身有何危害之處以外，更會感到這是一條發洩情緒的祕密通道。

2. 健康體位：身體力行、從「心」開始，教師上課時，能適時地運用相關提升孩子們學習動機的方法，例如：正增強鼓勵模式，藉此來規範學童們的健康體位是合乎教育部所認定的標準範圍。

3. 正確用藥：「全民知藥」、「對症下藥」、「正確用藥」的觀念，是個需廣為宣導的重要議題，只不過在這個每天永遠不知到下一秒會發生什麼事情的時代，對現今的國人們來講，似乎已將「能吃藥解決的事，即為小事」的觀念，給潛移默化至生活當中，變成了共犯毛病之所在。

4. 性教育：「女性的好朋友，男性的討厭鬼」、「愛滋病是否會傳染」、「未婚生子」、「同志婚姻」等議題，在校園內經常是以帶諷刺、有顏色意味的話語，來隱忍至學校當中，所以該如何把這些錯誤思想於大腦的長期記憶區給塗抹掉，實為不易。

5. 口腔衛生保健：「刷牙刷刷牙刮牙刮刮牙，別讓細菌停留口腔

裡，別讓蛀蟲囂張又得意」，這廣為流傳的潔牙歌，是根植於每位孩子們腦海中的，因此，若能正確、不偷懶地使用這些好法寶，相信對每一位孩子們的口腔衛生保健情形，肯定是穩妥當、毋免煩惱。

6. 正向心理健康促進：從美國正向心理學之父Martin Seligman，所曾提倡著P. E. R. M. A五大元素，來反思我國現今升學體制現狀的話，那對於在這個重「考試」與「多元評量」的話題，就顯得格外重要。

7. 全民健保：即便無法落實「小病到診所，大病到醫院」的理念，但建議可從平日的生活中的小動作來加以實踐。

至於過去式版的傳統學校衛生與現在式2.0實證導向版本的健康促進學校有何差異，在此將逐步做說明（行政院衛生署，2005；周昕蓓，2014；教育部，2005）：

1. 傳統學校衛生：不知變通、死板板，僅聚焦於課室，無法欣賞到教室外的風景且也只會以馬拉松形式來處理與學生所需的健康議題，故無法加以保證在教室所習得的健康新知和目前的大環境是相互吻合外，亦對於活動後的成效指標，皆是使用正字號統計法來表現。

2. 健康促進學校：活潑生動，易接受，聚焦範圍已從原本的校園延伸至所社區，還有對於學生的健康議題則採用一手包辦到底的方式來加以關照並會去留意每位成員、夥伴們的健康情形，所以看重的不光只有知識、態度、行為的轉變，其實也包括相關的成效評價。

綜上所述，其實從傳統的學校衛生與目前2.0版的健康促進學校中，能深刻感知到，一個好的政策，方能使眾多人獲益且在這過程中當然也會蘊藏著豐富的發展歷程，所以，總結健康促進學校政策、計畫的實施，不單對於學生健康行為、觀念（Schofield, Lynagh, & Mishra, 2003），有了正向的影響能力以外，其實也進而影響到社會心理其他

各層面的發展，從教育部出版的《健康促進學校——學校衛生工作指引手冊》，主要可以分為幾個階段（周昕蓓；2014；教育部，2005；張鳳琴，2019）：

1. 萌芽期、準備期（1996年—2003年）。
2. 成長期、全面推動期與擴大參與的階段（2002年—2009年）。
3. 追求卓越期、實證導向、精進教學、社區結盟，還有支持性環境策略的階段（2010年—迄今）。

總結來說，我國健康促進學校政策下的相關計畫，主要運作方法為：透過教育部、衛福部先共同制定政策，接著教育部、衛生局就必須加緊腳步去實施相關的策略輔導，好讓各所學校可依循其指引去落實政策，並藉機提升學生、家長、社區三方的共識成效（教育部，2005；健康促進學校國際網絡推廣中心，2020；Allensworth, Kolbe., 1987）。

表1

我國健康促進學校政策下的相關計畫發展歷程

年代	健康促進學校計畫的發展情形、重要工作內容
2001-2010年	1. 衛生福利部與教育部簽約「推動健康促進學校聯合聲明書」，挹注所需要的資源於此計畫且高達了二十來處地方政府機關，從中去協助。 2. 邀聘和健康促進此領域有關聯的專家們，設輔導支持網絡系統，提供輔導服務與搭起了跨縣市交流的橋梁外，盡可能地創造出屬於我國獨一無二的健康促進學校國際認證系統。 3. 2001年是所謂的「健康促進年」且「學校衛生法」也於此時誕生，造福多數國人們的健康大小事之外，還讓與學校衛生息息相關的事件、界線，有了清楚的依據。
2010年以後	1. 2019年起，提出健康促進學校計畫3.0的框架結構，從而省思如何兼具場域和跨層級之間的合作並保有本土與國際化的味道所在並促使三方皆可互助合作，是個值得努力的地方。 2. 辦理起國際學術研討會，讓專家、學者們能各顯自身的看家本領與他人分享外，藉由此機會，在無形之間，也提升了國人們的健康。 3. 實際作法上是否有和家長做到相呼應的配合，至於在功能意義面當中，強調彼此三方是否互為夥伴的關係。

資料來源：教育部（2005）；黃松元（2009）；劉潔心（2013）；周昕蓓（2014）；健康促進學校國際網絡推廣中心（2020）；研究者自行彙整。

綜上所述，從表1中所列舉的健康促進學校政策的發展情形、重要工作內容，其實在每一項目中，必有其標準的SOP流程所在，因此，如何步步為營，獲取最後的成功關鍵要素，並非一時半晌之事。

二、健康促進學校六大範疇

健康促進學校，為世界衛生組織1996年頒訂的「地區健康促進學校發展綱領行動架構」，所以就算它並非是個全新的政策，但相信在各個不同大、小螺絲釘的跨處室結合、互助合作下，必會產生不同的反響（教育部，2005；晏涵文、劉潔心、牛玉珍、邱詩揚，2009）。

茲針對健康促進學校的六大範疇、主要工作內容做簡要說明，以突顯其內涵所在：

1. 學校衛生政策（school health polities）：診斷學校自身健康問題、社區需求有哪些，並制定與該校相關的健康政策，例如：健康促進學校推動小組就好比是個監督者的角色，來檢視經費用是否合宜（張鳳琴等，2013；黃松元，2003）。

2. 學校物質環境（school physical environment）：提供教職員生良好的學習場域，使其樂於學習、喜於學習、沉浸於學習外並朝向健康校園的步伐來邁進，例如：符合法定規定需求的通風排氣設施、採光設備，皆歸屬於學校物質環境所管轄的範疇（楊靜昀等，2018；黃松元等，2004）。

3. 學校社會環境（school social environment）：教師應懷著「以愛教人、以樂教學、以理交心、以情交流」之心，教導學童們待人處事、人際溝通的道理外，樹立全人性的健康環境，形成支持性的社會網絡（WHO, 1996；劉潔心，2013；郭鐘隆，2005）。

4. 社區關係（community relations）：John Dewey曾云：「教育即生活」，所以我們不應忽略現有的社區資源，像是：族人智慧、民族技藝等且務必去發掘潛在資金來源才行（張麗春等，2005）。

5. 個人健康技能（personal health skills）：藉由衛教講習、演講

活動，使其養成正確的認知、情義和技能觀並大大躍升個人健康技能的戰力（宋素卿等，2014）。

6. 健康服務（health service）：運用健檢等方式，加以把關校內每位成員的健康狀況，是屬於亮紅燈、黃燈，還是綠燈的情況，畢竟如有任何健康狀況的話，也應藉由早期診斷、早期治療的方式，才是王道的解決方法（游春音等，2015）。

綜上所述，健康促進學校六大範疇，每一區塊似乎都有其不可碰觸到的潛規則所在，如何截長補短、各取所需、創造出三贏的局勢，使我國也能有朝一日受到國際的認證，絕對是需好好策劃一番的。

三、健康促進學校國際認證

健康促進學校認證制度，四年為一期的認證有效期，不是一勞永逸的（國民健康署，2021），所以，學校是改變與革新，其實是和學校本身是否有參與過相關的健康促進學校活動、得到國際認證的品保，是有莫大關聯。在六大標準、範疇當中，原來配分比最高的是，學校衛生政策、學校社會環境以及健康生活技能教學與行動，至於配分比最低的項目則為學校物質環境和社區關係，然而剩下隻字未提的健康服務，竟

圖1

第一屆至第四屆健康促進學校國際認證獲獎之各縣市認證情形一覽表

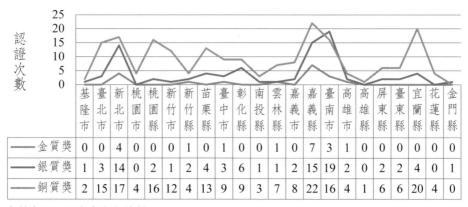

	基隆市	臺北市	新北市	桃園市	桃園縣	新竹市	新竹縣	苗栗縣	臺中市	彰化縣	南投縣	雲林縣	嘉義市	嘉義縣	臺南市	高雄市	屏東縣	臺東縣	宜蘭縣	花蓮縣	金門縣
金質獎	0	0	4	0	0	0	1	0	1	0	0	0	1	0	7	3	1	0	0	0	0
銀質獎	1	3	14	0	2	1	2	4	3	6	1	2	15	19	2	0	2	2	4	0	1
銅質獎	2	15	17	4	16	12	4	13	9	9	3	7	8	22	16	4	1	6	6	20	4	0

資料來源：研究者自行繪製。

還出現了高達十分以上差距的反差呢！因此，以下將繪製101年（第一屆）至107年（第四屆）的健康促進學校國際認證獲獎之各縣市認證情形一覽表，希冀能從綜觀至微觀的角度，揭開當中實施歷程。

　　健康促進學校國際認證之獲獎學校，實爲依照是否有通過所設之門檻分數，來加以決定獲獎的情形，例如：以最近的一筆資料107年第四屆健康促進學校國際認證——金質校園——健康飛揚獲獎名單內可了解到，以全臺有參與此項活動的國民中小學、高中來說，共計有5所學校榮獲金質獎、31所學校獲得銀質獎和23所學校得到銅質獎的殊榮。

參　我國健康促進學校政策下執行之相關研究

　　本節蒐彙整近十年在我國健康促進學校政策下的計畫執行之相關期刊研究，爾後依其研究年代、研究題目、研究方法、研究對象以及主要研究結果、發現，茲作爲本研究參考來源與其建議之所在。

表2

近十年在我國健康促進學校政策下的計畫執行之相關期刊研究摘要表

研究者（年代）	主題	對象	方法	研究結果
林蕙王亭 陳志哲 （2012）	RE-AIM模式評價健康促進學校計畫之執行情形	HPS主要推動人員	問卷調查法、訪談法	1. 在接觸面、有效面、採納面、實施面和維持面中，皆會因在校職務愈高，使HPS推動較佳。 2. 研究對象的個人背景因素當中職務對其執行過程的成效是有顯著預測力的。
張鳳琴 顏銓成 劉潔心 （2013）	二代健康促進學校菸害防制行動研究計畫評價	國民中學國一至國三學生	問卷調查法	1. 研究方案介入，不僅能使研究對象在多方表現，例：買菸、暴露在二手菸環境的天數達顯著降低、顯著差異效果外，還可顯著增進其戒菸資源知曉度部分。 2. 能運用行動研究方案再搭配著活動進行的方式，讓研究對象在知識面、行為面都有了提升的空間。

研究者 (年代)	主題	對象	方法	研究結果
賴世芬 鄭婉伶 (2014)	以Q方法探討國民中小學校長對健康促進學校國際認證指標看法之研究	40位校長	Q方法	1. 研究對象對健康促進學校國際認證指標看法之事，至少能劃分成六大類型。 2. 六大類型當中皆能察覺到研究對象對於整體的學校衛生政策，都是十分在意、注重的。
游春音 梁宜芬 胡益進 苗迺芳 蕭仔伶 (2015)	國中生口腔保健成效研究—以健康促進學校六大範疇為推動策略	國民中學學生	準實驗	1. 有了介入策略能發掘到實驗組的研究對象在多方面表現。 2. 六大範疇為觀點出發，明白在實施介入策略完畢後，執行狀況最優的部分，即為學校衛生政策。
黎苑均 徐均宏 白瑞聰 (2016)	從領導方式觀點解析健康促進學校推動團隊之集體效能及其團體效果	國民中學	問卷調查	1. 在HPS推動團隊當中，與領導方式呈現出正相關關係。 2. 有關學校衛生政策與其相關的目標達成度有著密不可分的關係。
周婉芸 謝蕙宜 楊逸菊 林慧錚 鄭其嘉 (2017)	「數位學伴網路學習系統」推動原住民高年級學生性教育之行動研究計畫	國民小學	行動研究	1. 網路教學實驗組在各個方面表現，是比對照組來得要好。 2. 實驗組皆認為老師在此環境下，做得最好的地方是師生互動，還有情境營造。
張家臻 劉峻正 鍾廷聖 吳采婷 簡彰蔚 李甄珮 董貞吟 (2018)	偏鄉小學推廣珍惜全民健保與正確用藥教育成效分析	國民小學學生	準實驗研究	1. 課程去作為介入手段後，可明瞭到實驗組在眾多面向，是優於對照組。 2. 父母親職業、從事類型工作，對於健保課程的成效，是沒有影響的。

研究者 （年代）	主題	對象	方法	研究結果
郭家娟 （2019）	健康促進學校國際認證金、銀、銅質獎學校推動歷程之研究	榮獲國際認證的八所學校	內容分析	健康學校六大範疇的規定、所需自選的健康議題、方法，能確切執行與實施。
陳富莉 邱詩揚 陸玓玲 王英偉 （2020）	探討健康促進學校國際認證成效：從學生健康行為表現之觀點	HPS國際認證的學生	問卷調查	1. 若以階段性來劃分，能察覺有獲獎的研究對象，於不同層面的行為表現，比起未獲獎學校來說，是來得較為優秀。 2. 至於在某些行為表現面向上，則不會因為有研究對象沒有獲獎的緣故，導致有其顯著差異出現，例如：吃甜食、吃早餐等……。
牛玉珍 張麗春 廖梨伶 陳敏麗 許愛玲 （2021）	學童視力保健計畫推動成效之探討—以某縣視力保健校群學校為例	16,848位來自北部視力保健校群校的學生	準實驗研究	感受一天當中，使用電子產品的時長以不超過二個小時為限。

資料來源：研究者自行彙整。

一、研究對象

　　研究對象的選擇，在質化研究中可謂是不可或缺的一環，如同（蘇鈺楠，2020，頁37）有提及，選擇錯誤的話，不僅僅在本研究中會無法成立外，若還選到不具代表性、具有意義個案的話，就好比Stake學者曾理論過的，是會無法突顯出其個案本身的特徵，像是：具實證性、詮釋性等（引自鈕文英，2021），研究對象的選用大致上能歸納國民中學及國民小學的學生、校長、主要推動成員（張鳳琴等，2013；游春音等，2015；周婉芸等，2017；張家臻等，2018；陳富莉

等，2020；牛玉珍等，2021），總歸一句，教育是以生命影響生命的歷程，所以研究者始終認為，國民中、小學的教育亦是學生青春期的開始並且是思想、行為轉變最大的時候，因此時期的教育不只影響學生未來的旨趣，也能說是奠基未來教育基礎的關鍵時刻，至於校長和HPS主要推動人員這部分（賴世芬、鄭婉伶，2014；林蕙王亭、陳志哲，2012；黎苑均等，2016），其實他們在各自的崗位上，都有專責所需執行的工作職責，那如何化「繁」為「簡」，突破「阻力」變成是「助力」並以「線上」取代paper work之作業程序，是學校推動之重點。

二、研究方法

在表2，十篇重要文獻當中可知，研究方法上最大贏家便是使用問卷調查法，例如：林蕙王亭、陳志哲（2012）；張鳳琴等（2013）；黎苑均等（2016）；陳富莉等（2020）；反之，仍有少數幾篇選用較為罕見、相比而言難度係數較高的研究方法來進行，像是（賴世芬、鄭婉伶，2014）使用了Q法運用於研究當中，還有周婉芸等（2017）則是採用行動研究法來進行此研究。

三、主要研究結果

主要為成功關鍵因素為，學校領導者具備著一顆教育熱情，對於在六大範疇遊戲規則下，認清教育政策事實、打造屬於自己一套的策略、型式，方能確保推動成效、品質是較為優良的，（張鳳琴等，2013；游春音等，2015；黎苑均等，2016；周婉芸等，2017；張家臻等，2018；郭家娟，2019；陳富莉等，2020；牛玉珍，2021）。

肆 未來展望

一、中央與地方共同協作推動跨單位、跨層級的相關組織

一個好的政策計畫，不僅會使眾多人獲益之外，如共同推動有成，可謂跨單位結合的里程碑，在健康促進學校3.0政策中，跨層級、場域

以及兼具本土化與國際化是三個推動不可獲缺的推動關鍵要素（健康促進學校國際認證網絡推廣中心，2020），可知，我國健康促進學校政策目前已有的現成作品，其實主要為每年一次邀約中央輔導委員與地方政府教育局處一同來召開健康促進學校輔導計畫共識會議（台灣健康促進學校，2021），就如同McLaughlin相互調節過程模式這樣吧（曹俊漢，1992）？因此本文主張八大議題為主幹後，建立起相關中央級互動式監測系統，進一步地以大手牽小手的力量，去推動其跨層級組織所該使命必達完成的不可能挑戰、任務（劉影梅等，2007）。

二、整合學校、家庭與社區中各相關的人力與資源

　　任何政策，如果缺乏了資金援助，那在執行的過程中肯定會遭遇許多難關，至於領導者如果缺乏了動機、熱情，則無法凝聚相關執行人員向心力、發揮團結力量大的功效。例如：健康促進學校政策下的相關計畫必須結合聯合國17項永續發展目標（SDGs17），雖然健康促進學校政策下的相關計畫，雖早在2002年由衛福部和教育部共同來簽署、推動已有十餘年的時間（國民健康署，2018），學校乃社區之中心，長久下來，健康促進學校政策對於要結合「學校—家庭—社區」的力量、進而成為夥伴關係之事，成為未來政策發展重點（張麗春等，2010；Liua, Changa, Liaob, Niuc, Chengd, & Shiha, 2019）。

三、提升學校專業人員之敬業精神及專業知能

　　許多教育政策是需要歷經漫長時間的積累、沉澱，才有可能換來更加精進與成功可能性。在中華民國教師專業標準指引中，所謂的教師專業標準係指由這兩味所調配、產生的，分別為專業知能及態度（教育部，2016）；而教師專業基本素養跟敬業精神與態度，可說是在五個大標準內至為重要（陳振益，2014），可見身為健康促進學校政策中的專業人員，宜積極提升自身敬業精神及專業知能開發。

四、發展校本健康促進之課程與創新教學

　　「課程」與「教學」，有時就像是個一體兩面融合在一般，各校須

發展屬於自身健康促進校本課程（教育部，2018），再加上合乎我國政府所規定核心素養精神課程與教學，這是根本重要的任務！因此，身為第一線教師群們和業務執行人員，宜利用SWOT分析好好規劃，對學校自身而言，在健康促進此領域上，強項是什麼、而什麼東西又是其劣勢的部分呢？況且，要地方展出一套完完全全符合貴校的校本課程，是須歷經不同的生命週期（莊明貞等，2018），第一步：先評估目前本身的概況為何；第二步：力邀各處室人員們一同動動大腦思考，到底哪些願景及目標才是合適學校的呢？接著，針對課程與教學這塊來做構思、設計，爾後也才能藉由評鑑措施、方法，來檢視在校本健康促進課程與教學是否有需改進之處。

五、建立數據資料庫以檢索政策執行成果評估

教育資料庫愈來愈重要，尤其大數據主要用於研究，它被視為是一種具前瞻性、以科技為本的策略方法，有助於改善整個教育生態系統（駐澳大利亞代表處教育組，2015）。我國政府早已力邀各縣市政府需架設起「健康促進學校指標問卷」網路平台系統，一方面好讓每所國民中、小學學生們，可於規定內的時間上網去針對特定議題作其前、後測填答動作外，另一方面還能促使相關的系統分析師、教師群人員們也可適時地登入系統內，掌握最新填答情況（花蓮縣政府教育處，2021），未來如能導入所謂的電腦輔助合作學習（Computer Supported Collaborative Learning, CSCL）思想的話（林秋斌等，2012），更能彌補學生對於六大範疇的認知與態度，更重要能建立全國學生健康狀況資料庫與健康危險行為監測制度，以及強化學校衛生實務研究方面來加強（陳毓璟，2001）。

六、推動健康促進學校之國際認證

當今有參與健康促進學校國際認證、獲獎的學校，其國民小學學童、孩子們在各項議題的行為表現、後續發展，是遠遠比未獲得肯定、支持來得要好（陳富莉等，2020），再者國健署和教育部國民及學前教育署每兩年一次的健康促進學校國際認證說明會（國民健康

署，2021），在六大範疇下的項目、規準，基本上都遵循兩者執行，亦即書面審查再搭配著實地訪視，要有效地推動健康促進學校，務需校內教師專業且熱情投入，扮演政策執行之關鍵人物（國民健康署，2018）！

伍　結語

在我國健康促進學校中，宜使用上級與下級互動的策略，例如：地方輔導團、工作小組的模式，來實施相關的國際認證、健康促進績優學校等評選機制，加以把關學生的健康。身為政策執行者或學校的領頭羊，除重視執行績效，也要用正向態度與認知來參與，此有助於維持其成員身心靈健康（Zander, Collins, Miché, Guttmann, Lieb, & Wahl, 2020），並且營造正向、有善的健康促進學校環境校園，亦即在學校組織文化當中，若能融入變革組織生態，納入正向元素與身體實踐於政策執行中，會產生更大之政策效益。

參考文獻

(一) 中文部分
中華民國學校衛生學會（1997）。學校衛生工作指引。臺北：教育部。
牛玉珍、張麗春、廖梨伶、陳敏麗、許愛玲（2021）。學童視力保健計畫推動成效之探討——以某縣視力保健校群學校為例。學校衛生護理雜誌，28，17-32。
台灣健康促進學校（2021）。110學年度中央輔導委員與縣市政府教育局處共識會議。https://hps.hphe.ntnu.edu.tw/resource/course/topic/id-96
世界衛生組織（1948）。世界衛生組織對健康的定義。http://www.who.int/suggestions/faq/zh/index.html
行政院衛生署國民健康局（2005）。健康促進學校輔導手冊——學校行動篇。臺北市：中華民國學校衛生學會。
宋素卿、黃慧琪、林梅香、林秀純、陳慧郡、侯淑雲（2014）。推動校園性健康促進

計畫歷程與成效之初探。**台灣性學學刊，20**(1)，27-54。

周昕蓓（2014）。**以夥伴關係為基礎之輔導系統對健康促進學校推動成效之探討**（未出版之碩士論文）。國立臺灣師範大學。

周婉芸、謝蕙宜、楊逸菊、林慧錚、鄭其嘉（2017）。「數位學伴網路學習系統」推動原住民高年級學生性教育之行動研究計畫。**中華職業醫學雜誌，24**(3)，227-238。

林芝筠（2015）。**新竹縣各縣學校核心人員實施健康促進學校計畫認知之調查研究**（未出版之碩士論文）。教育教育大學。

林秋斌、蘇怡慈、李美萱（2012）。電腦輔助合作學習於分數概念教學之研究。**數位學習科技期刊，4**(1)，1-15。

林蕙王亭、陳志哲（2012）。以RE-AIM模式評價健康促進學校計畫之執行情形。

花蓮縣政府教育處（2021）。健康促進生活化，享受人生一路發 花蓮縣109學年度健康促進學校指標問卷【後測】。https://health.hlc.edu.tw/109/index.asp

晏涵文、劉潔心、牛玉珍、邱詩揚（2009）。國民小學健康促進學校推動團隊推動現況及團體效能影響因素之探討。**健康促進與衛生教育學報，31**，101-127。

健康促進學校國際網絡推廣中心（2020）。**點亮健康的未來──臺灣健康促進學校。** https://webcache.googleusercontent.com/search?q=cache:s-BwZApK-X8J:https://www.hpsinc.tw/+&cd=1&hl=zh-TW&ct=clnk&gl=tw&client=safari

國家發展委員會（2020）。**中華民國人口推估（2020至2070年）。** https://pop-proj.ndc.gov.tw/upload/download/%E4%B8%AD%E8%8F%AF%E6%B0%91%E5%9C%8B%E4%BA%BA%E5%8F%A3%E6%8E%A8%E4%BC%B0（2020%E8%87%B32070%E5%B9%B4）%E5%A0%B1%E5%91%8A.pdf

張家臻、劉峻正、鍾廷聖、吳采婷、簡彰蔚、李甄珮、董貞吟（2018）。偏鄉小學推廣珍惜全民健保與正確用藥教育成效分析。**醫療品質雜誌，12**(1)，68-75。

張鳳琴（2019）。**107學年度健康促進學校輔導計畫簡介。** https://hps.hphe.ntnu.edu.tw/resource/course/play/id-344

張鳳琴、顏銓成，劉潔心（2013）。二代健康促進學校菸害防制行動研究計畫評價。**中等教育，64**(1)，26-43。

張麗春、黃松元、巫菲翎（2005）。從健康促進學校的觀點談學校與社區夥伴關係之

建立。**護理雜誌，52**(3)，76-81。

張露娜、余坤煌、陳淑娟、曹宜穎（2014）。健康促進學校學童視力保健推動模式之探討。**學校衛生，64**，93-107。

教育部（2005）。**學校衛生工作指引──健康促進學校〈理論篇、實務篇〉**。臺北：教育部。

教育部（2012）。**台灣健康促進學校輔導與網站維護計畫輔導手冊**。臺北市：教育部。

教育部（2016）。**中華民國教師專業標準指引**。https://web.nutn.edu.tw/gac201/%E5%85%AC%E5%91%8A/%E6%95%99%E5%B8%AB%E5%B0%88%E6%A5%AD%E6%A8%99%E6%BA%96%E6%8C%87%E5%BC%95105-2-15（1050018281%E5%87%BD).pdf

教育部（2018）。**十二年國民基本教育課程綱要 國民中小學暨普通型高級中等學校健康與體育領域**。臺北市：教育部。

曹俊漢（1992）。**公共政策**。臺北市：三民。

莊明貞、彭麗琦、潘志煌、周仁尹、劉淑芬（2018）。主題進階回流培訓研習（二）：主題二學校本位課程的發展與實施。載於教育部國民及學前教育署主辦之「**107-108年十二年國教課程綱要種子講師培訓及相關宣導計畫**」（頁27-260），臺北市。

郭家娟（2019）。健康促進學校國際認證金、銀、銅質獎學校推動歷程之研究。**健康生活與成功老化學刊，11**(11)，26-55。

郭鐘隆（2005）。推動學校本位的健康促進學校。**台灣教育，634**，14-19。

陳政友（2013）。我國學幼童近視問題與對策。**學校衛生，63**，103-110。http://dx.doi.org/10.30026/CJSH.201312(63).0006

陳政友、黃松元、林隆光、王國川、劉婉柔（2002）。學童視力保健效果實驗研究。**學校衛生，41**，1-20。

陳美嬌（2010）。**健康促進學校與社區夥伴關係之現況及其相關因素研究**（未出版之碩士論文）。國立臺灣師範大學健康促進與衛生教育學系。

陳振益（2014）。教師專業標準的發展趨勢。**臺灣教育評論月刊，3**(4)，116-122。

陳富莉、邱詩揚、陸玓玲、王英偉（2020）。探討健康促進學校國際認證成效：從學

生健康行為表現之觀點。台灣公共衛生雜誌，**39**(1)，27-40。

陳毓璟（2001）。健康促進學校的發展與推動。**學校衛生，39**，40-62。

游春音、梁宜芬、胡益進、苗迺芳、蕭仔伶（2015）。國中生口腔保健成效研究—以健康促進學校六大範疇為推動策略。**學校衛生，67**，1-21。

鈕文英（2006）。**教育研究方法與論文寫作**。臺北市：雙葉。

黃松元（2003）。我國學校衛生之發展。**學校衛生，42**，59-81。

黃松元（2009）。健康促進學校計畫的實施及其應努力的方向。**學校衛生，55**，107-122。

黃松元、陳政友、賴香如（2004）。學校衛生工作新模式—健康促進學校。**學校衛生，45**，59-71。

黃芳誼（2015）。**美國人口老化問題與影響**。台灣新社會智庫全球資訊網。線上檢索日期：2006年12月23日。取自：http://www.taiwansig.tw/index.php/%E6%94%BF%E7%AD%96%E5%A0%B1%E5%91%8A/%E7%A4%BE%E6%9C%83%E5%AE%89%E5%85%A8/6584-%E7%BE%8E%E5%9C%8B%E4%BA%BA%E5%8F%A3%E8%80%81%E5%8C%96%E5%95%8F%E9%A1%8C%E8%88%87%E5%BD%B1%E9%9F%BF

黃珍（2013）。**健康促進學校策略對國中生健康體位影響之研究**（未出版之碩士論文）。國立臺中教育大學。

楊靜昀、蔡國瑞、陳政友、劉秀枝、牛玉珍（2018）。學校護理人員「織」於健康促進學校哲理與行動。**學校衛生護理雜誌，26**，77-97。

駐澳大利亞代表處教育組（2015）。**影響教育的十大未來科技趨勢**。https://fepaper.naer.edu.tw/index.php?edm_no=75&content_no=4216

劉影梅、陳美燕、蔣立琦、簡莉盈、張博論、洪永泰（2007）。促進學生健康體位之全國性整合計畫經驗。**護理雜誌，54**(5)，30-36。

劉潔心（2013）。台灣推動健康促進學校之現況與展望。**中等教育，64**(1)，6-25。

劉潔心、晏涵文（2005）。台灣健康促進學校整體行動方案芻義——專業支持輔導機制之建構。**台灣教育，634**，2-13。

衛生福利部國民健康署（2018）。2018年世界衛生組織和聯合國教科文組織「健康促進學校國際球標準」https://www.hpa.gov.tw/Pages/Detail.aspx?nodeid

=1288&pid=14185

衛生福利部國民健康署（2018）。**健康促進學校國際認證——金質校園 健康飛揚**。

取自：https://health99.hpa.gov.tw/news/8450?tab=3&keyword=實證&page=3

衛生福利部國民健康署（2021）。**107年健康促進學校國際認證手冊**。file:///C:/Users/
user/Downloads/107%E5%B9%B4%E5%9C%8B%E9%9A%9B%E8%AA%8D%E8
%AD%89%E6%89%8B%E5%86%8A-%E5%AD%B8%E6%A0%A1%E7%AF%87
（%E5%90%AB%E5%B0%81%E9%9D%A2）%20(2).pdf

黎苑均、徐均宏、白瑞聰（2016）。從領導方式觀點解析健康促進學校推動團隊之集
體效能及其團體效果。**健康管理學刊，14**(1)，67-98。

賴世芬、鄭婉伶（2014）。以Q方法探討探討國民中小學校長對健康促進學校國際認
證指標看法之研究。**健康生活與成功老化學刊，6**(1)，10-24。

蘇鈺楠（2020）。**論文架構全解析—分段精解**。臺北市：自行出版。

饒僖眞、呂書佩、林純智、黃瑋仁、王怡惠（2016）。**國小學生視力現況及其相關因
素之研究**。臺北市立志清國小。

(二) 英文部分

Allensworth, D., D., Kolbe, L. J. (1987).The comprehensive school health program: Explor-
ing on expanded concept. *Journal of School Health*, *57*(10), 409-412.

Liua, C. H., Changa, F. C., Liaob, L. L., Niuc, Y. Z., Chengd, C. C., & Shiha, F. S. (2019).
Health-promoting schools in Taiwan: School principals' and teachers' perspectives on
implementation and sustainability. *Health Education Journal, 78*(2), 163-175.

Samdal, O., & Nuteam, D. (1998). Achieving health and education goals school: A study of
the importance of school climate and students' satisfaction with school. *Health Educa-
tion Research*, *13*(3), 383-397.

Samuel, H. P., Christine, H., & Mitchell, E.(1989). *Demographic Conditions responsible for
population aging. Demography, 26*(4), 691-704

Schofield, M. J., Lynagh, M., & Mishra, G. (2003). *Evaluation of a health promoting
schools program to reduce smoking in Australian secondary schools*. *Health Educa-
tion Research*, *18*(6), 678-692.

Zander, T., Collins, I. M., Miché, M., Guttmann, C. Lieb, R., & Wahl, K. (2020). *Does laughing have a stress-buffering effect in daily life? An intensive longitudinal study. 15*(7) https://doi.org/10.1371/journal.pone.0235851

World Health Organization (1996). *Life skills education: Planning for research.* Geneva: Author.

World Health Organization (2018). *The ICD-11 classification of mental and behavioural disorders.* Geneva Author.

問題與討論

一、請分析實證導向（evidence-based）的二代健康促進學校機制為何？

二、請分析WHO訂定之健康促進學校六大範疇為何？意義何在？

第七章

臺灣實施食農教育政策與制度之分析

王滿馨、陳政吉、陳穎

民以食爲天　教育國之本　共創新食力

壹　前言

　　目前行政院農業委員會設有專屬的食農教育教學資源平台，提供食農教育相關的教案、知識、教材、場域與相關的網站，連結學校、社會與公私營農業單位。在政策上希望能夠達到幾項目的，包括：一、促進國人健康；二、提高飲食安全和糧食自給率；三、提升農民福祉及鄉村發展；四、鼓勵永續性農業生產和消費方式。食農教育對個人而言，幫助學習者認識食物的原始樣貌、學習簡單的農事技能及飲食烹調能力，建立良好飲食習慣，避免飲食風險，並思考人與食物的關係；對社區與農家而言，希望推動在地食物的觀念，以發展地方農業及相關產業，維護在地飲食文化。對大自然及生態環境而言，強調人類的飲食型態對大自然的衝擊，提倡環境友善的農業經營及消費方式，使人類與大自然共同永續生存（台灣農業推廣學會，2022）。基於食安問題、農業的永續發展與世界各國對食農教育與環境教育的重視。臺灣對食農教育立法也積極跟進，2016年至2021年間有多個「食農教育法草案」版本送立法院審議，在各界的殷殷期盼下，終於在2022年4月19日在立法院三讀中通過《食農教育法》，此法賦予食農教育正式的法源依據和預算。食農教育作爲農業發展的根基，更是培養國人認識食物、農業、土地乃至環境的第一步。食農教育政策的實施與推動需要中央與地方縣市政府的共同執行，未來在相關部門與政策實施，及社會各界的推廣中，將能落實食農教育的效益。

貳　臺灣實施食農教育的發展歷程

　　臺灣實施食農教育受世界各國食農教育政策與計畫影響。因此，食農教育立法草案階段，民間與政府各部門就積極擬定各項草案版本，提供立法院審議。

一、食農教育的定義

食農教育（food and farming education）結合了「食育」與「農育」兩個理念：「食育」指的是，體驗飲食活動和了解食物生產過程，關心消費安全的議題，也建立健康飲食生活打造友善環境；「農育」則是指，體驗農業活動，了解農業生產、飲食、環境生態的關聯。亦即以食農教育重新建立人與食物、人與土地的關係，讓民眾能夠了解自己吃的食物、培養選擇食材的能力，並且對農業生產者有更豐富、立體的認識（張育森，2017）。有關食農教育的定義，從政策與法令觀點說明如下：

臺灣農業推廣學會2016年出版《當筷子遇上鋤頭－食農教育作伙來》手冊，定義如下：食農教育是一種強調「親手做」的體驗教育，學習者經由親自參與農產品從生產、處理，至烹調之完整過程，發展出簡單的耕食技能。在此過程中，亦培養學習者了解食物來源、增進食物選擇能力，並促進健康飲食習慣的養成。另外，透過農耕的勞動體驗，可培養學習者對食物、生產者和環境的尊重與感恩，並激發其生命韌性和堅毅性格（台灣農業推廣學會，2016）。

行政院農業委員會（2017）定義「食農教育」，乃是指培養國民基本農業生產、消費及飲食調理知能實踐，增進飲食與農業連結之各種教育活動。而其內涵在探討健康生活的飲食選擇與課題（食物營養、安全、文化等），進而關心食物來源、生產方式、農村與環境等農業教育，以培養國人健康的飲食習慣及農業知識。

2022年4月19日通過《食農教育法》，在其第3條更明確定義食農教育為：指運用教育方法，培育國民了解國民基本農業生產、農產加工、友善環境、友善生產育養及畜牧、動物福利、食物選擇、餐飲製備知能及實踐、剩食處理，增進飲食、環境與農業連結，促使國民重視自身健康與農漁村、農業及環境之永續發展，並採取行動之教育過程（食農教育法，2022）。

食農教育須透過農事體驗，使學生或參與者能了解農產品的由來，培養正確良好與健康的飲食習慣和消費行為，在達到身體健康的同

時，培養認識飲食文化和惜福、感恩的道德情懷（陳鍾仁，2019）。
《食農教育法》立法三讀通過對食農教育予以明確定義，並開啟農委
會、教育、文化、原住民族等多個部會共同參與執行的法源依據。

二、食農教育的發展情形

(一) 世界各國食農教育政策與計畫

2005年日本制訂《食育基本法》，為全球第一個食育立法的國
家。以改善民眾飲食習慣，健全身心發展，實現健康且有文化的國民
生活、建立有活力的社會為政策目標。2009韓國制定《飲食教育支援
法》，以發揚與繼承傳統飲食文化，改善人民的飲食習慣，減緩飲食西
化對糧食自給率影響為政策目標。歐美多數國家在食農教育的發展主要
從計畫層次著手，1995年美國制定《農業法案》、《健康無飢餓兒童
法》以促進學校與農場結合，增進學生營養，協助當地農民為政策目
標；1999年又制定「可食校園計畫」，使學生了解健康飲食與自然關
係，學會料理餐食。2010年，美國國會將每年10月訂為「從農場到學
校月」（National Farm to School Month），全美各地的公立學校開始
推行「從農場到學校」計畫，學校向當地農場採購食材，有些學校在校
內闢菜園，讓學童認識食物生產，進行跨越校園的食農體驗，同時擴展
社區的市民農園、蜂園，要重新建立社區與食物、土地的連結。1999
年英國制定「國家健康促進學生計畫」，輔導學校機關發展健康校園及
相關課程與活動為目標；2013年英國由著名連鎖餐廳Leon的共同創辦
人Henry Dimbleby（亨利・丁布比）發起的「學校膳食計畫」（School
Food Plan），開始進行改善學校午餐的營養品質，並以食育課程使得
學生具備基本的烹飪能力，從中養成正確的飲食觀念。2009年瑞典制
定「友善環境食物選擇指南」計畫，推動國民正確飲食，吃得健康及
環保為策略；1992年加拿大制定《飲食指南》，教導國民身體及健康
飲食的重要性（戴介三，2018）。1986年義大利推行慢食運動（slow
food movement）維持單個生態區的飲食文化與蔬果，促進當地飼養業
及農產發展，產生全球性的影響。目前，慢生活運動已發展至全球122
個國家。2015年聯合國更啟動17項永續發展目標（Sustainable Devel-

opment Goals, SDGs），消除貧窮、消除飢餓、負責任的生產與消費，希望在2030年前，將零售與消費者端的全球糧食浪費降低50%，以減少食物浪費成為全球共識（陳奕安，2022）。食農教育是目前全球相當重視的議題之一，是人類在面對環境永續的問題時，恢復農業生物多樣性及農業永續必須面臨的議題，更是人類的飲食健康議題與生態環境永續的議題。

(二) 臺灣推展食農教育立法歷程

《食農教育法》在推動歷程上，主要分為草案送審與立法通過兩階段（行政院農業委員會，2022）：

1. 草案送審階段

(1) 2016年3月2日由立法院委員姚文智等16人擬具「食農教育法草案」、同年3月16日立法院委員陳曼麗等17人擬具「食農教育基本法草案」，4月25日針對兩個版本予以審議。

(2) 2017年10月25日立法院委員蔡培慧等31人擬具「食農教育法草案」2018年10月31日行政院農業委員會擬具「食農教育法草案」陳報行政院審議。並於同年12月27日予以審議。

(3) 2021年2月24日立法院委員洪申翰等16人擬具「食農教育法草案」，同年4月6日立法院委員陳亭妃等18人擬具「食農教育法草案」、4月6日行政院農業委員會「食農教育法草案」陳報行政院審議，並於2021年4月29日審議。

(4) 2021年5月5日立法院委員蘇治芬等20人擬具「食農教育法草案」；同年5月6日行政院會2021年5月6日通過行政院農委會擬具「食農教育法草案」，將核轉立法院審議；5月14日行政院函請審議「食農教育法草案」、立法院民眾黨黨團擬具「食農教育法草案」、立法院委員林宜瑾等18人擬具「食農教育法草案」；5月17日立法院委員賴瑞隆等20人擬具「食農教育法草案」；5月27日立法院委員楊瓊瓔等16人擬具「食農教育法草案」。

2. 立法通過

2022年4月19日立法院三讀通過《食農教育法》，《食農教育法》明定推動方針，將以「支持認同在地農業、培養均衡飲食觀念、珍惜食物減少浪費、傳承與創新飲食文化、深化飲食連結農業、地產地消永續農業」等六大目標為核心（馬振瀚，2022）。《食農教育法》第1條為推動全民食農教育，強化飲食、環境與農業之連結，以增進國民健康，傳承與發揚飲食及農業文化，促進農漁村、農業及環境之永續發展，健全國家食農教育體系及人才培育，特制定本法，賦予食農教育正式的法源依據和預算。食農教育作為農業發展的根基，更是培養國人認識食物、農業、土地乃至環境的第一步。此法通過，象徵未來我國將以全民力量支持在地農產（馬振瀚，2022）。

參 臺灣實施食農教育法規內容

臺灣食農教育法規全文共有20條，第1條是立法原因、第20條是公布施行外，第2條至第19條針對主管機關、用詞定義、推動方針、計畫之執行成果檢討、業管單位與權責、會議與檢討、推廣教育、政策與計畫輔導、社區發展、學校教育、資訊整合平台、研究、獎勵等均有所規範，本文就法規條文摘述重點如下：

第一條　為推動全民食農教育，強化飲食、環境與農業之連結，以增進國民健康，傳承與發揚飲食及農業文化，促進農漁村、農業及環境之永續發展，健全國家食農教育體系及人才培育，特制定本法。

第二條　主管機關，在中央為行政院農業委員會；在直轄市為直轄市政府；在縣（市）為縣（市）政府。

第三條　用詞定義，包括食農教育、地產地消、飲食文化、食農素養、食農教育專業人員、食農教育體系。

第四條　食農教育之推動方針，主要有六項，包括支持認同在地農業、培養均衡飲食觀念、珍惜食物減少浪費、傳承與創新飲食文化、深化飲食連結農業、地產地消永續農業，主管機關應依推動方針訂定食農教育推動計畫，直轄市、縣（市）主管機關並應將該計畫報中央主管機

關核定。

　　第五條　中央主管機關應考量國家發展方向與社會需求，依推動方針訂定具體執行指標，並每五年檢討食農教育推動計畫之執行成果並明定各項掌理事項。

　　第六條　直轄市、縣（市）主管機關掌理事項，包括：一、地方性食農教育之策劃、辦理及督導。二、所屬食農教育專業人員之在職訓練。三、地方性食農教育之宣導及推展。四、地方性食農教育資料之統整及交流。五、其他有關地方性食農教育推展之事項。

　　第七條　依本法所定事項，涉及中央各目的事業主管機關職掌者予以權責，包括：衛生及社會福利主管機關、教育主管機關、環境主管機關、文化主管機關、原住民族主管機關、科技研究事務主管機關，及其他食農教育相關事項，由相關中央目的事業主管機關依職權辦理。中央主管機關為推動食農教育整體政策、方案、分工及預算，應會商中央目的事業主管機關辦理。

　　第八條　主管機關為推動食農教育，應邀集相關機關代表、專家、學者及團體代表組成食農教育推動會，每年至少召開二次會議，必要時得召開臨時會議，並明定各項任務。

　　第九條　主管機關與目的事業主管機關應配合國民飲食生活多樣化需求，推動友善農業及食品產業，致力於全體國民取得價格穩定、安全、營養且足夠之糧食。

　　第十條　中央主管機關與中央目的事業主管機關應依中央衛生及社會福利主管機關所定依國民各年齡層與不同宗教、區域、族群、文化飲食習慣之營養及飲食建議攝取基準，推廣食農教育。

　　第十一條　政府機關（構）、公營事業機構、行政法人、學校、幼兒園及政府捐助之財團法人應優先採用在地生產之農產品或以其為主要原料之食品。

　　第十二條　主管機關及目的事業主管機關應輔導相關機關（構）、法人、團體或自然人辦理各種事項。

　　第十三條　主管機關與目的事業主管機關應推行下列事項，並鼓勵相關機關（構）、法人及團體共同推行。

第十四條　主管機關與目的事業主管機關應協助社區推行各種事項。

第十五條　主管機關與目的事業主管機關應協助各級學校及幼兒園推行各種事項。

第十六條　中央主管機關應設置食農教育資訊整合平臺，強化消費通路資訊，推廣在地農產品及標章，整合食農教育教材、教案、專業人員、師資及志工人才庫、宣導資料等相關資訊，供公開查詢。

第十七條　中央主管機關應會商中央目的事業主管機關，推動食農教育之相關研究，以健全食農教育體系。

第十八條　主管機關及目的事業主管機關應寬列預算，推行食農教育相關事項。

第十九條　主管機關對實施食農教育工作具有傑出貢獻之機關（構）、法人、團體或自然人，應給予適當獎勵。

第二十條　本法自公布日施行。

肆　臺灣食農教育政策與制度面執行情形

在《食農教育法》通過前，臺灣各縣市以自籌經費或申請補助方式來推動食農教育；法令通過後，則賦予明確推動方針。

一、《食農教育法》通過前的執行情形

2016年開始透過行政院食安辦公室跨部會（教育部、農委會及衛福部）全面性推廣食農教育，由不同部會主導再加以整合。各縣市政府以自籌經費或申請計畫補助款提供縣內食農教育之推廣。2018年起，行政院農業委員會開始進行「縣市政府食農教育推動計畫」，輔導縣市政府推行食農教育。宜蘭縣、彰化縣、桃園市等農業局（處）以此補助經費，加強縣市內食農教育推動。高雄市、臺南市及臺東縣除加入「縣市政府食農教育推動計畫」，在中央政府尚未提供相關補助經費前，已自行編列預算（預算項目列於青農輔導計畫／有機農業推廣計畫項下）進行食農教育推廣。而臺北市政府為財源充足的直轄市，因此完

全沒有申請中央經費補助，僅以地方自籌款為食農教育推動之經費。臺灣縣市政府食農教育推動模式上可分為四種類型，包括地方政府結合學校教育類型、地方政府結合農會組織類型、地方政府結合學校及農會雙元合作類型、和地方政府結合第三方組織類型（方珍玲、古昌平，2020）。2018年至2019年臺灣各縣市未受疫情影響，計畫申請與實施較為踴躍；2020年後受國內疫情影響，許多縣市政府在計畫申請與實施顯著減少。

(一) 地方政府結合學校教育類型的推動模式 —— 以高雄市作為代表

地方政府與正式學校組織合作，推動對象為在校教師和學生，推動內容以在地食材作為介紹與使用為主（方珍玲、古昌平，2020；高雄市政府農業局全球資訊網，2022）。

2018年推動的計畫成果包括：(1)學齡前、低年級、中年級、高年級的課程4套；(2)食農教育課程教案教學及評量；(3)校園菜圃建置；(4)食農教育成果發表暨頒獎典禮。

2019年推動的計畫成果包括：(1)運用多媒體或多元營銷展現成果（成果展1場、影片1式）；(2)辦理食農教育工作坊（教師培訓坊共21小時、教師營隊共4梯次且1梯3小時、課程試教共40堂）；(3)編撰食農地圖或手冊1套（與茄萣農會及成功國小合作）。

2020-2022年疫情期間，推動的計畫成果包括：(1)輔導高雄市12所學校結合在地農漁物產設計教案；(2)專業培訓「農夫老師」協同教學；(3)課程接軌聯合國永續發展目標（SDGs），對應17個核心目標，教導學生重視生態、環境、糧食、氣候變遷及關注國際未來趨勢等，培養永續發展素養；(4)編撰109年食農教育教案；(5)2020年食農教育邀請高雄微風市集與3所幼兒園合作，讓農夫老師走入校園；(6)高雄市政府農業局與各級學校合作推廣食農課程；(7)規劃「高雄物產館」實體通路；(8)2021年度型農培訓入門班；(9) 2021年學校午餐食用高雄在地優質截切水果獎勵實施計畫等。

(二) 地方政府結合農會組織類型推動模式 —— 以彰化縣作為代表

地方政府與農會組織合作，推動對象為鄉村地區居民，彰化縣農業

處與縣內各農會合作辦理食農教育工作坊，提供食農相關知識（方珍玲、古昌平，2020；彰化縣政府農業處，2022）。

　　2018年推動的計畫成果包括：(1)食農教育體驗活動；(2)食農教育line@網路行銷實戰班；(3)全民參與從輕旅活動中認識學習農業教育及飲食教育；(4)推廣宣傳國產產品及產品標章；(5)辦理「在地農產品試吃品嚐及食農教育宣導」活動；(6)辦理「國產農產品創意料理展示暨布置競賽」活動；(7)辦理「食農教育成果展示暨經驗發表」活動；(8)辦理「農趣電影院」活動；(9)拍攝及發表食農教育微電影；(10)推動綠能午餐使用在地食材；(11)學校推動食農教育；(12)食農教育教師增能研習及參訪活動；(13)食農教育成果暨食農微電影宣傳記者會。

　　2019年推動的計畫成果包括：(1)辦理食農教育工作坊（委託農會辦理：工作坊1場，輔導4場域，師資訓練3場）；(2)編撰食農教育地圖手冊（食農地圖、示範農場DM與食農遊程DM各1式，食農介紹DM各4式）；(3)辦理消費者推廣活動（共8場）；(4)運用多媒體或多元行銷展現成果（成果手冊1式）。

　　2020年至2022年疫情期間，推動的計畫成果包括：(1)彰化市各界慶祝109年農民節暨模範農民表揚大會（4場次）；(2) 2020花在彰化（2場次，春節走春）；(3)永靖農特產品行銷展售登場地產地銷活動為在地農產代言食在地、享當季（各鄉鎮農特產品）；(4) 2020農情米意產業創新推廣活動；(5)彰化和美鎮農會農業推廣綠色照護示範站揭牌；(6)彰化縣花椰菜評鑑暨彰化優鮮行銷推廣活動；(7)「以米串食」產銷履歷、食農教育成果發表會；(8)2021年度永靖鄉花卉產業推廣暨農業成果展示、幸福農村推動計畫、綠色照顧推動示範計畫、蔬果米食行銷、青農促銷展售及食農教育推廣活動等；(9)耶誕節「遊好彰化、送愛到新北」雙城交流再推農業體驗；(10)2022食農教育體驗嘉年華餐盤食物小旅行6月25日起，連續4個週末在4鄉鎮舉行。

　　(三) 地方政府結合學校及農會雙元合作類型推動模式——以臺東縣為代表

地方政府與農會組織和學校組織共同合作，推動對象為在校師生

與社區居民。臺東縣成立食農教育學校聯盟，結合縣內農會資源，進行食農教育之推動（方珍玲、古昌平，2020；臺東縣政府農業處，2022）。

2018年推動的計畫成果包括：(1)家校共耕共煮共食；(2)食農教育學校聯盟；(3)農事生產體驗活動；(4)食農教育在地作物營養講座；(5)農場體驗學習；(6)食農教育推廣訓練；(5)臺東食農教育生活日推廣活動。

2019年推動的計畫成果包括：(1)辦理食物日活動（2場）；(2)辦理消費者推廣活動（1場）；(3)運用多媒體或多元行銷展現成果（雜誌宣傳1次）。

2020年至2022年疫情期間，推動的計畫成果包括：(1) 2020臺東縣府辦理食農教育講堂；(2)幸福農遊：食農教育正是慢經濟的價值所在；(3)推廣優質在地好物臺東最大農夫市集登場：農民學院；(4) 2021臺東「食育力城市」全臺居冠慢食文化打造臺東慢經濟；(5) 2021花東米其鄰農業體驗；(6)臺東食農生活日親子玩樂學食農。

(四) 地方政府結合第三方組織類型推動模式──以臺南市、宜蘭縣作為代表

地方政府與食農相關第三方組織（休閒農場、相關協會）共同合作，推動對象為一般消費者，農業處與縣內休閒農場合作提供農事實作課程與體驗（方珍玲、古昌平，2020；臺南市政府農業局，2022；宜蘭縣政府農業處，2022）。

臺南市辦理情形如下：

2018年推動的計畫成果包括：(1)國中小食農教育課程推動；(2)食農體驗營；(3)食農教育工作坊；(4)食材旅行與食藝推廣；(5)臺南在地食材電子報；(6)社區菜市場平台優化；(7)從餐廳到產地影像紀錄。

2019年推動的計畫成果包括：(1)辦理食物日活動6場（與糖果廚房「莊雅閔」合作）；(2)編撰食農教育地圖或手冊（「臺南市食農教育農場」與「臺南在地食材地圖」各1式5,000份）；(3)辦理消費者推廣活動（與「臺南菜市場」合作辦理10場）；(4)辦理食農教育工作坊

（與臺南市優質農業推廣協會辦理2場）：(5)運用多媒體或多元行銷展現成果（網路媒體10則，財團法人豐年社辦理）。

　　2020年至2022年疫情期間，推動的計畫成果包括：(1)食農教育體驗；(2)舉辦「青食樂南應大市集；(3)食農採果樂；(4)編印2021臺南農業旅遊宣傳手冊；(5)辦理「農情蜜憶」農遊踩點活動；(6)推展「食農教育」及「可食花園」的體驗農業活動；(7)辦理「與農一起」農產行銷活動；(8)辦理種稻的食農之旅；(9)辦理毛豆食材從產地到餐桌的過程農業體驗、食農教育等活動；(10)新農人時代：農民學堂數位化；(11) 2022白河蓮花季與食農教育活動；(12)南夏農村趣等活動。

　　宜蘭縣辦理情形如下：

　　2018年推動的計畫成果包括：(1)食農教材編輯；(2)食農教育課程及體驗；(3)辦理工作坊體驗遊程規劃；(4)購置農機（教育處）。

　　2019年推動的計畫成果包括：(1)辦理食物日活動4場（與宜蘭農業運銷合作辦理）；(2)辦理食農工作坊6場（與宜蘭農業運銷合作辦理）；(3)辦理消費者推廣活動5場（與縣內休閒農場合作開設農村廚房課程）；(4)運用多媒體或多元行銷展現成果（2場）。

　　2020年至2022年疫情期間，推動的計畫成果包括：(1)生態廚師培訓；(2) 2021食農教育活動；(3)線上食農教育宣導講座；(4) 2020年度食農教育宣導人員養成培訓課程；(5)農村再生執行計畫；(6) 2021環境教育與食農教育繪本創作競賽活動；(7) 2022新住民生活適應輔導：食農講座；(8)宜蘭縣鎮食農教育」、「生態踏查」、「農村文化」系列活動等。

二、《食農教育法》通過後的執行情形

　　依據《食農教育法》第2條主管機關：在中央為行政院農業委員會；在直轄市為直轄市政府；在縣（市）為縣（市）政府。因此，中央與地方共同負起執行的任務。在第6條：直轄市、縣（市）主管機關掌理事項，也明定地方食農教育業務，包括策劃、辦理、督導、專業人員在職訓練、宣導、推展、資料統整交流及其他有關地方性食農教育推展之事項。第4條食農教育之推動方針，主要有六項，包括支持認同在

地農業、培養均衡飲食觀念、珍惜食物減少浪費、傳承與創新飲食文化、深化飲食連結農業、地產地消永續農業，主管機關應依推動方針訂定食農教育推動計畫，直轄市、縣（市）主管機關並應將該計畫報中央主管機關核定。

(一) 支持認同在地農業

發展食農教育體系，推動全民食農教育運動，強化國民對於我國農業及農產品之認同、信賴及支持。

(二) 培養均衡飲食觀念

培養國民食農素養，建立均衡飲食消費觀念及習慣，落實健康、符合生態永續的飲食生活，增進國民健康。

(三) 珍惜食物減少浪費

實踐在地農產品消費、減少食物浪費、食材減量及減少剩食；並確保食品安全、糧食安全，促進農地、農業用水與其他資源合理及循環利用，致力於國民穩定取得糧食。

(四) 傳承與創新飲食文化

鼓勵在地飲食文化的傳承與創新，創造生產者與消費者交流環境，促使國民理解在地飲食文化、農漁村特色及農業文化、維護農漁村永續發展，推行健康、符合生態永續的飲食生活。

(五) 深化飲食連結農業

鼓勵國民參與農林漁牧業生產至飲食消費過程之各種食農教育活動，了解農業生產方法、農業科技與研發、農業知識、農業生態環境、友善生產育養及畜牧等農法基本知識，及慣行農業與友善生產方式之差異。

(六) 地產地消永續農業

結合農產品、農產加工品之生產、加工與交易等過程，有益於在地生產、在地消費、整體經濟發展及促進就業，強化農產品生產安全之管理，增加農漁村就業機會，促進農業永續發展。

伍 結論

　　臺灣2022年4月19日《食農教育法》立法院三讀通過，其較日本、韓國及歐美晚。2005年日本頒布的《食育基本法》；2009年韓國制定《飲食教育支援法》；1995年美國制定《農業法案》、《健康無飢餓兒童法》，1999年又制定《可食校園計畫》；1999年英國制定《國家健康促進學生計畫》、2013年英國由著名連鎖餐廳Leon的共同創辦人Henry Dimbleby（亨利・丁布比）發起的「學校膳食計畫」（School Food Plan）；1992年加拿大制定《飲食指南》；1986年義大利推行慢食運動等，均以食農教育為中心思想，再系統化有方法地逐步展開食育教育，而歐美多數國家在食農教育的發展，主要從計畫層次著手並加以推展。

　　臺灣推動食育的單位有衛生福利部國民健康署（簡稱國健署）、行政院農業委員會（簡稱農委會）、行政院環境保護署（簡稱環保署）、教育部等。臺灣各縣市政府在推動上主要以學校、農會、相關組織（休閒農場、協會等），作為執行單位，從生活中的每個環節去認識在地食材、飲食文化，進而培養在地消費與健康飲食的觀念，達到保障食安、提升國人對國產農產品認同、促進農業文化傳承與農業永續發展等目標。《食農教育法》賦予食農教育正式的法源依據和預算，並以「支持認同在地農業」、「培養均衡飲食觀念」、「珍惜食物減少浪費」、「傳承創新飲食文化」、「深化飲食連結農業」與「地產地消永續農業」作為推動方針。《食農教育法》的通過，代表國人對飲食教育、農業教育與環境教育的永續與發展之重視，展望未來，在中央、地方縣市政府與學校、農會與相關單位的合作努力下，達到全民教育的目的。

參考文獻

方珍玲、古昌平（2020）。臺灣食農教育推動模式之分析。**農業推廣文彙，65，**29-44。

台灣農業推廣學會（2016）。什麼是食農教育。Research Portal http://www.extension.org.tw/WebMaster/?section=48

行政院農業委員會（2017）。食農大探索。臺北市：行政院農業委員會。

行政院農業委員會（2022）。食農教育法推動歷程。https://fae.coa.gov.tw/theme_data.php?theme

宜蘭縣政府農業處（2022）。食農教育。Research Portal 網站蒐尋。https://agri.e-land.gov.tw/Advanced_Search.aspx?q=%E9%A3%9F%E8%BE%B2%E6%95%99%E8%82%B2

食農教育法（2022年5月4日）。食農教育法。Research Portal 全國法規資料庫。https://law.moj.gov.tw/News/NewsDetail.aspx?msgid=169140

馬振瀚（2022）。《食農教育法》三讀通過！全民力挺在地農業時代來臨。Research Portal上下流。https://www.newsmarket.com.tw/blog/168261/

高雄市政府農業局全球資訊網（2022）。食農教育。Research Portal全站搜尋。https://agri.kcg.gov.tw/Search.aspx?q=%e9%a3%9f%e8%be%b2%e6%95%99%e8%82%b2

張育森（2017）。推動食農教育 重新省思人與自然的關係。Research Portal科技大觀點。https://scitechvista.nat.gov.tw/Article/C000003/detail?ID=5fb2c864-e3ed-4ea7-b0ab-dd3f258b5c3e

陳奕安（2022）。SDGs 是什麼？永續發展目標17項目標及台灣實例。Research Portal 親子天下。https://www.parenting.com.tw/article/5091099

陳鍾仁（2019）。當前食農教育發展困境分析。**學校行政雙月刊，125，**210-223。

彰化縣政府農業處（2022）。食農教育。Research Portal 歷史資料查詢。https://agri-culture.chcg.gov.tw/03bulletin/bulletin_search.asp?bracket=&xt=&date1=&schtxt=%E9%A3%9F%E8%BE%B2%E6%95%99%E8%82%B2&button=%E6%9F%A5%E8%A9%A2&date2=&offset=20

臺南市政府農業局全球資訊網（2022）。食農教育。Research Portal全站搜尋。https://

agron.tainan.gov.tw/Advanced_Search.aspx?q=%E9%A3%9F%E8%BE%B2%E6%9 5%99%E8%82%B2

臺東縣政府農業處（2022）。食農教育。Research Portal 資料查詢。https://agriculture. taitung.gov.tw/Advanced_Search.aspx?q=%E9%A3%9F%E8%BE%B2%E6%95%99 %E8%82%B2

戴介三（2018年1月22日）。食農教育推動體系及政策發展之初探〔專題演講〕。 2018年行政院農業委員會桃園區農業改良場，桃園市，臺灣。

問題與討論

一、臺灣通過《食農教育法》其對全民具有何種影響？

二、食農教育的推動模式，各縣市互有不同，哪一種模式較能吸引您參
　　與？

三、《食農教育法》的推動方針有六項，其在執行上具有何種效益？

第八章

盧森堡太空產業發展
對臺灣教育的啟示

郭怡立、張明文

能充實心靈的東西，乃是閃爍著星星的蒼穹，以及我內心的道德律。（You can enrich the soul of things, but the shining stars of the sky, and my inner moral law.）

～康德（Kant, Immanuel, 1724-1804）

 前言

邇來美國Elon Musk創辦的太空探索科技公司SpaceX，與網路巨擘亞馬遜公司創始人Jeff Bezos標榜保護地球為使命的Blue Orgin，這些屢屢突破航天技術侷限的新創企業，掀起一場翻天覆地的革命，它顛覆我們過去對太空的想像。當衛星製造與發射技術不斷創新，製程週期縮短，火箭與衛星質量大幅減輕，甚至可回收再使用，都驅動太空產業日趨成熟。隨著資通技術的飛快發展，強大的機器學習演算，太空開發乃至形成一種產業的崛起，彷彿量子躍遷，拉大級距，創新了人類社會及產業。40年前，位居歐洲心臟位置的盧森堡，早已預見這一創新產業的藍海，並一步步的抓緊時代的機遇。

盧森堡是目前歐洲唯一採虛位元首，屬君主立憲制的一個大公國，透過歐盟主持下，不斷加強的監管框架以及競爭性稅收的優勢，促進了盧森堡金融業持續的快速發展。除了擁有將近150家外資銀行外，國家的金融中心還擁有歐洲最大的投資基金業（Investment Fund Industry，IFI）。由國外大量的籌集資金，讓外資銀行在盧森堡市場發揮了重要影響（Kot, S. M., & Paradowski, P. R., 2022）。因此，金融業務是增長的主要引擎，是財政收入的主要來源，也是盧森堡人均收入在歐元區最高的主要原因。由於與德法比鄰，往來方便，昔日盧森堡大部分學生的高等教育是在外國獲得學術畢業文憑，即便富裕如此，一直到2003年後，盧森堡才成立一所獨立的大學，為了穩固盧森堡的經濟基礎，盧森堡大學在學術研究上急起直追。盧森堡看準太空商業化趨勢，了解金融商品雖為自己的強項，但小國寡民不能擁抱單一榮景，而太空產業就是著眼世界需求，前瞻布局的新領域！臺灣過去研究盧森堡的文獻，多集中於語文教育與金融管理領域，至於其科技、教育與產業鏈結之研

究，尚待耕耘。本研究擬從盧森堡太空產業的歷史源流與法規訂定做一回溯，析論其太空產業發展的生態結構，探究教育在盧森堡太空產業的角色，復次，概述臺灣太空產業發展的現況，舉凡法規配套與計畫內容的演進，最後反思臺灣太空產業發展過程中，教育相關的機遇與挑戰，並統整盧森堡太空產業再創新猷，對臺灣教育的策勵與啟示。

貳　盧森堡太空產業的興起

一、盧森堡太空產業的歷史源流

眾所周知，金融產業興盛的盧森堡，其人均GDP長期以來居世界數一數二，但其投注太空產業，卻是累積近50年的厚積薄發。以下概略分為三個時期敘明：

回顧盧森堡太空產業的發軔，1977年聯合國所屬的國際電信聯盟（International Telecommunications Union, ITU）在日內瓦召開會議中，分配一個「太空資源」（space resource）項目給盧森堡，內容是專門用於電信服務（Serres, M., 2019）。以此作為基礎，在1980年代起，盧森堡創建了一個衛星電信基礎設施，以此連接歐洲與更寬廣的世界。繼發射了第一顆衛星之後，商業嗅覺靈敏的盧森堡人，發現這是一個嶄新的成功商業模式。

多年的累積實力，及至2016年推出盧森堡太空資源（Space Resources.lu）計畫，邁入新的里程碑，同年12月，歐洲太空署成員國在盧森堡召開理事會議，加密雷射的通訊科技（SeCure and Laser communication Technology），會議支持這項創新的開發和部署，這就看到市場新藍海，此一衛星通訊市場領域的突破，解決了對不斷提高的數據速率和安全通訊的需求（Hauschildt, H., Elia, C., Moeller, H. L., & Schmitt, D., 2017）。根據這計畫，盧森堡太空署與歐洲太空署（European Space Agency, ESA）締結策略聯盟，共同建立「歐洲太空資源創新中心」（European Space Resources Innovation Centre, ESRIC）（Link, M., & Lamboray, B., 2021）。盧森堡特別專注太空資源的探索和利用，因此將主力界定為材料科學、太空遙測、光纖、機器人技

術、數據分析和人工智慧等領域。儘管太空產業經緯萬端，盧森堡積極參與了歐盟與太空相關的計畫，例如：GNSS—全球導航衛星系統、哥白尼計畫、EUSST —歐洲太空監控和追蹤、歐盟地平線2020太空計畫等。倡議期中，盧森堡積極導入國際聯盟各種資源，更透過一系列的稅收減免和優惠太空產業政策，鼓勵外資與新創公司活水進來，終其目的就是發展自己的太空產業。除了上述積極參與國際太空計畫的互動，這期間在國內主要成果包括：政府領頭創建「太空資源諮詢委員會」（Advisory Board on Space Resources）、每年舉開「採礦太空峰會」（Mining Space Summit）和「太空資源週」（Space Resources Week）活動，透過《太空資源勘探和利用法》（Law on the Exploration and Use of Space Resources）（Chernykh, I., & Gugunskiy, D., 2022）；為了培育太空產業人才的遠大目標，在盧森堡大學開設跨學科太空碩士（Interdisciplinary Space Master），納入與太空資源相關的課程等。

　　2021年是一個推動太空產業的分水嶺，這年6月盧森堡啟用了第一台能建模運算與大數據分析的超級計算機，這與衛星運營商的商轉關聯密切，即數百萬用戶賴此連接服務。企業與盧森堡大學的安全、可靠性和信任跨學科中心（Interdisciplinary Centre for Security, Reliability and Trust, SnT）的研究人員攜手合作，憑藉超級計算機追求更優化的衛星性能和頻譜分配（Abdu, T. S., Kisseleff, S., Lei, L., Lagunas, E., Joel, G., & Chatzinotas, S., 2022）；後續，更多衛星新創公司利用機器學習演算法，以創新解決方案最前沿，偵測極端水文氣象事件的頻率和幅度，進而降低防治洪水的風險（Zare, M., Schumann, G., Teferle, N., Giustarini, L., & Hydro, R. S. S., 2021）。尤有進者，2021年，盧森堡太空資源創新中心（European Space Resources Innovation Centre, ESRIC）串聯歐洲太空署（ESA）、盧森堡太空署（LSA）、盧森堡科學技術研究院（LIST）和Technoport（盧森堡的主要技術孵化器）成為夥伴，啟動支持計畫（Startup Support Programme, SSP）。這是全球第一個致力於太空資源主題的孵化器計畫。部分內容是ESRIC與法國空中巴士簽署了一份備忘錄，開展合作的重點是：第一、開發在月球上生產氧氣；第二、從風化層生產原料；第三、從風化層金屬回收的技術，雙方

協議未來維持月球上透過機器人運輸。由此顯見，超級計算機Meluxina
除了用於研究目的，亦可遷移太空產業知識管理，舉凡商用於星球探
礦、天氣模擬、氣候分析、自駕汽車許多創新應用領域。

　　綜上所述，盧森堡太空產業自1977年起迄今，審時度勢不斷改造
自己，以應對國際太空技術競逐的不斷變化，屢屢利用新的機遇。

二、盧森堡太空產業的生態結構

　　盧森堡透過其太空署（LSA）之太空資源計畫（Space Resources.
lu）作爲驅動力量，觀其整體戰略，涵蓋了教育系統、創新、研發和融
資的發展（Bradford, K. J., 2018）。作爲太空產業的先驅者，需要經驗
有成的國際企業投資，更需有開創力的新創生態支持。其中盧森堡材
料與製造集群（Luxembourg Materials & Manufacturing Cluster）就是
達成國家戰略目標的設置之一。面對航天製造業（衛星、發射器和地
面部分）是一個戰略性、高科技、高風險和投資密集型產業，開發週
期長，生產率低，由盧森堡政府創新部門承擔起服務管理的關鍵角色
（Paladini, S., 2019）（Alexander, S., & Bloomberg, R., 2014），匯集
了各種相互關聯的參與者，聚焦新技術的實施和高附加值的產業創造
（特別關注工業4.0、增材製造、自動化和機器人技術），提供行業間
彼此交流發展；在業務發展方面：在會員之間建立夥伴關係，並將他們
與潛在的投資者和金融業聯繫起來；在研發投資方面：創新局幫助會員
啟動研發和創新項目，並促進行業和公共研究機構之間的合作；在協
調資助方面：創新局支持成員尋找合適的國家和歐盟中適合的資助工
具；在技術開發方面：創新局保障成員受益的關鍵技術，並通過聯合重
點項目實施這些技術；在尋覓合作夥伴方面：創新局幫助會員在盧森
堡國內及國際層面，尋找合適的合作夥伴（Danescu, E., Clément, F., &
Golini, S., 2021）。創新局的角色，就是讓產業集群裡的每一分子活絡
起來。

　　爲了更清楚了解細節，以下從發展向度與核心支柱兩方面探究：

(一) 盧森堡太空產業發展的向度

　　盤點盧森堡太空產業鏈強項，研究者特別關注需求面環節，如何搭配國家整體戰略與未來發展考量？以三個區塊（Hansen, K., Mulhall, D., Zils, M., Koch, T., Lusceure, L., Saffnauer, S., & Braungart, M., 2014）分述如下：

1. 衛星運轉產業：如衛星和儀器結構製造、微型衛星系統集成、衛星電力推進、機器人有效載荷、空間製造、複合材料、射頻有效載荷等。例如：紅線太空歐洲（Redwire Space Europe）這家新創公司，其核心業務是開發能在太空應用的機械臂，產品服務內容包括：用於動態仿真的機械臂軟體模型，模擬類地星球極地環境中應用；次如：藍色地平線（Blue Horizon）這家公司的核心業務是製作生物反應器，進行微重力實驗檢測細菌和藻類的生長觀測，透過開發營銷，協助解決外太空或地表乾旱地區土壤施肥的問題。

2. 地面通信產業：如地面站開發、機電地面支持設備、通信網絡等。例如：歐洲複合材料（EURO-COMPOSITES）這家公司的核心技術是5軸精密CNC銑削中心、樹脂灌注與超聲波檢測，主要應用的太空項目是根據客戶需求，完成3D列印產品、衛星結構製造、熱管塗漆、太陽能陣列基板；郵政盧森堡（POST Luxembourg）這家公司雖然是一家歷史長遠的公共服務機構，為各種客戶群，提供廣泛的ICT服務組合和量身定製的解決方案，包含提供地面站、託管、衛星寬頻等服務。

3. 相關周邊服務產業：如電信服務、基於衛星的媒體和電信服務、風險管理服務、數據分析、環境應用和服務、航空訊息服務等。例如：環球眼（GlobeEye）這家新創公司的核心業務是專門分析衛星和其他遙測數據，協助企業和金融機構獲取資訊，讓授信部門基於衛星大數據，做出正確的經濟預測與評估；又如，水衛星（Hydrosat）這家公司的核心業務是應用於熱紅外和多光譜衛星圖像，對全球農作物作準確的產量預測。我們可以發現，太空產業的客戶，遍及農業綜合企業、金融基金

和政府各大部門。

(二) 盧森堡太空產業生態系統的重要領導支柱

整體盧森堡太空產業生態系，由盧森堡太空署（LSA）推動與支持，並由盧森堡科學技術研究院（LIST）營運管理，而太空資源創新中心（ESRIC）執行研究活動，給予商業育成中心技術與商務上的協助。爲力求周延，本研究也簡述其國內之重要公私部門機構的觀察。以下是此一生態的幾個核心支柱：

1. 數位盧森堡（Digital Luxembourg）：數位革命帶動了盧森堡太空產業的動力（Bockel, J. M., 2018）。自2014年成立，建立專門的團隊來支持國家戰略，可謂盧森堡數位化運動背後的團結力量中最大的盟友。其角色扮演有三個任務：啟用新投資項目、支持現有計畫、推動國家盧森堡的數位化工作（Binsfeld, N., & Whalley, J., 2019）。在COVID-19疫情流行期間，持續優化有效部署及溝通所需的行動網絡，評估和實施有針對性的措施計畫，確保與最弱勢家庭的聯繫，採取措施加強消費者保護和深入的市場監測。這創新技術蓬勃發達，源於盧森堡金融業對資訊通訊科技服務的高需求，因爲能夠連接市場，一些國際知名的參與者（例如：亞馬遜、樂天、微軟等）都喜歡選擇盧森堡，作爲他們進入歐洲市場的基地（Binsfeld, N., Pugalis, L., & Whalley, J., 2015）。因此，隨著時間的推移，資訊通訊科技服務行業結構發生了變化，其服務獲得企業廣泛採用，進而又爲盧森堡的太空經濟創造了就業機會與附加價值。

2. 盧森堡太空署（Luxembourg Space Agency, LSA）：隸屬經濟部轄下，盧森堡的經濟，建立在安全文化的信賴感上，LSA的國家角色責無旁貸（Meyer, M. B., 2008）。以盧森堡太空署設置新創扶植的鋪墊Technoport S. A.企業孵化器爲例，此一機構提供各殊化需求的輔導服務，並擁有自己的數位製造實驗室FabLab，該實驗室提供完整周邊機器（3D列印機、3D掃描儀、雷射切割機等），以利新創公司快速製作新產品的原型（Lam-

boray, B., Link, M., & Martin, G., 2019）。此外，盧森堡太空署
與創新局攜手，明日街（Tomorrow Street）是另一提供專業和
創意的工作空間的新創孵化器，每年安排旗艦科技盛會，邀集
行業領袖和科技愛好者齊聚一堂，整合研究人員、投資天使、
新創公司、大學和研究團體、風險投資和外部合作夥伴建立聯
繫，各種技術創新和可能的商機在激盪中源源不斷。

3. 歐洲太空資源創新中心（European Space Resources Innovation
Centre, ESRIC）：ESRIC的總部位在盧森堡，將與太空產業中
公、私國際要角合作，在歐洲建立頂尖的太空資源中心（Link,
M., & Lamboray, B., 2021）。設立ESRIC的宗旨，較為獨特
的是，運用太空資源進行人類與機器人探索、發展未來太空經
濟，打造科技與商經層面的專業知識樞紐。

4. 盧森堡科學技術研究院（Luxembourg Institute of Science and
Technology, LIST）：盧森堡科學技術研究院與一系列國家和國
際公司和組織合作，最負盛名的是NASA、ESA等，彼此成為航
天領域的合作夥伴。科技合作的內容廣泛，例如：盧森堡科學
研究院材料系正在致力於開發一種暱稱黑衣（blackcoat）的技
術。

這是一種可完全吸收光的塗層，也能將塗層應用於像螺線管一樣
彎曲的表面，因此，應用之一是在太空望遠鏡，目的是提高圖像的解
晰度。該技術的有效性已通過ESA認證，下一階段將是尋找適當合作的
客戶，工業化量產。盧森堡科學技術研究院以三種模式（Luxembourg
Institute of Science and Technology, 2021），為其合作夥伴找到理想的
解決方案：

(一) 多邊合作計畫

在整個價值鏈中，LIST合作夥伴之間共享專業知識、研究和風
險，可以降低所有相關方的成本。所有合作夥伴，以及他們自己的研究
團隊，受益於LIST提供的獨特優勢：在各個項目合作夥伴之間共享知
識產權。

(二) 雙邊研究計畫

提供四種雙邊合作：(1)服務契約（service contract）：科學技術研究院以標準化和客製化方式，在人力上分享高素質專家，在硬體上可使用其尖端實驗室、設備和方法來滿足特定需求，用在測試、測量、分析、創新管理和方法領域和軟體開發。這都是服務協議的一部分；(2)合作項目（collaborative project）：LIST雖然與合作夥伴共享資源、專業知識和基礎設施，但對於合作項目，創新成本是分攤的，知識產權分配給明確的貢獻者；(3)策略夥伴關係（strategic partnership）：對於各種表現出色特殊發展需要技能者，盧森堡校方可能考慮招募特定研究項目的傑出博士生；(4)轉股或授權（"spin-off" or "licensing"）：技術轉讓可創造新價值，涉及LIST創新如何轉化為產品、經濟活動和高質量工作的方式。簽訂協議可採取資本權益、版稅分享或許可購買的形式。

(三) 專技反饋社會

知識和創新日益被視為經濟成長、社會進步和創造就業市場的重要引擎。在國際科學研討會和會議上，公共和私營部門的參與者必須樂於分享其知識和專有技術，藉以推動盧森堡的科學研究和教育。

本研究整理LIST產學研合作的模式ABC如下圖1：

1. 新創盧森堡（Startup Luxembourg）：2015年便啟動了「新創加速計畫Fit 4 Start」，新創盧森堡整合了生態系中所有支持創業，促進創新的參與者。由經濟部補助、國家創新機構盧森堡創新局（Luxinnovation）管理，並支持國內創業生態系。新創盧森堡的宗旨在反映盧森堡商業環境的活力，負責引導新創公司樂於選擇在盧森堡落地及成長。以「新創加速計畫Fit 4 Start」為例（Sommarribas, A., Petry, R., Coda, N., Rozenberga, Z., & Nienaber, B., 2019），其創新技術核心是數位驅動型企業，包含區塊鏈與機器學習等新興領域。幫助來自世界各地的ICT、太空和醫療科技領域的新創公司，提供專家指導，並提供高額種子基金，媒合進入關鍵商務網絡的門路。

圖1
LIST產學研合作的模式ABC（研究者自行繪製）

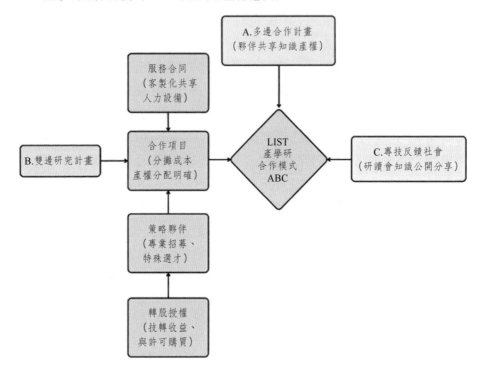

2. SCRIPT：教育科技研究創新協作部（The Department for the Coordination of Educational and Technological Research and Innovation, SCRIPT）是政府一個公部門組織。整合盧森堡教育系統的教學和技術創新研究，SCRIPT的主要任務是促進、實施和協調，以確保教育品質，特別重視數位化（Digitalisation）和永續發展的教育（Education for Sustainable Development, ESD）（Lenz, T., Backes, S., Ugen, S., & Fischbach, A., 2022）。為了完成其所有任務，SCRIPT被細分為以下六個特定功能：教育與科技創新、倡議和教育計畫協調、協助國家中小學委員會課程開發、符合多語言學習環境教材開發、數據分析制定國際標準化考試、學校發展確保教學自主權及績效評估。與國家未來發展產業息息相關的科學教育、創業教育、數位學習等細部環

節，此部門來承擔是運轉的關鍵。

三、盧森堡太空產業的法規配套

衛星定位與導航監測等業績成長，幾乎不受疫情影響，將加速太空經濟（space ecomony）相關技術與應用的商業化。自SpaceResources.lu倡議提出後，盧森堡開始爲符合國際條約做前瞻布局，所有規範的發展考慮，皆兼具太空與地球雙向的商業模式，所有太空活動皆須以造福人類爲目的前提下，談到資源與探勘，盧森堡身爲先行者，審慎的兼顧利益與維護道德倫理及國家話語權，又因獲取太空資源顯然是一個全球性問題，法律訂定也必須預留許多國際合作的空間（Serres, M., 2019）。法律框架的內涵略述如下：

(一) 國際太空法（International Space Law）框架下盧森堡的影響

第一個影響來自聯合國和平利用外太空委員會（United Nations Committee on the Peaceful Uses of Outer Space, COPUOS）是制定國際太空法的論壇，1967年盧森堡批准了聯合國制定之無限期有效《關於各國探索和利用包括月球和其他天體在內的外太空活動的原則條約》（The Treaty on Principles Governing the Activities of States in the Exploration and Use of Outer Space, including the Moon and Other Celestial Bodies）和1972年《太空物體造成損害的國際責任公約》（The Convention on International Liability for Damage Caused by Space Objects）（Leterre, G., 2017）。期間盧森堡擔任成員國時，還努力成為1968年制定《太空人營救、太空人返回和發射到外太空的物體返回協議》（The Agreement on the Rescue of Astronauts, the Return of Astronauts and the Return of Objects Launched into Outer Space）的締約方。第二個影響則來自於歐洲太空署，盧森堡自2005年以來，一直是歐洲太空署的成員，此後，認識到未開發的太空資源的巨大潛力，並發起了國家SpaceResources.lu倡議，旨在爲盧森堡蓬勃發展的太空探索經濟創造理想的法律、監管和商業環境。

(二) 推出改良版的太空資源法（Law on Space Resources）

過去談到誰將擁有在外太空發現的礦物、氣體和水的權利，問題不大，因為大多數任務都是出於科學目的。直到美國前總統奧巴馬在2015年簽署「太空採礦法（SPACE Act of 2015）法案」，企圖為太空採礦權利劃界，與聯合國的太空公約「太空是公共空間」的共識相違背，即精神牴觸聯合國的相關規約：「任何國家不得以占領、使用或其他方式來獲得外太空的領土。」勘探開發外太空權利爭奪，犯眾各國，致使美國的單邊行動遭到了國際社會嚴厲批評。然而，盧森堡進行了進一步的修改，盧森堡在法案中謹慎地限縮了採礦公司的權利：「可以保留從小行星中開採提取出來的礦物，但不享有對小行星的所有權。」盧森堡是歐洲第一個為使用太空資源，提供法律框架的國家，目的在保障私人營運商對其在太空中開採資源的權利。政府並規範了企業必須在書面申請下，經主管機關核准，出於純粹商業目的才予以授權，且該營運商必須是在盧森堡註冊成立的公司或其合夥企業（Berg-stresser, J., 2021）。倚賴高效的法律和監管框架，盧森堡制定了專門的太空法，確保穩定性，並為投資者、勘探者和礦工提供高品質的保護（Feider, M., Levine, T., & Graas, J., 2017）。目前該法令，更進一步規定私人太空探索任務的授權和監管，包括太空資源的探索和利用。任何人打算進行太空資源利用任務，都必須獲得主管當局事先授權與核准。

(三) 太空活動法（The Space Activities Law）競逐未來創新商機

雖然為歡迎此特定領域的運營商，2017年盧森堡通過《太空資源法》。但仍缺少其他活動的法律依據，讓政府主管機關能規範太空飛行物的發射、地球觀測、導航或繞軌活動。2020年12月15日的《太空活動法》填補了這一空白，建立對高風險的太空活動責任與義務，有更明確的規範（Hofmann, M., 2021）。此即盧森堡強化太空活動授權和監督法律框架的重要里程碑，國家承擔起責任相關的風險。然而，國家高度保障了運營商、投資者和企業家，提供一個安全和有吸引力的生態環境。自此，盧森堡對於太空資源利用之研究、相關太空產業間的科

技轉移、商業化與創新露出曙光，為未來各國太空產業的賽局已拔得頭籌。綜上所述，盧森堡太空立法上是領先各國的，從它的立法演進可看出，專注盧森堡傳統擅長的商業核心能力，透過簽署合作備忘錄的管道，方便進行國與國間對話，方便分享專業知識，方便國際合作來滿足其發展太空產業。

四、教育在盧森堡太空產業的角色

限於研究篇幅，此處聚焦於對太空產業發展育才，在學習投入較深之3所相關學校與教育機構，分別是中學年段的盧森堡科技學校（Luxembourg Tech School, LTS）、高等教育端的盧森堡大學（University of Luxembourg, UL）與研究機構盧森堡科技學院（Luxembourg Institute of Science and Technology, LIST）。其中盧森堡大學和盧森堡科技學院分進合擊，盧森堡大學憑藉多語言、多學科、國際化、良好的學術氛圍等優勢，主要專注於無人自動駕駛汽車、機器人技術，而盧森堡科技學院專注於材料科學、生物科學和地球觀測，目標都是提高盧森堡航天工業所需的研發能力。分述如下：

(一) 盧森堡科技學校（Luxembourg Tech School, LTS）

自2016年以來，盧森堡科技學校旨在培養未來的數位領導者，支持各種國家戰略產業。學校設計的課程能將技術、創造力和商業結合起來。提供12-19歲學生，在學習中獲得個別化的指導，在真實的商業和創意環境中學習和應用（Luxembourg space agency, 2022）。目前LTS跨域統合分級制的課程，共計3年計畫。初步可以從G0級（Level G0）或1級（Level One）開始，具體取決於學習者的年齡或先備程度。每個級別最多分為3個模塊，每個模塊以一個特定領域為中心。在G0級期間，主要投入的是編碼的創造性方面，以及了解機器學習。在一級和進階級（Level Up）期間，有許多發表討論的機會，將導入很多關於團隊合作、軟體設計與開發與企業家精神的知識（Insa gülzow, 2021）。

以G0級為例（年齡在12-14歲之間），學習內容包含用形狀、圖案和圖像創建數字藝術和動畫，同時學習編碼和計算機的基礎知識。

一切活動主要都圍繞著創意和創新理念的項目實踐，鼓勵孩子與團隊想法，教師指導學生完成整個過程。分成三個模塊：第一種創意編碼（creative coding）：使用代碼創建數位和動畫圖形，了解編碼的基礎知識，應用網路開發項目，創造性地呈現自己；第二種數位思考（digital thinking），採行AI人工智慧電子化與純樸的非電子化並行，探索如何與機器和計算機對話，熟稔數位知識，建立起相關技能和價值觀；第三種互動設計（interaction design）：開始使用微型計算機，了解基礎的的人與機器人互動，投入更足夠的時間去思考和探究，將之應用至太空產業以獲得更多知能。

延續學習至1級課程（可能從15-19歲），此級別涵蓋多個工業領域，旨在幫助助孩子走上成為數位領導者的道路。分成三個模塊（Luxembourg tech school, 2022）：第一種遊戲開發（GameDev）：從創意發想到市場考驗，專注如何開發視頻遊戲，提升學生的編碼技能，讓遊戲創作和設計進一步成為藝術成品，建立商用的專業遊戲引擎；第二種大數據（BigData）：使用Python編寫代碼，創建可視化的數據分析，用數據講故事；第三種金融科技（FinTech）：在了解網絡安全情況下，藉由用戶體驗修正APP程序設計應用，達成應收帳款、產險理賠等方面，運用區塊鏈的創新技術。以Spire Global衛星數據分析公司而言，在盧森堡設有據點，力求透過太空的視野來進行精準預測的創新，此為第二種模塊應用；SpaceX與一家名為SpaceChain的區塊鏈項目合作，先後將兩個區塊鏈節點帶入太空（Yang, W., Zheng, Y., & Li, S., 2021）。這屬於第三種模塊的應用，可見區塊鏈的未來性，絕非只在金融科技一端。

當一級的課程通過，進階級適用於（15-19歲）此一級別涵蓋更多的技術領域，讓您發現太空和人工智能世界。分成三個模塊（Luxembourg tech school, 2022）：第一種針對「太空資源」（Space Resources）：以科學知識和機器人運用為基礎的太空探索，學生必須以任務規劃與團隊溝通，熟悉無人機和漫遊車的程式設計，藉由部署傳感器來蒐集數據，終極的指向是學習如何太空採礦（Space Mining）；第二種「大數據」（BigData）的運用：以AI4金融（AI4 Finance）為領域，

深度學習AI應用，開發可穿戴設備的應用程序，學生操作檢測詐欺功能強大的機器人；第三種學習「AI創造力與藝術的跨域應用」（AI Creativity & Arts）：用人工智慧創作音樂、繪製藝術圖像和視頻，課程目的在實現「完全不靠人類就能自主學習的AI」。

　　試想這個簡單的概念：在月球和其他類地天體中，可能發現許多地球上稀缺礦物，如鐵、鎳、鎢、鈷和稀土元素，甚至數十億噸存在於月球兩極冰凍的水。盧森堡學校教育孩子們，不僅可以用它們在太空中建造設備，也能將它們運回地球運用，年輕人亟需的就是培養相關能力，能在太空中使用特殊的技術來探索與開採資源。從教育心理學上看，因為項目的選擇都是由學生找自己關注、喜歡、熱愛的，學校設備與環境就像個專業發展的大遊樂場，LTS確信學生們找到了強大自主的學習動力。

(二) 盧森堡大學（University of Luxembourg）

　　盧森堡大學首推跨領域太空碩士課程（Interdisciplinary Space Master），此一跨學科太空碩士（ISM）是與盧森堡太空署（LSA）合作開發的，就讀期間表現最好的申請者，將可獲得全額獎學金（Link, M., & Lamboray, B., 2021）。除了加深他們的專業知識之外，該計畫還讓參與的學生接觸廣泛的主題，從社會科學（如：太空法律和政策、國際組織）到技術科學（如：太空任務、衛星通信）和精測科學（如：地球和太空遙測、航空醫學），旨在為學生提供許多能開拓盧森堡永續發展的新型太空產業人才，為新的全球航天工業提供了一個基石，課程由科學、技術和醫學院（Faculty of Science, Technology and Medicine，簡稱FSTM）和安全、可靠性和信任跨學科中心（Interdisciplinary Centre for Security, Reliability and Trust，簡稱SnT）共同設計，配備有月球實驗室（LunaLab）、無重力實驗室（Zero G）（例如：模擬月球表面、風化層玄武岩材料、隕石坑、火山口陰影、太空中碎片抓取、計算機視覺化等）、衛星通訊測試平台（SatComLab）（如：太空中測定土壤水分分析）、5G太空實驗室項目等（Thoemel, J., Querol, J., Bokal, Z., Merlano Duncan, J. C., Gholamian, M., Kodheli, O., ... & Ottersten, B., 2021）。該碩士課程特別之處在於強調產學合作，盧森堡許多企業可爲學員提供實習機會，以示對課程的支持。例如：新創公司Infinite Reality（IR）與盧森堡大學的跨學科中心（SnT）合作開發一種元宇宙（Metaverse）體驗，讓創作者可以控制自己的虛擬貨幣，實現數位經濟；又如，盧森堡大學的跨學科中心創建一個聯合實驗室，該實驗室探索量子電腦和衛星網絡安全。

(三) 盧森堡科技學院（Luxembourg Institute of Science and Technology, LIST）

　　盧森堡科技學院（LIST）的研究開發重點，主要圍繞三個主題領域開發技能和活動：環境、IT和材料。環境研究主題包含水質安全和大氣監控、植物科學和生物技術等；IT創新服務的研究重點是，決策中關於大數據運算運用問題、如何提高網絡企業的服務質量；材料研究與技術則側重先進材料和奈米技術，以及複合材料。LIST基礎設施部分搭配研究主題，包含：盧森堡國家複合材料中心（提供資源和技能的匯集，促進創新材料的開發和加工）；或氣候、環境和生物多樣性觀測站（密集而獨特的水文氣候和生物多樣性測量網絡）等設備。LIST作爲產學研合作創新的引擎之一，必須與市場需求緊密結合，以支持盧森堡的航太工業創新研發項目，並加速他們的服務原型轉化量產並推向市場。

　　此外，爲了減少青年失業，政府積極制定勞動力市場政策，盧森堡必須加強普通和職業教育，使青年人的技能更能滿足勞動力市場需求；然而，太空產業成爲國家發展政策，勢必改變青壯人力的培訓內容，長期追求永續包容的盧森堡，教育方向對準與投資的力度加大，落實社會環境與產業升級，方可預期。

參　臺灣太空產業發展的現況

一、臺灣太空產業發展與法規配套

(一) 臺灣在國際太空供應鏈可以發展的角色

自2020年起，美國SpaceX公司透過適當太空載具，較諸以往相對平價的發射成本，發揮自動對接（autonomous ducking）、航空器模組化（spacecraft modularity）、在軌組合（on-orbit assembly）與共享酬載（rideshare payloads）等技術，成功提供太空旅程的載運商業服務，滿足人類飛天的夢想（O'Quinn, C., & Jones, K., 2022），讓世界各國對太空產業產生無限的想像，臺灣亦不自外於此閃亮的新商機。相較於歐美官民合作模式，讓太空科研活動變身成為產業發展的基礎，臺灣長期以公部門為引導核心，優先以達成特定科學任務為目標，再整合國內外科研技術，逐漸將太空資源與技術釋出商轉。如果我們審視臺灣核心的優勢技術，如通訊、半導體晶片設計製造，以及遙測服務等，則成為太空商業活動的有力支撐，舉凡周邊產業、軌道環保、資訊通信器材等，都是臺灣太空產業大有可為的領域。

雖然歐美太空產業先進國家，可能仍然持續作為發射服務的主要提供者，未來臺灣走向發展小型火箭載具，還是必須建置適當的發射場域，這種長期屬於自有發射基地，降低共乘模式存在的侷限性，才能避開委外高價或是地理氣候的限制。審視資通訊產業乃臺灣產業強項，切入太空產業供應鏈的機會相當多。以本土的台揚科技公司為例，憑藉通訊網路的核心技術，善用地面接收站設備、低軌通訊衛星零組件方面，即成功躋身美國SpaceX公司的合作夥伴；又如另一本土企業昇達科技，提供氮化鎵相關產品，高頻微波通訊元件，其市場應用在衛星通訊、寬頻無線傳輸等方面，長期科研基礎深耕，皆執全球之牛耳。2022年3月一場在交通部國際會議中心舉辦「臺灣太空產業發展與商機研討會」。會上產業界與政府討論的焦點，圍繞著如何整合良好產業生態，讓臺灣成為全球航空與衛星產業的重要供應聚落，這是努力的方向。而《太空發展法》已制定完成，如何整合金融業長期資金與管控風險，發揮我國在半導體、衛星通信、精密加工等優勢，如何聯合產官學

研的力量打進全球太空產業鏈，活絡價值兆元的產業，應是大家關注的課題。

（二）臺灣太空法案中對人才培育與創業的關注

　　產業發展的需求，總是走在立法之前。本研究聚焦於產業與教育的相互勵進，，繼鄰近日本《宇宙基本法》及韓國《太空發展推廣法》等東北亞國家之後，自2021年春天，立法院教育及文化委員會透過審查「太空發展法草案」，臺灣朝野以立法宣告邁向無垠宇宙的第一步（謝宜庭，2021），於2021年推出6章22條的《太空發展法》（太空發展法，2021），條文中與商轉有關的「個人、法人或團體運用太空載具獲取地球、太空及其他天體資訊時，除法律另有規定外，屬個人、法人或團體所有，但若有增進國家重大利益、涉及國家安全、對公共安全有重大影響等情形，主管機關得令其將資訊提供政府或授權他人使用，並給予適當補償」實與盧森堡所制訂的太空法相仿。

　　依據臺灣《太空發展法》第3條第4款敘及產業定義，「太空產業：指包含太空載具發射、太空科學研究、太空相關（與地面接收）設備製造、衛星應用服務（含營運）及透過太空活動所衍生之新型態服務產業等領域。」臺灣有北回歸線通過，離赤道較近，靠著地球自轉之便，適合火箭推進，節省燃料且延長衛星運行壽命，非常利於衛星的投送，足以吸引國際創投基金業者，可轉化龐大搭載衛星的火箭發射商機；另第9條「主管機關應透過教育宣導，促進太空科學普及、增進國民對我國太空政策之了解，並培育太空人才。」則明訂主管機關應進行教育宣導；第14條第4款「培育太空產業發展人才」、第5款「輔導育成太空新創事業」載明人才培育、新創事業輔導，應由主管機關應會同教育部、經濟部、及其他有關機關推動重要事項。綜上所述，未來應引導正向的力量，讓許多懷抱理想的教授和熱情投資天使，能參與太空產業與教育投資，在促進太空科學教育普及與培育太空人才。教育主管機關宜與民間攜手，盡速擬訂子法，讓臺灣產學研社會成為培育太空產業沃土。

二、臺灣學研機構參與歷年太空計畫的演進

21世紀後世局更迭，過去美俄等強權國家軍用衛星產業逐漸解構，隨著技術與關鍵物料鬆綁，舉凡通訊、導航及太空遙測等商業衛星，帶來新興產業鏈，蔚成一片欣欣向榮的太空藍海市場。現在投入國際太空產業已高達60餘國。包括歐盟、印度、日本與中國、非洲、中東與阿拉伯世界國家，也都陸續加入這個新國際太空賽局（Golston & Baseley-Wakler, 2015）。臺灣政府「國家太空中心」作為執行單位，結合國內外產學界能量，以發展衛星與火箭發射等技術為主，一步步建立起自己的太空產業。本研究參考太空中心歷年資料紀錄，簡要整理臺灣學研機構參與太空計畫概況，意在呈現不同期程的投入與進展，分為下列三表：

表1

臺灣學研機構參與第一期太空計畫概況一覽

第一期計畫（1991-2006）	
執行目標概況	建構我國太空科技發展體系 打造衛星發展基礎設施 執行三個衛星計畫（福衛一號、二號、三號）
學研機構分項的投入與進展	1. 福衛三號已是一大型臺美雙邊國際合作計畫，與美方的美國大學大氣研究聯盟（The University Corporation for Atmospheric Research，簡稱UCAR）共同合作執行（蔡在宗，2009）。 2. 提供成功大學和中央大學，教育訓練之用，以發展自己穩定功能的皮米級衛星（張桂祥，2014）。

小結表1可知，第一期的重點在建構臺灣本土的太空科技發展體系，打造衛星發展基礎設施。其中蕃薯衛星的0.1-1公斤的皮米衛星（Pico-satellite），是一全新經驗，透過衛星課程傳承給國內大學，探索整合衛星設計、製造及操作的經驗，培養屬於臺灣自有的衛星技術及系統工程人才。

表2

臺灣學研機構參與第二期太空計畫概況一覽

第二期計畫（2004-2018）	
執行目標概況	1.自主發展獵風者氣象衛星與福衛五號遙測衛星。 2.與美國共同合作，發展福衛七號氣象衛星星系。 3.建立自主的太空科技，擴展其參與規模與層次。
學研機構分項的投入與進展	1.中央大學與美國南卡州Clemson大學合作，進行三甲基鋁（TMA）科學酬載，雖未順利，但獲得參數測量經驗。奠定未來自製電離層酬載等技術（許紘瑋，2015）。 2.加入丁肇中院士所領導的大型國際計畫，臺灣首次在太空上進行粒子物理探測儀研究，大幅提升我國科研能見度。 3.結合中央大學與業界力量，福衛五號完成是我國第一顆自製遙測衛星，衛星中酬載之先進電離層探測儀（AIP），國家太空中心外亦包括中央氣象局、中央大學、成功大學等，共同負責任務衛星本體、系統設計與整合。（林俊良、余憲政、劉小菁、張莉雪、張立雨、李彥玲、李品儀，2019）。

　　小結表2可知，第二期側重建立臺灣自主性的太空科技，加入更多產官學研不同單位參與。2017年成功大學舉行「永續國際合作發展臺灣太空產業國際研討會」，邀請歐盟、日本與比利時、與加拿大等太空安全政策與政策有關官員與專家，作為相關政策與策略的跨國對話（廖立文，2018）。就在這年，成大電機工程系學生在教授協助下，自製的體積更小3D球型馬達，意圖解決傳統單軸馬達的困境。事隔5年，其中幾位懷抱太空夢的年輕人，成立新創公司張量科技，技術獲得國際客戶信賴，與歐洲的太空公司SatRevolution合作，伴隨SpaceX火箭搭載的衛星升空。

　　小結表3可知，第三期特別強調育才增才，擴增更多大專校系參與，帶動臺灣太空產業。2022年6月在太空中心協力下，由陽明交通大學前瞻火箭研究中心發射團隊，在屏東旭海執行類衛星火箭，無論飛行時間或飛行高度都有了突破，是臺灣科研火箭邁入太空產業的重要一步。

表3

臺灣學研機構參與第三期太空計畫概況一覽

第三期計畫（2019-2028）	
執行目標概況	主要發展各種高解析度光學遙測衛星，以求精準監測國土安全與環境變遷，組成完整的衛星體系守護臺灣，精進本土太空技術，培育新一代太空科技人才，帶動臺灣太空產業的發展。
學研機構分項的投入與進展	1. 以模組化設計建立標準界面，降低成本，引入更多國內產學界參與，建構臺灣太空產業供應鏈的雛型架構（張立雨、劉小菁、廖敦佑，2020） 2. 太空中心發展「海面反射訊號資料在氣象數值模式應用」的演算法，優勢在於消除不同訊號結構的影響，提高空間解析度；中央大學發展的演算法，優勢則在納入海氣交互作用等多方因素。 3. 由產學攜手，承作三個立方衛星，其一名「飛鼠衛星」（中央大學研製，使用的科學酬載是自製的電離層探測儀（CIP）；其二「堅果衛星」〔虎尾科技大學研製，酬載是廣播式自動回報監視（ADS-B）接收器〕；其三是「玉山衛星」〔由騰暉等公司研製，酬載是自動識別系統（AIS）和自動封包回報系統（APRS）接收器〕（溫蓓章，2021）。 4. 太空中心分別與成功大學合作研製「中氣層—電離層電漿複合探測儀」（Mesosphere and Ionosphere Plasma Exploration compleX, MIPEX），與中央大學合作研發「電離層閃爍儀」（Ionosphere Scintillation Package, ISP）。發展具前瞻型混合式探空火箭，藉此培育大學太空科學人才，深化太空載具學習領域。

肆　盧森堡太空產業發展對臺灣教育的啟示

盧森堡經濟發展以鋼鐵業起家，長期以金融服務著稱，可以窺見政府致力於推動產業轉型，現今為維持其競爭優勢，盧森堡除與時俱進，推動數位金融產業創新，例如：達成歐盟第一個授權比特幣交易國，也首推安全區塊鏈基金交易等。本文特別瞭望盧森堡的太空產業進化，對比臺灣太空產業的努力，關注一個國家不自宥於現有經濟的成就，為了立足現在，贏在未來，如何保有既有優勢，審時度勢，抓住時

代流變的機遇，積極在產業與教育上布局創新。其次，從高等教育的學術借鏡與產學合作，從觀摩獨特的語言學習環境，營造臺灣實驗的取徑，將STEAM精神融入各個教育年段與社會層面，反思太空教育於本土十二年國教課程的可行作為，探尋青年就業與國家經濟復甦出路。以下僅從幾個面向，歸納淺探，供關懷臺灣產業轉型升級，關心影響教育走向的人士共同努力：

一、精緻布局的產學合作，可為臺灣高等教育注入活水

市場上依質量區分為小衛星和立方體衛星，小型衛星的運用上，臺盧皆很重視。盧森堡太空產業著重配備了最先進的傳感器技術，以利操控機器人行星採礦、衛星組合搬運等。盧森堡大學除了理工的應用知識外，亦重視學生的創業能力與商業經營知識。就以盧森堡大學產學合作的企劃案之一為例，即利用無重力實驗室中的開發和測試，模擬主動空間碎片清除場景，達成高速視覺計算機部署於實際太空（Szücs, F., 2018），大學研究項目所需經費不貲，需要更多的私營部門投資才能取得成功，而跨國公司如Planetary Resources等，有興趣開發具有商業可行性的近地小行星，這就有了產學合作的空間。因此相關碩士學位的畢業生創業，政府與校方提供所需的商業、金融和法律方面知識與諮詢，除了大學端技術轉移外，在盧森堡走這條職業道路的學生，還可以獲得當地產業加速器、創業中心和創業孵化器提供的支持。政府有計畫的輔導，統合資源和鏈接的支持，完善的校企合作正是臺灣可以效法之處。

從臺灣務實的商業經營角度言，由於低軌衛星繞行速度快，可大幅增加衛星的工作效率，因此，開發可回收的小型衛星及其運載火箭，是一主要方向。雖然得克服太空碎片殘留物的撞擊風險，但也可能帶來一些新機遇，如：衛星網路連接，就比鋪設數百萬英里的光纖便宜，非常適合為山地和偏遠地區提供網路通訊。而中央、成大等學界，長期耕耘出不同用途、頻率、軌道的小型衛星，在地球觀測、遙測、通訊、測繪、導航、氣象、商業等多型態領域，被廣泛運用。晚近，有著龐大國際客戶和合作夥伴的盧森堡ODYSSEUS公司，就與成功大學合作，憑

藉其國際專家團隊，專門投資近地立方體衛星，成功的校企合作在臺盧兩個太空市場之間，扮演著活躍橋梁角色。精緻的導入國際創投，活化產學合作，善用低成本、多功能結構、採模組化組裝等原則，一定能讓臺灣太空產業優勢最大化。

二、多語化教育政策取徑，可豐富國際化學習的觸角

　　盧森堡面積雖小且缺乏天然資源，但擁有國際化學習的環境與動力，使其在歐盟中占有重要地位。為培養學生國際移動力，盧森堡大學規定所有學生於修業期間，須至國外的高等教育機構進行長約一學期的異地學習。原本地理環境已促成盧森堡的語言和文化多樣性，為解亟需大量產業人才的燃眉之急，長期靠教育慢慢培養，也得敞開大門迎接國際性勞動力。盧森堡提供了一系列特殊居留許可，為來自世界各地太空產業新創公司與研發人力，提供安全友善的好環境，透過吸引國際人才外，盧森堡逐漸將學術界、研究界和商業界串聯起來，建立快速流通彼此支援的管道，以留下蓬勃發展的太空產業所需的專業知識和技能。來自不同國家的大量移民，雖可幫助繁榮盧森堡的產業，但作為永續發展實踐的國度，成功的多語化教育政策（盧森堡官方語言為法語、德語、盧森堡語），是新興產業落地的關鍵推手（De Korne, H., 2012）。多元語言政策造就盧森堡國民的競爭能力，讓其他如數位金融、智慧城市等領域更加活絡，也獲得多元化的資源整合。盧森堡的公立學校——從2年義務學前班（4-5歲）開始，重點是盧森堡語（混合法語與德語），孩子們從6歲開始讀寫德語，大約小學二年級（7-8歲）開始學習法語。而新移民的加入，讓許多擁有盧森堡公民身分的學生，除了盧森堡語外，在家中也陶融其他語言和文化。教育當局為新移民的青少年，設計許多創新的教學方法，例如：為了加速融合，盧森堡教育部鼓勵採行所謂的全納式課堂（class d'insertion），即適用已經精通法語，但對德語知之甚少或一無所知的學生，3年強化德語課程，所有其他科目均以法語授課，在中期將學生融入盧森堡語或法語課程。這些包容性、沉浸式的課室環境，解決了教室中現有的語言多樣性問題，為所有中學青少年提供了進入高等教育水平的機會。此外，盧森堡的教

育體系中，古典中學教育（classical secondary education）是爲那些數學、德語和法語水準非常好的學生保留的。然而，對於學術水準很高但沒有完全掌握兩種語言的學生，16至18歲的職前培訓，仍有許多證照可供選擇，如：國際文憑（International Baccalaureate）、專業能力證書（certificat de capacité professionalnelle-CCP）或普通中學畢業文憑（diplôme de fin d'études secondaires générales），重點是包容性的多語教育不會埋沒孩子的教育機會。

近年來，臺灣苦於疫情，多採線上取代海外交流的機會，如何讓學生提早接觸強化語言活用即戰力，實爲一大需要突破的課題。我們推展雙語教育政策，打造雙語化環境、多元文化教育、姊妹校簽訂、鼓勵結合民間社團力量，推廣國際交換學生、都會型實驗高中與英美大學建立雙聯學制，蔚爲風潮，但受限於疫情時緊時鬆，升學主義仍爲家長與學子心頭罣礙，爲讓學習與國際接軌，盧森堡的多語教學制度，利於產業聚落形成與人才吸納，更能推進文化理解的擴展，或可漸進式地成爲眾多實驗教育的一環。

三、多樣化的STEAM學習活動，豐富太空教育的風貌

歐洲太空教育資源辦公室（ESERO）作爲歐洲航太署（ESA）教育計畫的一部分。ESERO爲盧森堡教師提供材料和課程項目，鼓勵中小學生對科學、技術、工程和數學（STEM）及相關職業培養進一步認知和興趣，ESA教育計畫目前針對從中學到大學的年輕人的教育，透過豐富的活動組合，旨在提高年輕人的STEAM素養、技能和能力（ESERO Luxemburg, n.d.）。盧森堡中小學教師培訓是這些太空及天文活動的支柱，ESERO所提供課堂材料、跨學科學校項目都是免費的，而教師培訓活動被官方認證，是教師專業發展資歷的一部分。爲了搭配太空教育的探索，ESERO Luxembourg歐洲太空署每年都會爲中小學學生組織及其教師參加的比賽，提供一系列涉及科學和技術的互動展示、遊戲和表演，基於鼓勵科學教育，盧森堡各級學校的團體，皆享受免費入場。

臺灣的科學博物館、科學工藝館、科學天文館等教育部所屬館所，

一直以來皆有太空展演的點狀的活動，倘若可以規劃不同太空主題學習專區，將大學航太科系與衛星設計與組裝、火箭基地發射升空、月球探險、太空育種、宇宙遙測等題材，採系列常設展，定能嘉惠太空科學教育的普及。當只能發生在大學或研究所的情景，移植到科教館所的太空創客實驗室就可以模擬操作，會有多麼的啟發兒童與青少年的學習情懷。而臺灣高等教育如能在北中南東，不同區域資源共享，普設航太STEAM的通識課程，配合校內衛星測控站的運行，學生們在教室裡就可以學習觀察軌道高度、實測經緯度、參與模擬發射等專業資料。而中學生配合多元自主學習計畫與學習歷程檔案製作，仿歐美在大學設置太空學院，能選修榮譽大學預科課程。順利修習結業的學生被大學授予先修證書，其後助益於申請國內外大學太空學程。大學則攜手高中端，可成立航太學術社團，透過討論實作探究，與航太愛好者碰撞思想的火花。以太空探索為主題，提供虛擬情境，採沉浸式與激勵式體驗學習，讓學生在體制教育之外，有另一種學習的方式作為輔助，激發探索浩瀚宇宙，驅動好奇與想像，鬆綁慣性思維，燃起太空科學學習的豪情壯志。進而太空中心邀集業界，鼓勵學生以團隊方式，進行太空創業企劃發想，擇優評選，撥款贊助，讓大學生跨域多元學習，學以致用，累積成為一道亮麗的太空產業風景線。

四、相關核心產業的深耕並進，能成為太空經濟與教育創新的墊腳石

　　眾所周知，盧森堡的金融產業執世界之牛耳。金融科技革命讓多樣化的服務成為可能，以盧森堡國家金融科技平台（Luxembourg House of Financial Technology）的運作為例，LHoFT基金會為一公私協力之國家金融科技平台，旨在促進客戶為中心的創新，並開發金融服務未來的解決方案（Faid, N., 2016）。此平台旗下會員可分成八大類別：支付技術、AI大數據、保險從業、資安認證技術、基金投資、區塊鏈、學術研究界、監管和公共機構。換言之，LHoFT為盧森堡創造一金融科技生態圈，合作夥伴中也不乏私營跨國企業入列，如：德意志交易所集團、法國興業銀行等，當然也納入國內社會學研合作夥伴，如：盧森堡商會、盧森堡市和盧森堡大學。其中加密貨幣因流行於金融領域，是

去中心化的區塊鏈技術應用，但盧森堡人將區塊鏈技術應用至太空產業，尤其在太空開採期間，追蹤資源或管理大型太空建設專案，甚至儲存與驗證資料。這正是把數位金融能力，轉化為太空產業探勘的學習遷移。

　　臺灣部分高中職的多元選修的課程，邀請大學資管相關系所協助開課，在虛擬貨幣發行，建立智慧合約等課程中供學生演練，引導學生習得區塊鏈應用。如：南部的中山大學、中部的彰化師大與北部的輔仁大學都規劃，適於高中職學生先修學習的相關之電商金融科技大學先修課程（Advanced Placement, AP），以助於在高中職時即早發掘具數位潛力之金融科技跨域人才。十二年國教課綱中鼓勵自主學習，如果高中端能超越升學主義的思維，學生落實探索自己的興趣，呈現屬於青少年自我期許的學習歷程檔案，則多元自發的精神就容易水到渠成，這樣的實例還在增加：中山大學物理系教師，到地緣接近的高師大附中，師生共同探索手機筆電消費性電子的神奇世界；臺北科技大學協助新北市瑞芳高工製圖科與餐飲科等，結合當地礦業文化，協作「三創山坊生活學園加速器計畫」；迥異於國土總面積與人口少而集中的盧森堡，臺灣為了關照偏鄉資源不足，台灣科技大學、虎尾科大等技職高校，投入精進技職教育課程小組，到農村偏鄉學校支援師資，導入無人機教學，協助推動多元選修等課程，其中最南端由屏東科技大學為核心基地，攜手關山商工、成功商水等高中職，以策略聯盟方式照顧到個別學生的需求。這些教育的努力，促進相關核心產業的榮景，再回頭滋養即將到來的太空產業鏈。

五、更多樣化的線上學習，助益普及太空科技學習

　　ESRIC猶如一個知識共享平台，不僅提供了太空研究方面有價值的參考，從商業的視角看，它也吸引世界投資者有興趣的商機，受惠者應該是對太空或天文觀測有興趣的廣大學子。不只適用於太空資源領域，盧森堡也將商業願景與科學願景聯繫起來，轉換運用到其他研究領域。眾所周知的哥白尼計畫（Copernicus Programme），以大數據作為基底的安全監測計畫，由歐洲太空署協調七顆哨兵衛星在軌道上，透過

傳感器與數值模型，免費開放地提供諸多太空數據（Jutz, S., & Mila-gro-Pérez, M. P., 2020）。自2020年新冠疫情蔓延，盧森堡大學宣布推出第二版哥白尼線上課程MOOCs（Massive Open Online Courses）：經由免費培訓，促使參與者了解，如何使用哥白尼數據和服務，來應對環境丕變的挑戰並創造商機（Zhongming, Z., Linong, L., Xiaona, Y., Wangqiang, Z., & Wei, L., 2021）。其內容極具實用性，如：「從太空監測海洋」，主要是關於衛星在海洋監測中的作用；「如何監測大氣成分」，主要是關於使用衛星、現場數據和模型進行大氣監測；新版的線上數位課程，教導學員如何善用太空數據來支持「以證據為導向」的公共政策，藉此充分善用有限地球資源並開拓新市場。例如：在交通、能源、物流、汙染控制、城市治理、土地利用或農業等多個領域提供服務。

臺灣的中央大學建置了衛星影像開放資料服務平台，2021年曾開設以高中（職）、國中、國小現職教師為對象，單日「衛星遙測基礎應用教育推廣工作坊」，旨在培養衛星遙測種子教師，設計創新探索的課程，也對大專校院大學部中，對於遙測科技有興趣學生，開辦「大學生遙測科技菁英暑期培育班」；又如，2022年成功大學理學院設計模組化課程，提供寒假高中生先修。展望未來，除了學校與科教館、天文館等科普教育機構，或可辦理探究與實作型的培訓，安排學習晉級，甚至通過評量者，給予學習證書，都是結合素養教育，促進太空教育更普及的方式。

六、創新永續的產業發展環境，需要教育活力的生態系統

盧森堡政府為了吸引外資，努力改良稅制，採行虛擬利息抵扣稅，弭除企業因貸款融資所面對稅賦差異，擴大智慧財產權等手段，極力營造友善的投資好環境。觀察盧森堡經濟部所屬的太空署運作，有幾個問題牽動到產業生態，是值得研究者關注的：盧森堡創新局（Luxin-novation）與盧森堡國家研究基金FNR（Luxembourg National Research Fund）投入點火，盧森堡大學與研究機構與圖書館等作為知識引擎（Reher, I. S., Jakobs, T., & Jägerhorn, M., 2022），透過有吸引力的投

資條例與靈活的商業框架，本研究追蹤了哪些跨國企業投資了盧森堡太空產業？哪些企業贏得盧森堡的太空市場？投資者較青睞哪些盧森堡新創公司？在太空產業生態系統中有哪些促進投入與產出的驅動因素？盧森堡如何營造現在創新和未來永續的環境氛圍？整體太空產業兼顧動態變革與環境保護，而教育是無所不在的運轉力！研究者整理繪製了「盧森堡太空產業永續創新雙循環圖」，以實際運作為模板，簡要的描述如下：

圖2
盧森堡太空產業永續創新雙循環圖（研究者自行繪製）

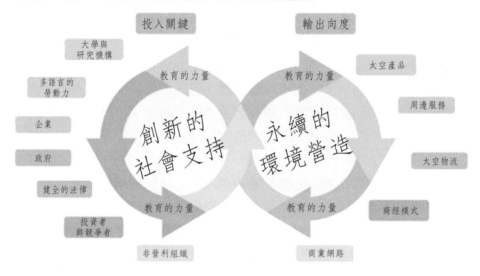

由圖2可知，創新與永續常常無法得兼，但盧森堡人重視社會支持與環境永續兩大生態，維繫著雙循環的則仰賴教育推動的力量；圖左側是「投入關鍵」，包含：學研機構、政府、企業、多語言的優質勞動力、保障投資者的健全法律、NGO社群協助引導社會創新，可謂蓄積已久，量能具足；至於圖右側是「產出向度」，則可以見諸多樣化的太空產品、成熟的太空運送物流、系統化的周邊服務、國際化的商業網絡、創新的太空產業經營模式。以供應鏈管理視角來看，社會和環境績效是撐起太空產業經濟成長的基礎指標，假設知識增長是創新的推動

力，製造、來源、交付、零售等，構成供應鏈管理的累積知識；另一端產品、流程、組織結構和商業模式，反映了眾多不同類型的創新，有利於社會持續發展。反觀臺灣衛星產業鏈概況，從其本體製造（天線、太陽能、精密金屬材料）、地面設備配套（小口徑衛星通信終端、全球定位系統）、發射載體（火箭引擎、火箭本體、發射場建置）、衛星服務應用（電信、氣象、衛星遙測），一條龍式的產業鏈，包含上游的零組件供應、中游的火箭發射服務商，以及下游的衛星應用，只要通過測試，取得相關國際履歷認證，就能打開國際市場。太空產業鏈非只著眼衛星發射單一端，事實上是聚集由許多周邊科技應用產業打下深厚基礎。舉例而言，Civil Maps是發展出一套精密3D地圖繪製與定位解決方案的盧森堡新創公司，其專利和自動化技術，處理自駕車輛設計路線之絕對精度可達15cm至20cm，相對精度更達1cm至5cm，Civil Maps匹配了自動駕駛汽車的高級導航需求。盧商來臺，自然關注臺灣在「智慧行動」產業上的優勢，小至Gogoro電動機車移動共享服務（GoShare）、大至鴻海精密的電動車開放平台系統，甚至看上臺灣強項半導體技術，台積電代工的特斯拉Model S和X的車載儀表系統與影音系統晶片等。跨國的廠商都可以在臺灣找到合作夥伴，只要臺灣保持教育活力的生態，源源不斷的永續創新，就能成為國際科技產業的重要供應鏈。

七、透過法規增修與城市治理合作，提供完善的太空教育接軌產業

1967年聯合國制定的外太空條約，是往後歐美國家制定太空法的重要基石，盧森堡政府對「外星資源探勘與使用」持有高度興趣，歸納其太空勘探和開採礦產資源的立法進程，不外基於商用與科研的兩大主軸，非常值得臺灣借鏡。依據臺灣《太空發展法》（太空發展法，2021）倘能登陸遙遠的小行星，透過地質採樣，找到成功的商業新模式。然而通過《行政法人國家太空中心設置條例》其中「第三條第八款：培育太空科技人才及推廣太空科學普及教育」，明文顯示被賦予更多協助人才培育等太空事務，惜迄今未見其細部的具體辦法，相信假以時日的擴大參與，可以帶來欣欣向榮的太空教育。

以地方政府發展太空產業與太空教育為例，桃園市可謂得天獨厚

的先行者。桃園市作為強大的工業都市，擁有精密機械、工業電子核心，再加上市府積極推動的航空城計畫。真積力久則入，當專長、經驗及能量，投入時間，自然形成產業聚落。此外，位於桃園中壢區中央大學以擁有太空科學與工程學系著稱，校內就有衛星地面站及太空遙測研究中心，整合城市與大學資源共同規劃，扣緊航太議題熱潮，搭配相關課程引導，若在桃園市建立臺灣一個太空探索、科普教育的專才培育的示範基地，對於太空科技教育，肯定是意義非凡的里程碑。

八、臺盧應增加更多交流與學習，產學研並進共創美好未來

盧森堡一直致力於推動智慧國家，並鼓勵國際新創企業到盧森堡設立據點，過去臺灣的電子、塑膠、印刷等傳統企業早已前往盧森堡投資，而近年來，臺灣推動新創與數位產業的發展也如火如荼，與盧森堡有很大的合作空間，展望未來，雙方可從再生能源、智慧城市、太空科技產業等領域上，進行更緊密之交流，並且透過相互學習，讓雙方關係更上層樓。由國際經貿合作協會所辦理之「臺盧經濟合作會議」，是目前臺灣與盧森堡間重要民間經貿活動之一，透過雙邊會議，2020年「資安與金融科技」為其會議主題，旨在幫助臺灣廠商，加大開拓國際市場商機，國貿局協助雙邊媒合；2021年即便是新冠疫情期間，「智慧移動」（交通、車聯網、自動駕駛、多模式運輸、共乘及綠色運輸）就是臺盧互動的商洽議題熱區。盧森堡注重資料導向之交通經濟是強項，係由車載資通訊和數位基礎建設（包括雲端、物聯網等），以及交通服務端之營運、資安管理所組成。

根據SpaceResources.lu倡議的目標，綜整其太空資源戰略，2019年秋季，盧森堡大學啟動了一項為期2年的跨學科太空碩士（Interdisciplinary Space Master）課程。不只教授太空產業所需的工程技能，也強調管理太空產業相關的商業知識。

回頭盤點臺灣，2019年國研院太空中心亦與台灣聯合大學系統，合開「太空科技與工程」學程（Space Technology and Engineering Program），課程內容涵蓋：必修學分如「衛星科技與工程導論」，選修「專題研究」需先選修「太空科學實作與應用」等偏向機械電機系統遙

測，各校亦有差異化的學習，中央大學獨有「軌道運動學」，清華大學的「量子光學」，陽明交通大學「光纖通訊」，部分課程請業界專家參與，縮短學用落差，疫情期間部分課程容許跨校修課者，使用同步遠距教學系統。而南臺灣的成功大學也整合了航太、機械、天文、電機等系所，推出「太空科學與工程學分學程」，透過這些安排，無非就是希望結合國內學術界的理論與太空中心的實務經驗，系統性地培育我國下一代太空科技人才，成為未來太空科技產業發展的生力軍。

伍　結語

　　本研究關注一個前瞻的新興產業，如何帶動國家整體經貿發展，如何開拓學術的教育量能，盧森堡與臺灣都走在自己努力的軌道上，皆有其各自精彩。研究者闡述盧森堡的奮進：一方面營造國家有吸引力的生態系統，二方面積極培育太空產業所需技能的人才。縱向來看，從國民教育至高等教育年段，橫向觀察，從多語文教育到科普創造力課程。如何細心培育太空產業鏈的人才庫，尤其是航太工程、數位研究和AI商業方面的能力；如何維繫社會環境永續的氛圍，讓產官學研攜手共進，為國際化的學習找到支撐，為學術跨域整合找到平台，為科研商轉找到源源不斷的動力引擎，皆是他山砥礪，更讓吾人反思勵進！本研究聚焦臺灣太空產業發展的機遇與挑戰，查考諸多高教產學合作交流樣態，取徑盧森堡銳意經營，更開放的生態系統支援，更多公眾參與的科學知識平台，更國際化的語言與文化學習。確信中興以人才為本，當我們思索臺灣產業新局，圖謀未來活絡年輕人發展的多方出路，教育工作的方向微調，教育資源的配置與重整，此其時也！

參考文獻

(一) 中文部分

太空發展法（2021）。全國法規資料庫https://law.moj.gov.tw/LawClass/LawAll. aspx?pcode=H0160078 6/6/2022

立法院（2021）。立法院議案關係文書院總第1021號委員提案第25896號，103-110 頁。

林俊良、余憲政、劉小菁、張莉雪、張立雨、李彥玲、李品儀（2019）。福衛五號影像與國土利用判識。國土及公共治理季刊，**7**(2)，60-69。

張桂祥（2014）。遙測衛星。航測及遙測學刊，**18**(1)。

國家太空中心（1991）。國家實驗研究院https://www.nspo.narl.org.tw/about. php?c=201900001&ln=zh_TW 5/6/2022

許紘瑋（2015）。造火箭！飛上太空去！！國立成功大學校刊，第251期。

溫蓓章（2021）。一起上太空：太空衛星產業的潛力成長部門。經濟前瞻，**194**，67-73。

廖立文（2018）。試論台灣在新國際太空賽局與全球太空複合治理體系中的定位與挑戰。臺灣國際研究季刊，**14**(2)，149-172。

蔡在宗（2009）。福爾摩沙衛星二號在防救災應用上之回顧。國研科技，**23**，53-60。

謝宜庭（2021）。簡析我國太空法規立法動態——以太空發展法草案為焦點。科技法律透析，**33**(5)，7-13。

(二) 英文部分

Abdu, T. S., Kisseleff, S., Lei, L., Lagunas, E., Joel, G., & Chatzinotas, S. (2022). *A Deep Learning Based Acceleration of Complex Satellite Resource Management Problem. In 2022 30th European Signal Processing Conference (EUSIPCO)* (pp. 1092-1096). IEEE.

Alexander, S., & Bloomberg, R. (2014). *ERAWATCH Country Reports 2012: Luxembourg* (No. JRC83902). Joint Research Centre (Seville site).

Bergstresser, J. (2021). To Boldly Go: An Analysis of Luxembourg Space Resources Law in Light of the EU Treaty. *Business Law Review*, *42*(3).

Binsfeld, N., Pugalis, L., & Whalley, J. (2015). *ICT ecosystems in small countries: an analysis of Luxembourg.*

Binsfeld, N., & Whalley, J. (2019). *Innovation ecosystems in small countries-The case of Luxembourg.*

Bockel, J. M. (2018). *The future of the space industry.* Brussels, Belgium: NATO Parliamentary Assembly.

Bradford, K. J. (2018). *A model for space sector growth: A Luxembourg case study.*

Chernykh, I., & Gugunskiy, D. (2022). Space Resource Utilization as Sustainable Economic Growth Perspectives: Legal Aspects. In *New Technology for Inclusive and Sustainable Growth* (pp. 165-176). Springer, Singapore.

Danescu, E., Clément, F., & Golini, S. (2021). Luxembourg: from steel to the knowledge economy and beyond.

De Korne, H. (2012). Towards new ideologies and pedagogies of multilingualism: Innovations in interdisciplinary language education in Luxembourg. *Language and Education*, *26*(6), 479-500.

ESERO Luxemburg (n.d.). *Projets scolaires.* Retrieved February 23, 2022, from https://www.esero.lu/projets-scolaires/

Faid, N. (2016). Luxembourg, a Future FinTech Hub?. *The FinTech Book: The Financial Technology Handbook for Investors, Entrepreneurs and Visionaries*, 51-52.

Feider, M., Levine, T., & Graas, J. (2017). Luxembourg Space Resources Act: Paving the legal road to space. Retrieved December 16, 2022, from https://www.allenovery.com/en-gb/global/news-and-insights/publications/luxembourg-space-resources-act-paving-the-legal-road-to-space

Golston, Daniel, and Ben Baseley-Wakler. (2015). The Realities of Middle Power Space Reliance. Geneva: UNIDIR.

Hansen, K., Mulhall, D., Zils, M., Koch, T., Lusceure, L., Saffnauer, S., & Braungart, M. (2014). Luxembourg as a knowledge capital and testing ground for the circular economy. *National Roadmap for Positive Impacts. Tradition, Transition, Transformation.*

Hauschildt, H., Elia, C., Moeller, H. L., & Schmitt, D. (2017, November). ScyLight—ESA's secure and laser communication technology framework for SatCom. In *2017 IEEE International Conference on Space Optical Systems and Applications (ICSOS)* (pp. 250-254). IEEE.

Hofmann, M. (2021). Entered into Force: The 2020 Space Law of Luxembourg. *Air and Space Law, 46*(4-5), 58.

Insa gülzow. (2021, May 5). *Digitale Führungskräfte Der Zukunft Ausbilden.* https://www. Techschool.Lu/. https://science.lu/de/aufbauen-lernen-wachsen/digitale-fuehrungsk-raefte-der-zukunft-ausbilden

Grand Duchy of Luxembourg Trade and Investment Office Taipei (n.d.). newsletters. Retrieved February 14, 2022, from https://newsletters.i-net.lu/data/newsletter/online/september-2021-999.html

Interdisciplinary Centre for Security, Reliability and Trust-Annual Report (2021). University of Luxembourg, Interdisciplinary Centre for Security, Reliability and Trust (SnT)

Jutz, S., & Milagro-Pérez, M. P. (2020). Copernicus: the European Earth Observation programme. *Revista de Teledetección*, (56), V-XI.

Kot, S. M., & Paradowski, P. R. (2022). The atlas of inequality aversion: theory and empirical evidence on 55 countries from the Luxembourg Income Study database. *Equilibrium. Quarterly Journal of Economics and Economic Policy, 17*(2), 261-316.

Lenz, T., Backes, S., Ugen, S., & Fischbach, A. (2022). Ready for the future?-The third Education Report for Luxembourg (Supplement).

Leterre, G. (2017). Providing a legal framework for sustainable space mining activities. University of Luxembourg.

Link, M., & Lamboray, B. (2021). European Space Resources Innovation Centre-ESRIC. In *ASCEND 2021* (p. 4012).

Luxembourg Institute of Science and Technology. (2021). Towards a more sustainable, resilient and digital society Annual Report 2021. Retrieved 2022.7.1 from https://www.list.lu/fileadmin/files/corporate_content/Rapports-annuels/2022_BRO_RA2021_LIST_

EN_WithCover_v08_Digital.pdf

Luxembourg. *Science and Public Policy*, *35*(5), 361-371.

Luxembourg space agency. (2022, July 25). Primary and Secondary Education-Luxembourg
Space Agency. https://space-agency.public.lu/en/talent/primary-secondary-education.
html

Meyer, M. B. (2008). The dynamics of science in a small country: the case of Luxembourg
tech school. (2022, July 25). *Discover The Program*. Luxembourg Tech School.
https://www.techschool.lu/program

O'Quinn, C., & Jones, K. (2022). Increased Access to Space with Modularity and Interface
Standards. In *AIAA SCITECH 2022 Forum* (p. 0647).

Paladini, S. (2019). *The New Frontiers of Space*. Springer International Publishing.

Reher, I. S., Jakobs, T., & Jägerhorn, M. (2022). *Luxembourg and the National Infrastruc-
ture.*

Serres, M. (2019). How Luxembourg becomes Europe's commercial space exploration hub.
In *Annales des Mines-Realites industrielles* (Vol. 2019, No. 2, pp. 69-72). FFE.

Sommarribas, A., Petry, R., Coda, N., Rozenberga, Z., & Nienaber, B. (2019). *Migratory
pathways for start-ups and innovative entrepreneurs in the EU and Norway (Country
report Luxembourg)*. EMN Luxembourg.

Szücs, F. (2018). Research subsidies, industry-university cooperation and innovation. *Re-
search Policy*, *47*(7), 1256-1266.

Thoemel, J., Querol, J., Bokal, Z., Merlano Duncan, J. C., Gholamian, M., Kodheli, O., ... &
Ottersten, B. (2021). Proceedings of the 12th European CubeSatSymposium. *Proceed-
ings of the 12th European CubeSatSymposium.*

Yang, W., Zheng, Y., & Li, S. (2021). Application status and prospect of digital twin for on-
orbit spacecraft. *IEEE Access*, *9*, 106489-106500.

Zare, M., Schumann, G., Teferle, N., Giustarini, L., & Hydro, R. S. S. (2021). Introducing
an Innovative Spatial Interpolation Methodology for Precipitation.

Zhongming, Z., Linong, L., Xiaona, Y., Wangqiang, Z., & Wei, L. (2021). OBSERVER:
How to master Copernicus data with online learning tools.

問題與討論

一、科技創新常帶來社會變遷的不安焦慮，教育工作者如何調和矛盾，發揮教育永續發展的力量？

二、從盧森堡的太空產業崛起，回顧臺灣本土是否也有新興產業，能發展成年輕人未來可以耕耘的事業？從生涯輔導觀點，您如何指導孩子在中學生時期做好準備？

三、如果您是學校行政主管，您有哪些活動模式可以融入雙語或多語實驗精神，以培養孩子更有國際移動力？

第二篇
教育理論篇

第九章

臺灣教師專業發展執行現況、省思及建議：以精進計畫爲主軸

顏國樑、楊郡慈

推動教師專業發展應與由下而上的執行需求面整合。甚願教育現場不再是孤軍奮戰的戰場,而成為攜手合作的專業場域。

教師能夠在政策藍圖與職涯發展的建構中,以學習者為中心需求的核心價值,提升教師專業發展的動能與推動執行的成效。

壹 前言

隨著時代的變遷,教育需求面持續擴展,伴隨著因應趨勢發展的變革,臺灣的教育脈絡從教育1.0的經驗化傳承、教育2.0的知識化教導、教育3.0的能力化建立到教育4.0的素養化培養(鄭崇趁,2018),建構以學習者為中心的教育思維,教育改革則從學制面、課程面與教學面逐步有地方自治分權的概念,符應區域差異需求,由九年一貫到十二年國民義務教育、99課綱到108課綱、由教學領導到課程領導再到課程與教學領導,平均以每10年一個循環從上而下由政策面持續推動教育前行。任何教育政策的推動,要達成教育政策的目標,最後都要落實到教學的層面,透過以師生互動為主體的活動來達成,需要素質良好的教師去實施(顏國樑,2014)。教師是教育的第一線直接面對每一波的改革,教師對於政策的了解與面對政策改變時,課程與教學是否能夠緊跟著教育政策成為重要的關鍵因素(Shieh, 2021)。高品質與持續教師專業發展,能影響教師教學知識與技能,進而影響實務,最終反映在學生學習身上(張素真、李俊湖,2014)。因此,隨著對教師在教育改革中地位的重新認識,決策者與領導者對教師角色的期待,逐漸從被動服從的執行者轉向主動積極的參與者(孫志麟,2012),教師在教育改革中扮演的角色也逐漸被看見與重視,1996年教改總諮議報告書始提到多元而卓越的師資培育體系正待建立,並且提到規劃教師專業評鑑制度(行政院教改會,1996),到2006年教育部開始推動「教師專業發展評鑑」,期望能夠針對教師專業進行「形成性評鑑」,協助教師能夠專業成長,歷經10年,在2016年發布《教育部補助辦理教師專業發展實踐方案作業要點》(以下簡稱教專要點),宣布教師專業發展評鑑轉型為由下而上、多元專業發展的「教師專業發展支持系統」,並自

106學年度開始實施，提供教師專業成長需求的實質支持與協助。可見在教育改革當中，教師專業發展是教育政策推動中間重要的一環。本文主要分析2006年以後的教師專業發展情形，以《教育部補助直轄市縣（市）政府精進國民中學及國民小學教師教學專業與課程品質作業要點》（以下簡稱精進計畫）爲主軸，針對推動教師專業發展的整體架構進行彙整分析，從中央、地方政府和學校的角度探討推動執行所遇到的實質性上問題進行省思，並且提出建議。期待從中央教師專業發展政策面計畫系統架構的方式推動教師專業發展，以及從地方層級由下而上的執行需求面整合，實質提升教師專業發展的有效性。

貳　教師專業發展系統發展歷程

臺灣的教師專業發展於2006年發布「教育部補助試辦教師專業發展評鑑實施計畫」，並且在2009年更名爲「教育部補助辦理教師專業發展評鑑實施計畫」爲教師專業發展與評鑑明確的政策執行依據（張新仁，2011）。但是在2016年宣布教師專業發展評鑑轉型爲由下而上、多元專業發展的的「教師專業發展支持系統」，並自106學年度起開始實施，這樣的轉變主要是因爲評鑑制度推動遇到阻礙，再加上回應十二年國教課綱、簡化行政程序與開放教師自主自發提出多元專業發展模式，預期以教師和學校爲本位的成長機制（林思騏，2017；郭姿廷，2019）。

教育部以國民及學前教育署（以下簡稱國教署）和師資培育與藝術教育司（以下簡稱師資藝教司）爲推動教師專業發展的主責單位。師資藝教司爲確保優質而專業的師資素質，於2009年提出《中小學教師素質提升方案》，其中提到教師專業標準以理想教師圖像爲引導，以重視學習個別差異，並關注學習成效爲標的，勾勒以學習者爲中心的理想教師圖像，應具備十大專業知能及態度，作爲引導教師專業化歷程，以及精進各階段教師表現之依據。其中的十大專業知能（教育部，2009）包含：一、具備教育專業知識並掌握重要教育議題。二、具備領域／學科知識及相關教學知能。三、具備課程與教學設計能力。四、善用教學策略進行有效教學。五、運用適切方法進行學習評量。六、發揮班級經

營效能營造支持性學習環境。七、掌握學生差異進行相關輔導。八、善盡教育專業責任。九、致力教師專業成長。十、展現協作與領導能力。並且針對教師專業再進修及進階的規劃包括：一、建構中央、地方、學校教師進修整合體系。二、提升校長及教師專業能力。三、建立多元進修制度。四、建立教師進階制度等，目的在於實現「優質適量」之師資培育政策。

2012年教育部發布《師資培育白皮書》中，針對教師理想圖像、願景的定義是，培育新時代良師以發展高品質教育、核心價值：師道、責任、精緻、永續和師資培育目標提出相關政策內容，並且訂出九大發展策略（教育部，2012）：一、強化選才育才以確保優質專業師資。二、培育特定師資以符應國家社會需求。三、健全實習體制以落實師資培用作為。四、協助初任與偏鄉教師以完善任職環境。五、建立系統化與實踐本位教師在職進修。六、激勵專業教師與推動教師評鑑制度。七、統合組織與資訊以革新師資培育行政。八、支持師資培育之大學以深化師培功能。九、建構教育人員體系以精進學校教育品質。提出教師專業發展策略（如圖1），與教師在職進修系統化架構表（如表1），以「教師專業標準」為本位，考量教師不同生涯發展需求及各教育層級的異質性特典，規劃「課程設計與教學」、「班級經營與輔導」、「研究進修與發展」、「敬業態度與精神」、「學校管裡與領導」、「新興議題與特色」及「實用智能與生活」等七大範疇作為教師在職進修研習的基本架構與藍本。期待以「中央」、「師資培育之大學」、「地方」、「學校」及「專業組織」的分工與資源整合，以達到有效教師在職專業進修的目的。

圖1

推動教師專業發展策略圖

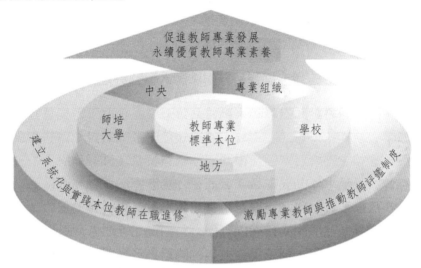

註：教育部師資培育白皮書（頁40），教育部，2012。

表1

教師在職進修系統化架構表

教師生涯發展階段		探索與建立期服務1-3年	轉化期服務10年	成熟期	精進期
教師在職進修研習內涵		課程設計與教學、班級經營與輔導、研究進修與發展、敬業態度與精神、學校管理與領導、新興議題與特色及實用智能與生活			
研習時數	指定	36小時	18小時	18小時	18小時
	增能	18小時	36小時	36小時	36小時
每年合計		至少54小時			
專業發展支持體系	中央層級	教育部（師資培育及藝術教育司）、國家教育研究院、中央課程與教學輔導群、中央課程與教學輔導諮詢教師團隊、學科中心、群科中心			
專業發展支持體系	師資培育之大學層級	師範大學、教育大學、設有教育學院、系、所或師資培育中心之大學			
	地方層級	縣（市）政府教育局（處）、督學室、縣市國教輔導團、縣市教育研發中心、教師研習中心			

教師生涯發展階段	探索與建立期服務1-3年	轉化期服務10年	成熟期	精進期
	學校層級	學校行政單位、課程發展委員會；年級課程發展小組、學習領域課程發展小組、學年教學研究小組、專業學習社群、教學輔導教師；校際聯盟中心		
	專業組織層級	教師專業團體、家長教育團體、校長專業團體、學術團體、文教團體、社會教育機構或法人		
	教師個人			

註：教育部師資培育白皮書（頁42），教育部，2012。

　　2016年2月15日公布國家層級的教師專業標準，以「全球參照、在地統整」為規劃方針，並依循《中華民國師資培育白皮書》揭櫫我國理想教師圖像，據以研發10大教師專業標準與29項教師專業表現指標，包括教育專業、學科教學、教學設計、教學實施、學習評量、班級經營、學生輔導、專業成長、專業則人及協作領導等面向。展現對教師專業知能與態度的期許，並於師資養成及專業發展各階段形塑教師應具備的能力，彰顯教師為專業工作者之專業形象。

　　師資藝教司為推動落實2006年「教育部補助試辦教師專業發展評鑑實施計畫」，刪除試辦，發布「教育部補助辦理教師專業發展評鑑實施計畫」，後於2017修訂為《教育部補助辦理教師專業發展實踐方案作業要點》（以下簡稱教專要點），與國教署《教育部補助辦理精進教學要點》，後於2012年修訂為《教育部補助辦理十二年國民基本教育精進國民中小學教學品質要點》，再於2019年修訂為《教育部補助直轄市縣（市）政府精進國民中學及國民小學教師教學專業與課程品質作業要點》（以下簡稱精進教學要點），透過此二要點整合中央、縣市政府、學校建立系統性的教師專業發展支持系統。綜整教師專業發展的歷程與現況，師資培育的整個發展脈絡中強調系統與資源整合、專業成長與長期有效支持等發展重點，將理想教師圖像和教師專業標準相關定義逐步完成，以目前的系統中，預期目標是能夠經由跨校、跨區域甚至跨縣市的方式，透過不同的專業發展支持體系，執行與推動教師專業發展。

　　然而，教師專業發展的支持系統發展至今，在現有架構推動下，往往會因為從中央到縣市政府的教育政策、校長領導、學校地理位置、學校規模、教師意願與資源差異等因素，造成教師專業發展在面向上與成效上的影響，確實也有一些待解決的問題，黃郁文、張素貞（2016）提到挑戰有六點：一、人事變化快速而不利於計畫理念與後續執行的延續。二、中央諮詢委員與輔導團的運作不易。三、教師增能研習流於形式，成效待評估。四、教師專業社群的效果有待評估。五、計畫實施範圍愈加擴增，不利於計畫核心理想之實踐。六、中央理念與現場實施有落差。黃新民（2019）指出，因為既存的結構限制而無法達成實質的政策效益，因此教師專業發展支持系統面臨的問題包括：講求績效的行政文化，「可計量」、「標準化」、「競爭的」為學校行政工作的主要價值，亦是現今學校「辦學績效」的重要向度；偏重於精進教學技術，教師專業發展易被化約成是學習新的教學知能與技能；需要適切的政策評估等問題。黃美雀（2018）指出教師專業發展支持系統之困境有：技術層面，為僅科內教師自行參與的單科研習，其對跨領域、職群及各科別的整合了解層面深淺，值得進一步思索；時間層面，於教務排課原則的角度，是否有其施行上之困難，值得再研議；空間層面，如何兼顧各科別、職群、類別屬性不同之需求，學校行政所能提供之協助支持自然有其侷限。可見支持系統在推動落實時，因為計畫更迭與趨向複雜造成運作上的挑戰與困難、對於教師專業發展定位、價值、實際執行時造成的偏重教學技術，或是無法跨領域發展，還是支持力不足等問題，都是需要突破的困境。

參　教師專業發展系統彙整與分析

一、法制化教師專業發展系統

　　目前教育部從上而下以法制化的精進計畫要點（包含教育部推動國民中學及國民小學教師教學專業與課程品質之其他配合事項）與教專要點，透過中央補助的方式建立教師專業發展支持系統。此系統的縱向方面，中央以法規和計畫經費補助的角色，地方縣市政府以申請、推

動、與執行的角色，和學校以申請與執行的角度。橫向方面，可以透過跨校、跨區域甚至跨縣市的方式進行。針對所有的教師採自願的方式，以專業學習社群、地方輔導群、國教輔導團與教師增能研習的方式，給予直接或是協助的方式達到精進教學和學生有效學習的達成；初任教師則有薪傳教師輔導諮詢的方式來協助專業發展；而中央則主要辦理專業人才的培訓認證。本文將目前教師專業發展支持系統實際執行情形，整理如下表2：

表2
教師專業發展執行情形

參與教師	專業發展支持系統	執行方式與預期效果	法源／經費來源
自願參加教師	專業學習社群	該校為主。 歷程資料上傳平台，協助發展策略及方向。	教專要點、精進計畫要點
	地方輔導群	可跨校、跨區。 建立專業支持與輔導系統：串聯中央至地方政府輔導體系，建構教師專業發展區域網絡。 中央教專輔導群協助推動系統。	教專要點、精進計畫要點
	國教輔導團	可跨縣市、跨校、跨區。 建立專業支持與輔導系統：串聯中央至地方政府輔導體系，建構教師專業發展區域網絡。	精進計畫要點
自願參加教師／所有教師	教師增能研習	專業成長活動、備觀議課、學習診斷、有效教學等精進教學策略。	精進計畫要點
	教師專業增能	探究與實作、資訊知能（含校長）。	教師教學專業與課程品質之其他配合事項
領域相關研習	領域教師研習	品德教育、生命教育、媒體素養（特定主題／議題）、交通安全融入。	教師教學專業與課程品質之其他配合事項

參與教師	專業發展支持系統	執行方式與預期效果	法源／經費來源
專業人才	培訓認證：初階、進階專業回饋人員、教學輔導教師與講師四類	可跨校。 中央規劃、地方縣市政府辦理、學校推薦與安排結訓後職務。	教專要點、精進計畫要點
初任教師	薪傳教師輔導諮詢	可跨校。	教專要點
	同領域教師備課、觀課、議課	強化初任教師之教學力。	教師教學專業與課程品質之其他配合事項

註：作者整理。

依據精進要點各縣市政府已成立推動小組的方式，透過擬定配合教育政策、課程活化與教學精進推動重點，統整地方政府發展方向、學校特色、教師專業發展需求與學生學習概況。系統架構中，由各校或是各領域以專業學習社群、地方輔導群和國教輔導團的方式按照三年一期的推動計畫進行。

二、政策面與教師專業發展相關計畫

依據教育部當前教育重大政策及教育部112年施政方針，說明政策面與教師專業發展相關計畫（教育部，2022）。

(一) 當前教育的重大政策

當前教育重大政策隨著學生學習隨著時代需求而不斷更新，目前教育部的重大政策除了學校設置太陽能光電球場計畫、充實運動環境與人才培育、青年相關政策、產業人才及技術培育、社教機構優化、新世代反毒策略等，與學校課程息息相關的政策，主要有十二年國民基本教育相關業務、偏鄉數位應用精進計畫、強化智慧學習暨教學計畫、校園5G示範教室與學習載具計畫等，其中十二年國民基本教育相關除了在

前面已經敘明以法制化的架構方式推動外，為因應科技領域、《國家語言發展法》制定後的本土語言等，各領域專長授課需求的教師增能及第二專長培訓；另外針對智慧學習與學習載具計畫，對於教師數位教學能力方面皆辦理教師增能研習。

(二) 雙語政策

為落實2030雙語政策，提升學生英語溝通及應用能力、打造各級教育雙語教學環境、結合終身學習體系、達成普及英語學習與重點培育雙語人才等目標，有高中以下學校運用英語進行多領域學習計畫，包含補助國民中小學沉浸式英語教學特色學校試辦計畫、雙語教學師資培育計畫。

(三) 國際教育

為推動《教育部中小學國際教育白皮書2.0》，推動學校本位國際教育精進計畫內也針對教師國際教育培力和辦理相關社群。

綜觀目前的教師專業發展支持系統，推動層面縱向由上而下建構出主要的發展主軸，和為因應教育發展趨勢在主軸上加入的部分面向建構出整體藍圖。橫向的部分，透過縣市政府和學校進行符合各縣市發展主軸與方向的差異化推動內容，也會因此而擴充或是外加相關需求的執行內容，針對教育政策需求、課程、教學與課程品質、特定主題／議題、初任教師輔導與區域教育發展需求整合。學生為學習者中心的思維由課程需求出發的教師專業發展支持系統。

肆 推動教師專業發展的省思

中央在教師專業發展支持體系中間扮演整合推動的角色，從2007年的「精進教師課堂教學能力實施計畫」開始推動將近15年，總體目的是以建立系統成為教師專業發展的支持，同時具有成效評估的機制，發展至今，精進計畫為主要架構，結合要點與教育政策相關計畫橫向將國教署、師藝司和資科司的相關計畫統合建構推動架構，然後縱向透過縣市政府推動小組連結推動，並且由學校端透過社群、公開觀課、備觀議課等進行執行（如圖2）。

圖2
教師專業發展推動架構

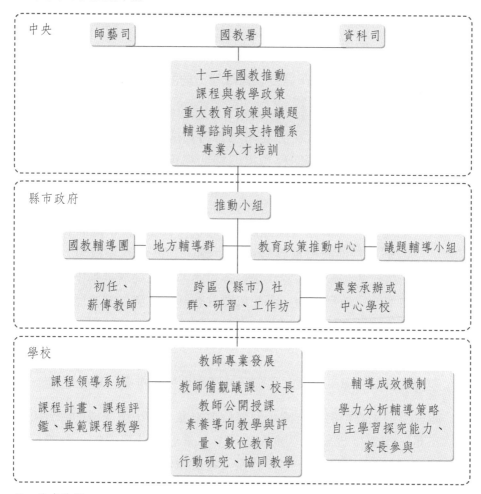

註：作者繪製。

　　現行教師專業發展推動架構中央透過教育政策定錨，並且以經費支持、建立諮詢系統和專業人才培訓系統整合推動為主；地方縣市政府則是透過推動小組將縣市教育需求脈絡及目標化，扮演申請、推動與執行計畫的角色，學校則是透過針對課程領導系統、教師專業發展、輔導成效機制等面向來落實。其中政策議題計畫、社群與各校教師專業發展所

需的部分提出申請並且執行，此外，從校長、主任、組長到教師大部分都必須參與在整個推動架構中。因此，當計畫架構與執行內容不斷擴張的情況下，計畫推動累積性的問題與整併其他計畫的問題需要正視，以下就幾點敘明目前所面臨的問題：

一、中央推動部會獨立運作需要以實際執行角度進行橫向整合

目前因應教育政策、當前重大教育議題與雙語政策等全面性展開與推動的同時，整合國教署、師藝司和資科司成為中央主要推動部會，按照計畫設定目標與相關期程和編列補助經費，但是計畫申請因為經費補助單位不同，中央針對教師專業發展相關計畫的窗口、計畫申請期程、檢核方式皆有所差異，各部會獨立規劃提供補助，缺乏橫向聯繫統合（劉述懿、楊傳蓮、戴遐齡，2020）。對於縣市政府和學校端而言，目前是以精進計畫推動架構為主軸，其他相關課程與教學計畫（如前導學校、活化教學與多元學習計畫等），主要靠推動中心或是學校按照計畫型方式執行推動，因此較難就教師專業發展的整體藍圖具有完整的圖像，學校與地方政府在計畫整合與執行上，往往遇到計畫容易重複或是實質推動不如預期的情況。

二、中央推動教師專業發展計畫需統一時程與持續推動延續性思維

面對少子化的趨勢，全國小型學校愈來愈多，小型學校的師資人力較為不足，穩定度也備受考驗的情況下，當計畫持續增加，計畫期程不一的情況下，申請計畫、執行計畫、繳交報告書、核結經費等行政作業，造成時間與人力上極大的負擔，並且相關計畫因為期程不同，有時也難以整合。此外，非法制性的計畫大多是一年期，所以對於重要的教育政策要持續深耕與長期推動來說，較不穩定，往往造成計畫持續性中斷或是計畫執行團隊人員無法持續參與的困境。

三、中央與地方推動人員穩定度需要強化

從2007年至今都面臨的問題就是中央與地方負責計畫的人員更迭頻繁，造成計畫的延展性與持續推動性不足。而執行人員主要都是學校

行政和具專業與教學熱情的老師，因此不論是國教輔導團、地方輔導群、薪傳教師、重大教育政策計畫負責人……等業務都重複賦予在相關人員上，而且是任務編組，人員借調並未有法律位階的法源依據，這些情形在相關手冊與專書可以得知（張素貞主編，2021；張素貞主編，2022；張素貞、許嘉泉，2021），對於組織與人員無法穩定；雖有減授時數相關規定，但是因為教師本身對於現場執行驗證的需要，往往造成超鐘點的問題與增加持續推動續航力的困難度。

四、教師參與專業發展面臨困境有待改進

　　教師專業發展的本體是教師，在學校主要以教師專業社群和相關專業研習為主，以教師專業社群而言，因為各校在區域和資源上的差異，往往在時間安排、專業性、政策連結性、經費等面向上，缺乏校內外支持與資源，導致「缺乏整體規劃的進修事宜」，以及「教師教學或行政兼職負責過重」此兩項因素影響計畫研習活動的成效甚鉅（黃郁文、張素貞，2016）。教師專業發展受到教師個人因素與學校組織及教育系統的影響，而專業發展活動的規劃及設計也會影響到教師的參與意願（孫志麟，2021），且學校當中的文化以及組織氣氛，也會影響學校對於新課綱推動下，所需要的相關增能活動的迫切感受，以及需求程度，產生不同的影響（阮孝齊，2019），再者，教育人員個人背景變項的不同，可能會對其參加精進教學計畫政策相關活動的實際情形與需求有所影響（范兆斌，2011）。教師要能改變自己的動機、信念、態度和價值，才能發展新的技能（Fullan, 1993），尤其地處偏鄉之學校，因編制規劃與經費、教師員額缺乏及交通不便等因素，在教師專業發展上受到相當的限制，中小學教師工作繁雜、班級經營以及家長溝通耗時，教室孤立文化也不利於專業發展。當國民小學教師專業發展的困境顯現於缺乏自主性與能動性，教師專業發展的歷程更需挹注支持，以促進教師專業成長均衡發展，調適教師工作壓力，並妥善規劃教師專業成長制度（翁福元、廖昌珺，2016）。綜合以上教師個人在家庭與學校工作中需要兼顧的諸多問題都是在推動架構外，實際地方政府或是學校在推動執行時都會遇到的問題，需要謀求因應方式加以改進。

伍 推動教師專業發展的建議

在教師專業發展架構滾動式調整的過程中，精進計畫儼然成為主要核心，歷時十多年，在執行基礎層面尚待有改善的困境，又面臨到推動層面擴展引發的問題，因此本文針對幾個面向與前文論及相關困境與問題提出建議：

一、組織與人員法制化，提升推動計畫人員穩定性與專業發展性

目前地方縣市政府專案人力的培訓和計畫持續性問題待改善，推動計畫以三年為一期，以課程督學為推動的主要人員，往往因為推動人員更換，造成龐大的計畫推動銜接與推動造成延遲或是與預期效應產生落差。因此，建議要從專業人才培育上給予重視和支持，不單是從中央輔導諮詢，與經費支持，更需要有教師專業發展專案推動人力的挹注和相關培訓計畫，以符應教育政策持續性與多元性的發展，同時回應各縣市差異化、個別化的推動內容與目標。在精進計畫執行面，因為重大教育政策、教育議題等相關計畫結合精進計畫辦理，則需要增加專職行政人員編制，將縣市教師專業發展完整性規劃並持續性推動。因此，宜在《國民教育法》增訂條文，讓中央與地方課程與教學輔導團、商借教師、專職行政人員等有法源依據，裨益教師專業發展支持系統的穩定、永續及有效執行。

二、以精進計畫為主軸整合相關計畫，全面推動完整教師專業發展推動藍圖

目前在教師專業發展支持系統中，精進計畫主要針對十二年國教課綱的推動為主軸，其他的教師專業發展內容雖然統整出內容，但是從經費申請到計畫期程卻是教育部各部會獨立作業，使人員的重複性、計畫重疊性和計畫執行人力的消耗都造成計畫成效的影響，雖說政府挹注了大量的補助經費於教師專業發展活動，地方政府除撰寫競爭型計畫申辦，卻也投入了縣市的自籌款於其中，在看似數量如此龐大的經費，辦理了非常多面向的教師專業發展活動，但相關資源整合的情形尚不理想

（林純如、藍偉瑩，2010）。因此建議中央針對教師專業發展相關計畫，應該以目前推動主軸爲主體，進行相關計畫整併，並且訂定統一期程，同時跨部會進行行政統合，讓經費與計畫執行方向、目標能夠明確化，各縣市得以透過完整教師專業發展藍圖系統且完整推動，避免計畫申請與執行虛應形式，始能眞正達到計畫性與系統性教師專業發展。

三、以教育治理觀點規劃與推動教師專業發展支持系統

隨著《地方制度法》與《教育基本法》的公布，整個地方教育文化事業已經成爲地方自治事項的一部分，中央政府的教育權限勢必要有所調整，逐漸轉變爲地方分權（顏國樑，2022）。因此探討地方治理（紀俊臣、邱蓉舉，2018）與教育治理（潘慧玲、王麗雲主編，2022）成爲行政界的重要新興議題。傳統的教育行政運作強調科層體制的管理作爲，面臨無法目前的政府有效運作。地方政府在推動教師專業發展支持系統，除了跳脫科層體制運作的窠臼之外，如何融合運用公民參與、專業領導、市場、網路、資訊治理等運作方式（潘慧玲、王麗雲主編，2022），從管理走向治理，以提升行政運作效能，是我們亟需要努力的課題。

四、建置學校與教師層級專業成長方案自主規劃系統，並建立各縣市地方政府教師進修需求評估機制

各縣市政府可整合教師專業發展支持系統與相關計畫，建置學校層級與教師層級教師專業成長方案自主規劃系統，並建構教師在職進修需求評估指標，以協助教師確認其專業發展方向，評估教師提升專業發展的學習內涵和相關資源，善用需求評估以各職涯階段教師專業發展需求，作爲日後地方層級與學校層級教育主管機關辦理在職進修研習參考依據，進行長期追蹤調查研究。

五、以區合作與專業學習社群推動教師專業發展

區合作理念不僅強調跨校學校合作與對話，也強調與社福、文化、產業形成連結與共識，栽培當地人才，共同支持成功要素，降低人員

異動所導致之運作流於形式、甚至停擺。以區合作推動教師專業成長方式對於促進教師專業成長與提升學生學習成效有積極性的效果（許添明、葉珍玲，2014；彭于蓁，2020；教育部國民及學前教育署，2021）。

此外，教師專業學習社群對教師集體效能感具有正向因果關係與顯著正向影響效果（丁一顧，2011），可以形塑分享合作與對話的優質學校文化、增進教師專業知能、鼓勵教師教學專業實踐知識的分享與創新，以及促進教師增能賦權（張新仁，2011；顏國樑，2021；Mandel& Eiserman, 2016; Roberts & Pruitt, 2009）。學校區域合作與教師專業學習社群應規劃納入專業發展支持系統，協助計畫介面整合、學校統合、跨區協作，以期資源整合、共享合作，才不會造成學校行政人員或是參與教師的額外負擔，讓計畫推動能夠順利。

六、發展教師系統領導思維

以學校為主要執行場域的推動現況，教師展現是一位實務工作專業者，也是一位教師領導能力的展現（顏國樑，2014）。學校領導也從校長領導擴展到教師領導，張德銳（2019）將教師領導定義為「教師依其正式職位或以非正式的方式，在教室內，特別是超越教室之外，貢獻於既是學習者也是領導者的社群，影響他人一同改進教育實務或創新發展，進而提升學生學習的歷程。」蔡進雄（2011）認為，教師領導是透過教師的積極參與、主動付出、彼此互助合作、溝通分享，以及在學校的良好工作環境下，不論是在正式職位或非正式職位，教師能對學生、學校行政人員、同僚、家長及社區等產生積極正面之影響力的歷程。因此，鼓勵教師成為系統領導人，給予系統領導思維的建構，不單單是學校願景的實踐，更是將與教學息息相關的教學教法與課程意識形成協作共享的行動方案，使教師成為教育創新者與課程轉化者，並且鼓勵跨校甚至跨區的推廣。目前這類支持系統主要由國教輔導團執行和分享，建議可以採取領域或是學校推薦（由下而上）結合目前國教輔導團系統（由上而下）重新形成具擴展性、專業性甚至跨領域的推動架構。

七、提供教師專業發展誘因與獎勵制度

對於縣市政府推動計畫所遇到的瓶頸，首先應能規劃符應教師專業發展需求專業課程，並同時界定重要的課程與教學領導人所需的核心專業能力與素養，提供機關獎勵與升遷時的重要參考依據。

其次，除了有教師專業研習時數相關規定外，期待能夠積極透過假日研習補助獎勵措施、偏遠地區教師研習支持與配套、初任教師輔導融入精進計畫和相關教育政策計畫，以統整性方式進行培訓增能、支持區域協作發展，整合行政與教學能量與資源等相關措施，以提高各項計畫參與教師人數和比例。

陸　結論

時代脈動中的教育變革持續加速，以學習者為中心的教育需求呈現級數般上升，因此教師專業發展成為教育政策落實推動最重要的一環。本文彙整了以精進計畫為主軸的教師專業發展推動架構，發現到中央以系統性推動的方向概念性整合相關政策內容與教育議題，透過經費補助的方式藉由縣市地方政府進行推動與執行的過程中有待解決的問題：一、中央推動部會獨立運作需要以實際執行角度進行橫向整合。二、中央推動教師專業發展計畫需統一時程與持續推動延續性思維提升。三、中央與地方推動人員穩定度需要強化。四、教師參與專業發展面臨困境有待改進。這些困境影響教師專業發展整體的推動受限，導致推動成效上無法達到預期的目標。

因此，本文透過相關文獻資料與作者整理出的整合資料，透過以精進計畫為主軸，中央、地方與學校三方縱向、橫向整合推動架構的方式，針對現況的問題與需求提出七點建議：一、組織與人員法制化，提升推動計畫人員穩定性與專業發展性。二、以精進計畫為主軸整合相關計畫，全面推動完整教師專業發展推動藍圖。三、以教育治理觀點規劃與推動教師專業發展支持系統。四、建置學校層級與教師層級教師專業成長方案自主規劃系統，並建立各縣市地方政府教師進修需求評估機制。五、以區合作與專業學習社群推動教師專業發展。六、發展教師系

統領導思維。七、提供教師專業發展誘因與獎勵制度。期待能夠眞實反映出目前所遇到的困境並且找到解決的方法，協助教師能夠在政策藍圖與職涯發展的建構中，以學習者爲中心需求的核心價值，提升教師專業發展的動能與推動執行的成效。

　　甚願教育現場不再是孤軍奮戰的戰場，而成爲攜手合作的專業場域。期待本文的觀點與建議能夠讓教師專業發展從動機、執行與成效都能夠突破現行執行上面遇到的困難，成爲學生素養培育的引導與幫助。

參考文獻

(一) 中文部分

丁一顧（2011）。教師專業學習社群與教師集體效能感關係模式驗證之研究。**屏東教育大學學報──教育類，37**，1-26。

行政院教育改革審議委員會（1996）。**教育改革總諮議報告書**。作者。

阮孝齊（2019）。**精進教學計畫課程協作治理及影響因素之研究（第二年）**。國家教育研究院教育制度及政策研究中心。

紀俊臣、邱蓉舉（2018）。**地方治理的問題與對策：理論與實務分析**。致知學術。

林思騏（2017）。**教師專業發展評鑑之政策變遷探究**（未出版之博士論文）。國立臺中教育大學。

林純如、藍偉瑩（2010）。教師培力與專業支持──教師專業發展的現況與問題。載於**課程協作與實踐第四輯**，173-191。教育部。

范兆斌（2011）。**苗栗縣國民中學精進教學計畫政策執行現況調查之研究**（未出版之碩士論文）。國立新竹教育大學。

洪詠善（2019）。台灣課程改革脈絡中教師專業發的回顧與展望。**教育學報。47**(1)，49-69。

陳美如（2015）。地方政府與學校課程教學協作理念與實踐。**教育研究月刊，252**，48-62。http://doi.org/10.3966/168063602015040252004

黃郁文、張素貞（2016）。精進教學計畫十年：推動、因應與展望。**新竹縣教育研究集刊，16**，13-34。

黃美雀（2018）。教師專業發展支持系統之探究：一位技術型高中教師的觀點。**臺灣教育評論月刊，8**(2)，46-49。

黃新民（2019）。推動教師專業發展支持系統之省思與策略。**臺灣教育評論月刊，8**(2)，15-21。

孫志麟（2018）。失落的環節：教師領導者的培育與發展。**教育研究月刊，293**，87-102。

孫志麟（2022）。證據說了什麼？國民中小學教師專業發展的樣貌。**師資培育與教師專業展期刊。15**(1)，1-27。http://doi.org/10.53106/207136492022041501001

教育部（2009）。中小學教師素質提升方案。https://reurl.cc/m3Dy8V

教育部（2012）。**中華民國師資培育白皮書—— 發揚師道、百年樹**。GPN：1010102149。ISBN:978-986-03-3875-1

教育部（2022）。**當前教育重大政策與年度施政方針**。https://reurl.cc/jGvyjL

教育部國民及學前教育署（2021）。**110-111學年度區合作模式建構計畫推動指引**。國立臺灣師範大學。

許添明、葉珍玲（2014）。偏遠地區——成功專案。**教育人力與資源發展，31**(1)，5-16。

彭于蓁（2020）。**新竹縣濱海五校推動教育行動區之研究**（未出版之碩士論文）。國立清華大學。

張素貞主編（2021）。深化前瞻——**國民教育輔導團的理念與策略**。國立臺灣師範大學。

張素貞主編（2022）。**111學年度教育部辦理直轄市、縣（市）政府推動精進國民中學及國民小學教師教學專業與課程品質計畫工作手冊**。國立臺灣師範大學。

張素眞、李俊湖（2014）。面對國民十二年國民基本教育：精進教學有效學習的教師專業成長方案規畫之研究。**師資培育與教師專業發展期刊，7**(1)，1-22。

張素貞、許嘉泉主編（2021）。**直轄市、縣（市）推動國民中小學課程與教學組織運作案例**。國立臺灣師範大學。

張新仁（2011）。台灣百年來教師專業發展與評鑑之演變。載於方永泉、陳佩英 主

編：百年來教育的回顧與創新（頁202-256）。學富。

張德銳（2019）。從教師領導觀點論研究教師的角色職責與支持系統。**教育行政與評鑑學刊，26**，1-22。

郭姿廷（2019）。**新竹縣國民小學教師專業發展支持系統現況、需求與建議之研究**（未出版之碩士論文）。國立清華大學。

潘慧玲、王麗雲主編（2022）。**教育治理理論與實務**。元照。

劉述懿、楊傳蓮與戴遐齡（2020）。由府際治理與協作關係來看體育課程建構之體系。**運動研究，29**(1)，53-67。

蔡進雄（2011）。教師領導的理論、實踐與省思。**中等教育，62**(2)，8-19。

鄭崇趁（2018）。**教育4.0：新五倫·智慧創客學校**。心理。

顏國樑（2014）。我國中小學教師專業發展評鑑執行成效、挑戰與對策──教育政策運作過程的觀點。**新竹縣教育研究集刊，14**，5-38。http://doi.org/10.6910/BER.200403_(50-1).0006

顏國樑（2021）。教師專業學習社群帶動專業成長的新浪潮。載於顏國樑主編：**教育行政新議題**（頁137-159）。元照。

顏國樑（2022）。**教育法規理論與實務**。元照。

(二) 英文部分

Fullan, M. G. (1993). Why teachers must become change agents. *Educational Leadership*, *50*(6), 1-13.

Mandel, K., & Eiserman, T. (2016). Team teaching in high school. *Educational Leadership*, *January*, 74-78.

Roberts, S. M., & Pruitt, E.Z. (2009). *School as professional learning communities: Collaborative activities and strategies for professional development*. (2nd.). Corwin press.

Shieh, E. (2021). How teachers see policy: School context, teacher inquiry, and policy visibility. *Journal of Education Policy*, 1-23. https://doi.org/10.1080/02680939.2021.1959650

問題與討論

一、目前最需要的教師專業發展支持是什麼？

二、目前各縣市精進計畫推動遇到哪些困境？如何解決？

三、請從教育治理觀點，提出教師專業發展支持系統的作法？

四、請分析教師專業發展教師專業發展的相關研習是否應該採跨領域整合型的方向發展？其優缺點有哪些？

五、請分析教師專業發展與學生基本學科能力兩者之間的關聯性與相關性如何？

六、請說明如何以區域合作與專業學習社群運作方式推動教師專業發展的作法？

第十章

國民小學初任校長導入輔導模式建構之研究

趙秋英、楊振昇

壹　前言

　　校長在促進學校發展具有舉足輕重的地位，面臨教育思潮的演變，教育法令與教育政策與時俱進的推波助瀾，教師專業自主，家長教育選擇，學生意識高漲，都說明校長領導正接受著許多考驗與挑戰（何金針，2000）。學校在追求卓越、提升品質、促進校務優質發展和永續經營上，校長扮演關鍵角色（Campanotta, Simpson, & Newton, 2018）。換言之，培養新世紀具有卓越才華的校長，以掌握教育脈動已迫在眉睫。在民主、多元、開放的教育環境中，只有受過專業訓練，擁有專業知能的校長，才能有智慧地應付時代的變遷以及內外的挑戰。

　　不容諱言地，新校長在校務經營面臨經驗傳承的斷層，得靠自己摸索但常不得其門而入，致使初任校長適應不良，對教育生態造成衝擊屢有所聞。所以Crow和Mathews（1997）指出初任校長正處於工作性質生涯轉換發展的重要階段，應降低其工作困擾與挫折，提升繼續留任的意願。當初任校長經驗不足時，會影響到他們經營校務的信心和效果，甚至是爾後的生涯發展及導致職業生涯的結束。如何讓初任校長獲得應有的支持系統，是校長培育重要的一環。而根據「卡內基基金會」（Carnegie Foundation）的研究發現：校長導入輔導方案乃是提供初任校長生涯發展最有效的培育方式（引自Malone, 2001）；黃旭鈞（2019）研究指出「初任校長導入方案」（The Induction Program for New Principals, IPNP）對第一次擔任校長工作的初任校長給予專業的增能、輔導、協助與支持的在職專業發展很重要。Lovely（2004）指出在傳統的校長培訓中有一些不足之處，新校長在職業生涯中最困難的時期，很難透過從經驗豐富校長的指導過程獲得支持、實踐與體驗；在真正的學校環境中透過這種提供實際的行政支持行為和適用性幫助，最容易克服問題。而校長師徒制的建立對於初任校長在校務經營有很大的幫助（黃居正、吳昌期、蔡明貴，2021）。因此初任校長教育中的「導入」（induction）階段及關注國民小學初任校長對導入輔導的需求十分重要。本研究試圖從理論及實務層面分析國內外關於初任校長輔導

方案等文獻，以「初任校長導入輔導模式之建構」為研究的範圍，希望
了解探究國民小學校長，對導入輔導需求情形的看法以建構出我國初任
校長導入輔導之模式。

貳　文獻探討

以下從初任校長導入輔導基本概念、初任校長對於導入輔導的需
求、初任校長導入輔導的學理與相關理論及國內外初任校長導入方案探
究加以論述。

一、導入輔導的意涵

Villani（2006）曾提出，導入是一個使初任校長適應學校以及其系
統全面化的過程，並且加強初任校長們的相關知能和技巧，使其成為教
育的領導者。Kearney（2010）認為導入輔導是在一對一的互動中，較
資深的教育人員觀察和提供具有建設性的回饋給較資淺者，並讓初任校
長適應這份需要時刻精進的校長工作。茲將初任校長導入輔導的定義歸
納為以下三點：

(一) 是一種使初任校長可以適應並且在學校環境成長及學習的系統
化過程。

(二) 藉由師徒輔導、同儕分享或工作坊課程等得到支持、回饋與援
助，就任校長初期得到完善的輔導以及幫助。

(三) 師傅校長（mentor principal）以及初任校長雙方皆能提升其個
人及生涯上的專業發展，及早順利地步上領導學校的道路，進
而提高學校辦學的績效。

導入輔導的內涵包含哪些呢？根據Daresh與Plkyao（1992）、Sa-
mier（2000）、Weingartner（2001）、丁一顧和張德銳（2002）等人
研究認為導入輔導的內涵可包括導入輔導目的、師傅教導、導入輔導措
施、導入輔導時程、導入輔導方式、導入輔導課程實施方式、導入輔導
優點、導入輔導限制與導入輔導評鑑等。

二、導入輔導需求的意涵

初任校長在面臨教育環境快速改變衝擊的挑戰，在學校經營與管理實務工作時，必須因應挑戰而自覺深感專業能力不足會產生導入輔導的需求。

陳木金、楊念湘、王志翔、管意璇（2010）在校長培育實務及研究成果列出初任校長五大校務經營需求：(1)蒐集及了解學校資料，作為研擬校務經營準則；拜訪關鍵人物進行資源整合運用。(2)策劃交接典禮及就任演說準備；善用單位簡報、書面記錄、私下建言作為會議決策的依據。(3)以校長角色推動校務包含制訂發展願景、校務要項及學習成效；並能體察同仁需求、擴充學校公關。(4)繼往開來推動傳統更新與方案改革；面對組織成員妥處獎懲、控案及申訴化解衝突。(5)體察個人發展需求及工作意義；維持家庭工作平衡；參與專業團體以獲取社會支持生涯發展。

以上所述發現初任校長最迫切的需求都是面對學校經營與管理實務工作時，面臨教育環境快速改變衝擊的挑戰，必須因應挑戰而自覺深感專業能力不足會產生導入輔導的需求。經歸納重新定義初任校長導入輔導需求為初任校長在經營學校過程中，對教育專業、學校行政實務與個人發展因應挑戰的過程中所產生的需求，其內涵分為「校務發展」、「校長就任」、「行政管理」、「人際關係」、「生涯發展」等五大類。

三、初任校長導入方案的學理基礎

初任校長導入的最佳方式是滿足校長在不同發展階段的需要。Van Maanen和Schein（1979）提出，「專業社會化」（Professional Socialization Hierarchy, PSH）的概念，描述成為該專業領域的一分子必須學習並發展該領域所需的專業知能、態度、道德、理想等的歷程後始具有該行業的身分。Parkay（1992）等人將專業社會化分成五個層次如下：

(一) 專業社會化階段1：生存（survival）
進入學校環境中的初任校長，體會到個人專業的不安全感常常很

高，校長可能會感到不知所措。他們遇到挫折，無能爲力和專業上的不足。

(二) 專業社會化階段2：控制（control）

主要關注的是確定事項優先順序和情況的掌握。現階段的校長不斷擔心失去控制，更多依賴於賦予校長角色的權力，而不是依賴於自身的專長力量。

(三) 專業社會化階段3：穩定性（stability）

挫折變得常規化，與管理有關的任務得到有效地處理。接受現狀，承擔回應與角色有關的責任和使命。

(四) 專業社會化階段4：教育領導（educational leadership）

領導者主要關注課程和教學及期待所使用的改變戰略能獲得長期成功。

(五) 專業社會化階段5：專業實踐（professional actualization）

領導者肯定自身角色的專業以及發展，並專注於實現個人的願景，展現對教師對學校的尊重；認爲教師他們眞正有權力，能和諧地合作，改善學校。

校長關注學校事務的內容，根據圖1所表示的模式演變，每個階段的特徵表示校長所表現的行爲。除了圖形中描述的五個階段之外，兩個主題還涵蓋了初任校長頭幾年會發生的根本變化。第一，位階權力慢慢的移動轉向個人權力（見圖1下側）。位階權力源自於在組織內所持有的法制領導力，個人權力源於領導者個人特徵和對職業更大的承諾。換句話說，組織社會化（在特定的學校工作中產生學習）變得不那麼突出，專業社會化（與職業認同）變得更加突出。第二，在PSH的較低階段的校長的行爲往往反映了「限制」別人的行爲的作法及想法（見圖1的上側）。強制別人對事物的看法要符合自己的想法。然而，隨著校長進入更高層次的階層，他們愈來愈開放，並能促進自己和他人的學習和成長。

圖1

初任校長專業的社會化階段

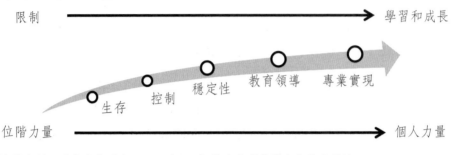

資料來源：研究者整理自 Parkay（1992）等人的專業社會化階段理論。

在專業社會化階段論所提供的理論支持下，藉由導入方案的實施，初任校長在專業社會階層中由生存層次漸次提升到領導的層次，方案設計能因應校長處於不同發展階段滿足其需求的理論基礎，也可見導入方案對於校長工作初期成長具有不可或缺之重要性。

四、國內外初任校長導入輔導方案之探討

(一) 美國初任校長導入方案

美國有許多專門機構致力於協助校長專業發展，對初任校長所提供的輔導方案，可區分為以下五類（Villani, 2006）：

1. 地區和局部模式：地方學區所舉辦的校長進修班，例如：阿爾伯克基的校長外加的支持方案（Extra Support for Principals program, ESP）。

2. 正式官方模式：州政府設置的校長進修中心，如阿肯色州初任管理員培訓方案（Arkansas Beginning Administrator Induction Program）、印第安納州首席領導學院（Indiana Principal Leadership Academy, IPLA）。

3. 專業協會模式：民間專業機構（或私人基金）的研究中心或實驗單位所設的校長中心辦理的領導方案，如全國小學校長協會（National Association of Elementary School Principals, NAESP）。

4. 大學模式：由各大學或學院設立的機構辦理的校長專業成長班，如北卡羅來納大學新校長領導方案（University of North Carolina, Leadership Programs for New Principals）。

5. 合作模式：由公私立不同單位採取合作模式，支持校長在不同階段的發展，以提高學生的成就。如紐約市領導學院的校長導入計畫和公立學校協同（The New York City Leadership Academy's Principal Mentoring Program in Collaboration with New Visions for Public Schools）。

(二) 英國初任校長導入方案

2001年英國諾丁漢大學（University of Nottingham）成立的「國家學校領導學院」（National College for School Leadership, NCSL）總部落成，國家學校領導學院專門負責校長培育及認證、初任校長導入及現職校長的進修之學校。工作重點在執行教育與技能部（DfES）校長培育的三項方案，包括：(1)「校長專業資格檢定」（National Professional Qualification for Headship, NPQH），提供有意擔任校長者的培育訓練與資格檢定。(2)「初任校長導入方案」（Headteacher Induction Programme, HIP），提供初任校長者前三年的入門輔導訓練課程。主要目的是藉由工作坊，同儕共處的機會來提升適合其學校背景需求的領導技能及符合個人訓練需求的發展。(3)「校長領導與管理訓練課程」（Leadership Programme for Serving Headteacher, LPSH），提供給具有三年職務經驗的現職校長，進行進階的領導實務學習與反思，並給予深度的回饋與診斷分析（秦夢群，2007；賴慧玲，2002）。

(三) 新加坡初任校長導入方案

自2001年以來，新加坡所有學校候選人校長均經過在新加坡教育培訓機構國立教育學院（National Institute of Education, NIE）的教育計畫（Leaders in Education Programme, LEP）的全職訓練。該計畫是國家專為經驗豐富資質良好，在教學和管理的成功經驗背景準備從事教育工作人員，對其進行學校領導訓練課程（李冠嫻，2007；秦夢群，2007）。

(四) 臺北市國小初任校長導入方案

臺北市國民小學初任校長導入方案主要有兩大課程軸心：(1)主題課程工作坊。(2)校長實務工作輔導省思課程（臺北市校長培育與發展中心，2011）。

1. 主題課程工作坊

包括六大主題，「人際關係與衝突管理」、「校務決策與組織發展」、「課程領導與教學」、「績效責任與評鑑」、「組織變革與管理」、「個人與組織專業成長」。

2. 師傅校長省思課程及小組規劃

方案提供輔導小組以模擬實作演練、現場觀察、經驗分享等方式，針對初任校長的個別需要，由師傅校長提供其具體建議，發揮導入輔導中師徒制（mentoring）的學習功能。配對的校長間互相觀察實際作為，提供回饋，完成書面的記錄與心得報告，進行反省思考。

五、校長導入輔導之趨勢

檢視英國、美國、新加坡及國內之校長導入輔導模式後，歸結國內外校長導入輔導之趨勢，分述如下（李冠嫻，2007；秦夢群，2007；賴慧玲，2002）：

(一) 專責的培訓機構

由教育行政當局與大學密切合作，並整合諸多資源，官方與民間共同參與的型式，對於國家校長培育的方針建立一致性的標準。

(二) 訂定校長專業指標

校長培育制度，舉凡目標的釐訂，課程內容之安排，培育成果之評鑑等皆以校長專業指標為依據，因此該指標在導入輔導課程中，占有舉足輕重的地位。

(三) 理論與實務兼重的導入課程

根據培育目標，符應時代之趨勢，導入課程理論與實務課程兼重多安排臨床實習等實作活動，使初任校長面對學校實際的問題，能夠思考

因應之道。

(四) 安排師傅制教導

各國進行校長導入時相當重視師傅的教導。許多課本上無法呈現之「隱性知識」，可在師傅校長之引導與實務情境觀察中學習，這是成功校長所最需具備的。

(五) 多元化的教學及學習方法

各國校長導入課程的教學與學習，皆大量應用研討會、團體會議、線上學習、師傅教導、自我學習、實地參訪、學校實習等，提升教學及學習之成效。

(六) 培育方案彈性化

導入方案有一致性的標準，但仍會考量個體不同的需求及特性而調整。例如：設計一至二年的專業訓練，而非集中在幾週內以密集性的課程來培訓。

(七) 採取認證制度

各國校長導入方案重視提供回饋與評鑑的實施，例如：實施省思檔案形成性及總結性的評量等，於方案結束後，頒發證書給予資格認證。

參　研究設計與結果

以下針對本研究方法與架構、研究對象、研究工具、資料處理與分析及研究結果說明。

一、研究方法與架構

本研究係採用問卷調查法和訪談法進行，旨在探討國民小學校長導入輔導實施模式規劃，並了解不同背景變項的國民小學校長對導入輔導需求與實施模式規劃看法的差異。研究架構如圖2所示：

圖2

研究設計架構圖

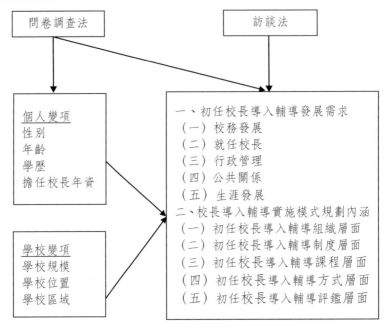

二、研究對象

(一) 問卷調查對象

本研究以臺灣地區中部五縣市104、105、106學年度公立國民小學初任校長為研究對象。依彙整之資料計有156所。樣本數如表1。

表1

104、105、106學年度初任校長人數

縣市	學校總	初任校長就任年度	人數合計
臺中市	227	104	23
		105	19
		106	11

縣市	學校總	初任校長就任年度	人數合計
南投縣	150	104	6
		105	8
		106	10
彰化縣	176	104	5
		105	5
		106	7
苗栗縣	125	104	10
		105	10
		106	10
雲林縣	155	104	8
		105	15
		106	9
合計			156

(二) 訪談取樣對象

本研究以立意抽樣（purposively sampling）方式進行，立意抽樣之邏輯與效力在於選擇的個案（information-rich case）具備豐富資訊可做深度的研究（吳芝儀、李鳳儒，1995）。中部五縣市任職三年內國小初任校長，每個縣市各抽取2位初任校長及一位年資4年以上的現任校長為訪談對象。所獲得訪談資料佐以問卷資料使研究的面向及品質更完整及周到。

另外，本研究亦使用滾雪球法（snowball or chain sampling）。先隨機選擇一些被訪者並請他們提供另外一些研究的訪談對象，根據所得線索選擇往後的訪談對象。如此，受訪人數便會以等比級數增加，資料來源亦不虞匱乏。訪談名單如表2。

表2

國民小學初任校長導入輔導模式建構之研究訪談名單

代號	縣市	職稱	擔任校長年資
受訪者A	臺中市	國小校長	6
受訪者B	臺中市	國小校長	3
受訪者C	南投縣	國小校長	4
受訪者D	彰化縣	國小校長	5
受訪者E	苗栗縣	國小校長	4
受訪者F	雲林縣	國小校長	6
受訪者G	雲林縣	國小校長	2
受訪者H	南投縣	國小校長	1
受訪者I	彰化縣	國小校長	2
受訪者J	苗栗縣	國小校長	3
受訪者K	臺中市	國小校長	3
受訪者L	南投縣	國小校長	3
受訪者M	雲林縣	國小校長	3
受訪者N	彰化縣	國小校長	2
受訪者O	苗栗縣	國小校長	1

三、研究工具

　　根據研究目的，經過文獻探討並分析我國校長導入輔導現況後完成自編之「國民小學初任校長導入輔導實施模式」調查問卷及「國民小學初任校長導入輔導實施模式」訪談大綱。

(一) 問卷調查法

　　請5位專精教育行政與校長研究領域之教育學者、專家及4位對校務經營有經驗的國民小學校長，提供修正的意見，作為問卷修改後的專家內容效度，如表3。

表3

專家學者問卷審查名單（依姓名筆畫排列）

學者專家	職稱	專長
林○○ 委員A1	國立清華大學教育與學習科技學系教授	教育（學校）行政理論與實務、行動研究、行動科學、行動哲學與行動智慧、知識管理
梁○○ 委員A2	國立中興大學法政學院教授	教育哲學、教育行政學、比較教育學、歐盟教育政策、教育學史、教師專業發展
張○○ 委員A3	屏東大學教授	教育行政、學校經營、高等教育、教師教育、教育領導、研究方法
劉○○ 委員A4	國立機關首長	教學視導與評鑑、學校經營與管理、教育政策分析
顏○○ 委員A5	國立清華大學教育與學習科技學系教授	教育政策、學校行政、教育法令、教育行政、教育政治學、教師專業發展評鑑
過○○ 委員A6	臺中市國小校長	教育政策與行政學
蘇○○ 委員A7	彰化縣國小校長	課程與教學研究
張○○ 委員A8	雲林縣國小校長	通識及技職教育
葉○○ 委員A9	南投縣國小校長	教育政策與行政學

(二) 半結構式訪談法

Patton認為「從許多方面來看，量化研究方法和質性研究方法之間的一個重要權衡是廣度與深度的問題」（吳芝儀、李奉儒，1995）。因此本研究兼採質性研究方法可以就選擇的問題作深入仔細的了解與探討；能以數量較少的人和實例提供出豐富詳細的訊息資料，這對於研究所要訪談的樣本有意義存在，也是本研究採取質性研究方法作為研究工具的重要理由。

四、資料處理與分析

(一) 問卷調查法

問卷回收後將有效資料，藉由spss for windows 20.0 版以百分比次數分配、平均數及標準差、t檢定及單因子變異數、卡方考驗分析，單因子變異數分析若達顯著性水準則進一步以Scheff'e進行多重比較等統計方法，進行資料分析。

(二) 訪談法（Semi-structured Interview）

以主題分析方法將訪談後所得的資料整理成逐字稿，進行資料的分解、檢視、比較和分析，然後依據研究目的，彙整資料歸納至相關研究的主題與問卷調查中，再針對內容和各類別做解釋，最後呈現研究結果。

五、研究結果

以下根據問卷及訪談結果加以整理分析如下：

一、國民小學初任校長對導入輔導的需求

本研究問卷量表之「初任校長的需求」探李克特氏（Likert Type）之五點量表，將初任校長需求調查之結果分為五組，平均數達4.50以上為高程度；3.50～4.49為中高程度；2.50～3.49為中程度；1.50～2.49為中低程度；1.00～1.49為低程度。初任校長的需求共分成五個層面，分別為「校務發展」、「校長就任」、「行政管理」「人際關係」及「生涯發展」等，統計結果平均數為3.95，整體而言顯示目前初任校長的整體需求的現況是屬於中高程度之知覺程度。

二、不同背景變項的國民小學初任校長對導入輔導的需求的差異情形

不同性別國民小學初任校長，在「初任校長的需求」各層面與整體知覺差異分析結果所示，在「校務發展」、「校長就任」「行政管理」，「人際關係」及「生涯發展，」五個層面，t值均未達顯著水準（$p < .05$），表示男女性校長在這五部分的知覺上無顯著差異。不同年

齡、學歷、年資、學校規模、學校位置及學校區域的國民小學初任校長在「初任校長的需求」各層面與整體知覺差異分析，以平均數、標準差與單因子變異數分析，F值均未達顯著水準（$p < .05$），表示無顯著差異。

三、國民小學初任校長在導入輔導模式各層面之看法

問卷量表第三部分「初任校長對導入輔導模式建構的看法」施測結果，將獲得較一致性的選項，分述如下：

(一)「組織層面」負責規劃辦理機構爲國家教育研究院。

(二)「制度層面」應考慮的層面要素最重要的需求是師傅教導；適合擔任師傅校長特質爲豐富實務經驗師傅校長；遴選方式爲由校長協會推薦；師傅校長培訓的能力爲問題解決技巧；認證機構由主管教育行政機關認證並發給證照；擔任師傅校長應至少具備8年以上年資；師傅校長的任期2年；師傅校長續任方式沒有任期限制，可長期聘任；給師傅校長的激勵是給予實質的獎勵（如獎金或加薪）。

(三)「方式層面」採用師傅教導制；輔導配對方式爲由初任校長根據自己的情況挑選；輔導配對爲同是服務於小學階段校長；提供的輔導時程一年；輔導人數的配置每一位師傅校長輔導二位初任校長；輔導方式面對面諮詢對談；一個月聯絡一次。需要師傅校長協助的事項爲推動校務的困境提供諮詢與建議。

(四)「課程層面」規劃導入輔導課程爲參觀及訪視學校的學習。

(五)「評鑑層面」以訪談輔導校長與初任校長爲評鑑內容；評鑑內容針對了解初任校長所感受的滿意度。

四、不同背景變項的國民小學初任校長在導入輔導模式各層面各題看法差異情形

(一)「組織層面」：整體而言，在不同年資、學校位置之校長在百分比排序第一的選項完全一致，皆以選擇「國家教育研究院」爲專責機構。在不同性別、年齡、學歷、學校規模、學校區域

對該題的看法有差異。

(二)「制度層面」：(1)應考慮的層面：不同背景變項之校長對該題的看法沒有差異。都以「初任校長導入輔導的需求」最重要。(2)適合擔任師傅校長特質：不同背景變項之校長除了在學校位置方面變項上對該題的看法有差異外，其餘沒有差異。(3)師傅校長遴選方式：不同背景之年齡、學歷、學校區域、學校規模等變項之校長對該題的看法有差異。(4)師傅校長培訓的能力。(5)師傅校長的認證機構。(6)師傅校長應至少具備多少年的校長年資及(7)師傅校長的續任方式等在不同背景變項的初任校長無顯著差異。(8)擔任師傅校長的任期：不同背景的初任校長除了「服務年資」變項外，其他無顯著差異。(9)師傅校長的工作激勵：不同背景之學歷、年資、學校位置、學校區域及學校規模等變項之校長對該題的看法有差異。

(三)「方式層面」：除了第5題輔導人數的配置在不同背景之學歷、年資、學校規模及學校區域等變項看法有差異外，其餘各題沒有差異。

(四)「課程層面」：規劃辦理導入輔導課程在不同背景之學歷、年資、學校位置、學校區域及學校規模等變項之初任校長對該題的看法有差異。

(五)「評鑑層面」：在(1)評鑑方式、(2)評鑑內容選題上，不同背景之學歷、年資、學校位置、學校區域及學校規模等變項之校長，對該題的看法有差異。

肆 結論與建議

一、結論

本研究發現，初任校長導入輔導實施模式規劃層面不應只有單一層面向的進行，必須從組織、制度、需求、課程、方式及回饋等層面整體的考量與規劃初任校長導入輔導模式的實施。根據研究的結果及發現歸納成以下結論，並建構出本研究導入輔導之模式：

(一) 訂定導入輔導相關規定或辦法，以作為推動初任校長導入輔導
　　 的依據

　　本研究發現，國民小學初任校長接受導入輔導的意願很強，也一致認同為促進校務的發展，應提供導入輔導支持系統，同時在訪談中發現少數縣市都曾辦理過類似師傅輔導制支持系統，但是由於經費短促、局處人事異動等原因，最後無疾而終。因此，為了實施的全面性，應建立有法源依據的導入輔導制度。

(二) 設立初任校長導入輔導專責機構，負責推動初任校長導入輔導
　　 工作

　　本研究結果顯示，初任校長導入輔導應設立專責機構，比照英國的國家學校領導學院有專門負責校長培育及認證、初任校長導入及現職校長的進修之學校。

(三) 整合各層級教育組織力量推動初任校長導入輔導制度

　　依據研究結果指出，教育部是我國教育發展主管最高機關，功能在於法規、政策與制度的訂定，初任校長導入輔導制度可以整合各層級教育組織、社會資源系統共同推動，幫助並拓展初任校長專業發展的課程領域與面向的範圍。

(四) 導入輔導的方式可採師傅校長制

　　根據研究結果發現，導入輔導的方式採用師傅校長制具有幫助性，同時可延續國家教育研究院的校長儲訓有師傅校長指導的方式，在初任校長到校後，就校長的需求提供最少一年的輔導，以消除初任校長學校經營時的孤立感。

(五) 建立師傅校長選拔與配對制度

　　依據研究的結果指出，師傅校長本身已經具備校長資格，因此無論是學識涵養或是經歷都非常豐富，但是為了讓導入輔導更具成效，在師傅校長的培訓、認證遴選及配對等方式上，仍然要建立制度。

(六) 訂定證照與回饋激勵制度

　　本研究中發現，制訂教育法規明確規定初任校長接受導入輔導，有利於校長在適當的場合或時機給予公開表揚及提供出國考察或訪問機會等，透過法規制度的規範與各項獎勵制度的激勵，引導並促進師傅校長積極參與導入輔導的工作。

(七) 國民小學初任校長導入輔導模式之建構

依據研究結果建構本研究國民小學初任校長導入輔導模式如圖3。

1. 以直線循環的系統表達，強調組織─制度─需求─課程設計─活動方式─回饋的循環運作關係。

2. 組織在「導入輔導模式之建構」推動占有上舉足輕重之位，對於導入輔導工作的負責專責機構，最贊成由國家教育研究院統籌規劃辦理，因此本模式的架構將其放置於首位。

3. 校長的工作情境是在學校，雖然需求內容有不同，但校長導入輔導的需求是導入輔導工作發展的核心，其輔導成效將受組織和制度的影響甚大。

4. 直線系統圖中，將組織、需求、課程內容、活動方式與評鑑回饋的內容具體明列，有助於檢視與理解。

5. 本模式之建構基於問卷調查3年內初任校長，同時以半結構式訪談初任校長與資深校長，所得資料能真實地反應教育現場狀況與校長的需求，同時也驗證研究者在初任校長階段遭遇困境是普遍的現況，是本研究的特色。

6. 本研究導入輔導模式的支持系統，主要場域是初任校長在學校接受師傅教導制，可以補足校長儲訓課程不足之處；整個導入與認證的過程、內涵和水準遵守全國統一標準與規範；確保制度實施有統一高品質，並能發揮「提高校務發展效益」的機制。

7. 本研究導入輔導模式的師傅教導制，是提供初任校長有需求前，能及早接受師傅校長的協助，提供與校務經營有關的資料，及時獲得有效的解決，降低問題所生後遺症的可行方式。

圖3
國民小學初任校長導入輔導模式

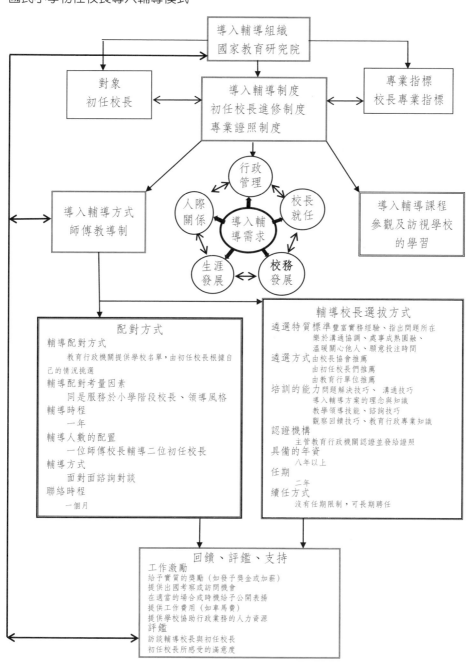

二、建議

(一) 對於教育行政機關之建議

從訪談與模式建構結果得知，應該重視初任校長的需求，提供初任校長需要的導入輔導制度支持系統；環境的改變使校長領導面臨更多的挑戰與困難情況下，初任校長初掌校務亟需支持與協助，教育主管機關應該正視這個問題，提供一個支持系統制定導入輔導制度，幫助初任校長校務經營更加順遂，以提升學校校務發展之績效。

(二) 對國民小學校長的建議

根據研究結果指出，建立校長自己的支持網絡、學習夥伴，以促進資訊的交流，透過這樣非正式的聚會，當遇到一些困境，可以藉著集思廣益提供意見獲得滿足與進步；或是參加「教育行政研究學會」、「地方校長協會」、「初任校長的成長團體與讀書會」，增進實務工作經驗知能，提升解決問題能力。

(三) 對未來研究者之建議

本研究僅以中部五縣市公立國民小學初任校長為研究對象，在對象的適用上有其限制性。未來可考慮將對象的範圍擴大，另外也可以考慮將教育行政機構人員等對象納入。本研究同時採取問卷及訪談，雖然質量並重，然而，對個別個案的了解深度仍覺得受限。因此，將來可考慮增加現場實地觀察，輔以個案研究等質性研究，以補充研究資料深度之不足。本研究工具為研究者自編「國民小學初任校長導入輔導模式建構之研究調查問卷」，目前還未有相類似的問卷，因此問卷固然可呈現研究者意欲調查研究之結果，但是周延性仍稍欠缺，未來可斟酌參用國內外新增相類似的問卷，以增加其周延性與廣度。

參考文獻

(一) 中文部分

丁一顧、張德銳（2002）。國民小學校長對校長導入輔導制度意見調查研究。初等教育學刊，**13**，1-24。

何金針（2001）。新世紀時代學校校長領導之省思。二十一世紀教改浪潮中學校行政的能為與當為。29-36。**學校行政論壇第八次研討會**。臺北市新生國小。

李冠嫻（2007）。新加坡校長培育制度對我國校長培育模式建構之啟示。**學校行政雙月刊**，**47**，299-315。

吳芝儀、李奉儒（譯）（1995）。**質的評鑑與研究**。桂冠出版社。

秦夢群（2007）。校長培育制度之趨勢分析：以英、美及新加坡為例。**學校行政雙月刊**，**51**，1-48。

陳木金、楊念湘、王志翔、管意璇（2010）。國民小學傳校長經驗傳承資訊網建置之研究。國立中正大學教育學院舉辦「九十九年度國科會教育學門教育行政與政策、師資培育領域專題計畫成果發表會」論文集。321-342。

黃居正、吳昌期、蔡明貴（2021）。中小學校長師徒制實施現況之研究。**學校行政雙月刊**，**133**，40-80。

黃旭鈞（2019）。**啟動校長核心領導力：初任校長導入方案培力配方及其成效之研究**。教育研究月刊，**302**，71-89。

賴慧玲（2002）。**英國初任校長領導與管理專業進修方案（HEADLAMP）應用於我國之調查研究**（未出版之碩士論文）。國立臺北教育大學，臺北市。

臺北市政府教育局（2011）。**臺北市100學年國民中小學初任校長導入方案成果報告書**。臺北市立教育大學校長培育暨專業發展成長中心成果報告，未出版。

(二) 英文部分

Campanotta, L, Simpson, P., & Newton, J. (2018). Program quality in leadership preparation programs An assessment tool. *Education, 138*(3), 219-228.

Crow, G.M., & Matthews, L. J. (1997). *Finding one's way: How mentoring can lead to dynamic leadership*. Thousand Oaks, CA: Corwin Press.

Daresh, J. C., & Playko, M. A. (1992). Perceived benefits of a pre-service administrative mentoring program. *Journal of Personnel Evaluation in Education, 6*(1), 15-22.

Kearney, K. (2010). *Effective principals for California school: building Coherent Leadership Development System.* San Francisco: West ED.

Malone, R. J. (2001). *Principal Mentoring* .Retrieved March 9, 2002 from http://www.eric. uoregon.edu/publication/digests/digest149.htm/

Parkay, F. W., Currie, G. D, Gaylon, D., & Rhodes, J. W. (1992). Professional socialization: A longitudinal study of first-time high school principals. *Educational Administration Quarterly, 28*(1), 43-75.

Samier, E. (2000). "Public Administration Mentorship: Conceptual and Pragmatic Considerations." *Journal of Educational Administration, 38*(1), 83-101.

Van Maanen, J., Schein, E. H. (1979). Toward a theory of organizational socialization. *Research in Organizational Behavior, 1*, 209-264.

Villani, S. (2006). *Mentoring and induction programs that support new principals.* London: Corwin Press.

Weingartner, C. J. (2001). Albuquerque Principals Have ESP. *Principal, 80*(4), 40-42.

問題與討論

一、初任校長校務經營產生困難時,對導入輔導的需求有哪些?

二、初任校長導入輔導方案模式,包含哪些內容?

三、請說明擔任初任校長導入輔導方案的師傅校長,需要具備哪些特質?

第十一章

學校行政領導與管理的跨領域學習：企業案例反思、轉化與運用

謝念慈

他山之石，可以攻錯～《詩經小雅·鶴鳴》

見賢思齊～《論語·里仁》

山窮水複疑無路，柳暗花明又一村。～《游山西村》·宋陸游

壹　前言

中小學學校行政當前遇到的「亂流」，依其程度，可分成極嚴重的，如少子化與招生；次嚴重程度如新課綱的推動；輕者如學校教師兼職行政人員的逃離潮、代理或代課教師缺額的無人問津等。學校行政人員，特別是校長，是學校問題的仲裁者與問題解決者，必須面對並做出問題解決。理論上、職責上雖是如此，但是綜觀、微觀學校現場與校長的實際角色現況，校長能施展的能力幾乎都受侷限，也造成學校目前的校長行政施展作為呈現跛腳的現況。

2014年8月1日，我國中小學正式實施「十二年國民基本教育」，學校課程依據《十二年國民基本教育課程綱要總綱》，一般稱為108課綱。仔細了解目前學校已經施行108課綱進入第4年了。課綱主軸之一：「跨領域學習」（Interdisciplinary Learning）早已成為學校教師與行政熟悉且需落實的重大能力了。因此，學校校長與行政人員，宜透過對課綱「跨領域學習」概念的洗禮與啟發，將其平移、轉化成處理行政疑難雜症的能力。

學校校長及行政人員背景，幾乎都是教育專業為主，關於學校行政有關議題或問題，往往都是循教育專業的認知與能力處理。但是目前學校生態，早已民主化、甚至政治化。直言之，當今學校面對的問題絕非圍牆內的單純教育專業問題，而幾乎感染以社會化、政治化色彩的複雜問題了。

學校校長及行政面對問題與困擾的面對與處理能力，不外來自本身的一路學經歷養成教育及人格特質，作者稱之為行政人員的「別業能力」；另一方面，來自中小學校長及行政人員學校的專業素養培育過程，作者稱為行政人員的「共業能力」。這兩種能力雖不同，但是在保守的中小學學校，仍逃脫不了「教育範疇思維」的包袱傳統。因此，多

元化、複雜度高的學校行政議題與問題，需透過向教育領域外的領域學習，高手在他領域。

　　準此，作者擬就中小學學校行政目前諸多的困難與問題，提出透過跨領域的學習，本文以企業管理領域的問題解決思維及方法，作為他山之石，轉化、啟發學校教育行政的問題解決靈感與知能。礙於篇幅僅提出二、三案例作為參考，作拋磚引玉，希冀有助於學校現況遭遇的不穩定亂流，讓學校行政這架大飛機，能在校長及行政人員的能力昇華後安穩著路。

貳　跨領域與跨領域學習意涵及其對學校行政的啟示

　　在教育的氛圍裡，比較正式提及「跨領域」與「跨領域學習」，可以聚焦溯及2016年8月，芬蘭全面實施新的中小學課綱，芬蘭中小學新課綱的總目標是培養孩子跨領域的七種橫向能力（transversal competences）（Finnish National Agency for Education, 2022）。2014年8月我國實施的《十二年國民基本教育課程綱要總綱》受芬蘭2016新課綱的影響，其中的「跨領域」（Interdisciplinary Learning）亦成為我國108課綱的主軸之一（教育部，2021）。一時之間，「跨領域」已成為我國中小學學校教育蠻盛行的詞彙。

　　這個世界的工作類別與屬性，已經非單一領域或學科所能培育，現代人力觀點幾乎都是需要「複合式」能力的人才，「混合型職位」（hybrid jobs）的人才需求愈來愈高。都存在不同程度及形式的知識結合樣態（Klein, 2013）。由於「跨領域」的重要性與必要性。有關「跨領域」的意涵，綜合國外學者的觀點認為是兩種以上不同領域的人，透過不同學門專業，對於共同議題或問題進行問題解決的過程，且對另一個領域觀點產生影響的歷程（Jacobs, 1989; Ivanitskaya, 2002; Daniel Stokols., et al., 2003）。

　　綜上所述，跨領域是至少兩個以上的領域，相互影響，同時能協助處理他領域問題的歷程。是一種合成物，有著物理變化的混合；也有一種化學變化的化合。

　　因此，「跨領域學習」是能夠重視領域和不同領域間的互相支援與

學習，需從中小學教育扎根著手。換句話說，過去的教育所培養的是單一專長人才，目前與未來的人才需要的是跨領域人才（cross-disciplinary talents），亦即「T型人才」（T-shaped talent），係指除了擁有垂直縱深的專業，也有對其他領域知識的橫向理解（張紹敏，2022）。

綜上，從上述「跨領域」與「跨領域學習」的理解，對學校行政的啟示：當前與未來的學校校長及學校行政人員，需要具備跨領域的能力與跨領域學習的態度與勇氣才能邁過處理學校議題與問題的挑戰。

參 學校行政領導與管理的跨領域學習：企業管理案例二、三事

本節提出企業管理處理人或事議題或問題的智慧、策略，及其對學校行政領導與管理的啟示：

企業管理的跨領域學習一：同理心的領悟與運用

2022年2月28日，微軟公司董事長兼執行長薩蒂亞·納德拉（Satya Nadella）的兒子紥因·納德拉（Zain Nadella）26歲去世。生前幾乎都是由紥因的母親陪伴照顧。這種「同理心」式的陪伴關照，啟發了薩蒂亞理解將「同理心」融入日常行為時，「同理心」的力量是非常強大的。兒子的身障讓他更理解身障者生活的艱辛，更重視「同理心」。因此，他堅持與微軟全體同仁，將愛、慈悲心結合人類創造力產生實際影響。如納德拉到加護病房探視兒子，他留意兒子的很多醫療設備都連接到雲端，這讓他體會到在科技界的工作不僅是賺錢，更重要的是要助人。常云：幫助一個人就是幫助一個家庭。

因此，薩蒂亞擔任微軟執行長後，將微軟的使命更改為：「讓地球上的每個人和每個組織都能取得更大的成就。」（Empowering others Our mission is to empower every person and every organization on the planet to achieve more.）（Microsoft, 2022）

將科技與對他人的同理心聯繫起來，可以讓公司員工更有熱情和理念去設計和製造更好更方便的產品。產生無限制的影響力，可以造福人群（張瑞雄，2022）。

對學校行政領導與管理的啟示：

為什麼產生問題？須了解什麼是問題？所謂問題係指現實與理想的落差。不要責怪為什麼他們都不理解？而應該透過「同理心」去感受他們的為什麼。

「薩蒂亞留意兒子的很多醫療設備都連接到雲端，這讓他體會到在科技界的工作不僅是賺錢與商業，更重要的是要助人。」給了學校行政的領導與管理者的啟示是「學校行政的工作不僅是公務處理與計畫規劃與執行，更重要的是要扶助學生、關懷教職員工、關心家長。」簡言之，同理心發揮得淋漓盡致正如銘傳大學的學校辦學教育理念：「人之兒女，己之兒女。」

蘇格蘭哲學家大衛‧休謨（David Hume）：「對於他人的同理心，就是幸福。」具備同理心的行政領導與管理，必能享受到領導與管理的幸福。關於同理心，休謨的《人性論》（*A Treatise of Human Nature*）提到（David Hume, 2016）：

> 如果有一個人，能隨心所欲操控所有自然的能力，太陽、水、大地都依照他的意念進行，並過著不虞乏的生活，那麼這個人幸福嗎？休謨認為這個人不幸福，因為他身邊沒有人可以跟他分享幸福。

休謨的意思在說明，沒有「同理心」的人不會有幸福的。

2018年曾獲諾貝爾文學桂冠波蘭朵卡萩（Olga Tokarczuk, 1962-），在其著作《雲遊者》（*Bieguni*）：「同理心（compassion）是促使人類彼此溝通與互相了解的唯一途徑，作家無法旁觀他人受苦受難。」（Olga Nawoja Tokarczuk, 2020）

綜上，雖然教育領域不少同理心的學習，透過跨領域的學習領悟，更能激發學校行政領導與管理者對「同理心」的進一步的感同身受。如面對行政離退潮，教師無意願接聘組長或主任職，校長若能以「同理心」的態度，調整關懷與倡導的強弱度；關心規劃行政同仁的生涯發展；體恤行政同人的辛勞；維護行政同人的工作尊嚴等，或許能化解或

降低行政人員出缺的嚴重情形。

企業管理的跨領域學習二：第五級領導「謙遜低調」與「專業意志力」

管理學大師詹姆‧柯林斯（Jim Collins）在《從A到A+》一書中提出「第五級領導」的理論。第五級領導係指領導人「個性謙遜」、具有「專業意志力」，才能建立起企業持久的卓越性（Jim Collins, 2002）。

依柯林斯的觀點，公司起初創業需要由「創業者」強勢主導，但是往高峰走向時，需轉型成由「專業經理人」來主導，此時「第五級領導」就有其重要性。

以美國2021年第四季為例，公司市值最高的前六名公司：蘋果（Apple）、微軟（Microsoft）、谷歌（Alphabet）、亞馬遜（Amazon）、特斯拉（Tesla）、臉書（Meta），分析創辦人人格特質，皆非謙遜低調，僅谷歌的兩位創辦人因為是學者，較低調。整體而言，符應柯林斯的觀點，即「創業者」強勢主導。

至2022年，蘋果、微軟、谷歌、亞馬遜幾乎都由創辦人交棒給「專業經理人」，目前接手的這四位專業經理人都具備「第五級領導」的兩項特質：「謙遜低調」與「專業意志力」。

四家公司之新執行長，因為他們具備「第五級領導」特質，進一步成功地將公司邁向卓越新境界。

專業經理人能被選任為公司的領導人時，他的專業能力、意志力一定是備受肯定而無庸置疑，但其性格是否低調謙遜則容易被忽視（葉匡時，2022）。公司要永續經營，超越自我、邁向巔峰，接班人的條件固然要考量很多因素，但是柯林斯的「第五級領導」核心觀點啟示不容小歔。

對學校行政領導與管理的啟示：

學校領導與管理者，為使學校永續發展，邁向巔峰，元亨利貞、持盈保泰。有關「謙遜低調」《易經》十五謙卦（地山謙）撰述得非常智慧。校長需要有「第五級領導」的兩項特質：「謙遜低調」與「專

業意志力」。如校長需要有領悟，「領導」是來自於教職員工生賦於你的，不是你自己認為的；不要自以為當上了校長，就覺得比任何人懂得多的傲慢心態；教育是價值命題，意見不同總是難免，衝突更是常見，牽涉教育專業時，如果妥協將影響學生學習，校長絕對不能妥協，拿出柔性專業的意志，含著微笑，堅持到底吧。

企業管理的跨領域學習三：去中心化的3P管理

所謂「去中心化的3P管理」係指「明確的目的」（Purpose）、「有能力的人」（People）與「清晰的流程」（Process）。舉個COVID-19疫情嚴峻時的一個案例，政府購買的疫苗，始終緩慢無法應急，但是鴻海、台積電與慈濟，卻能很快速地購買到疫苗。因為這些組織有「明確的目的」、「有能力的人」與「清晰的流程」，因此就能夠在疫情最嚴峻發生的第一時間，做出最有效率的行動。

何謂去「中心化」？網路理論有一個觀點：「當有兩個可以互補節點存在一個沒有連結的空缺，稱為『結構洞』。」有「結構洞」的地方就有網路市場，如市場買賣熱點，都存在著許多的結構洞。去中心化有時可以讓網路市場更有效率（盧希鵬，2021）。

1968年德國數學家布雷斯（Dietrich Braess）提出「布雷斯悖論」（Braess's paradox），其意涵是當網路世界中存在著一個中心化的資源，大家都會搶掙這個資源，但因此造成塞車，反而降低了網路的效率。如臺北到頭城，以北宜公路與國道五號說明，因為國道五號路程較短且易行，假日如果臺北車行國道五號至頭城，容易堵車，有時甚至比車行北宜公路還緩慢或堵車。而去中心化就是不要讓一切「只存在一個資源」發生。如「藍海策略」（Blue Ocean Strategy）就是去中心化很好的智慧與策略。

對學校行政領導與管理的啟示：

學校行政領導與管理，應授權賦能（empowerment），「群龍理論」觀點，組織中的每位成員都是一條龍，首長自然成為最大尾的一條龍。後現代強調去中心化，學校校長宜有去中心化的胸襟，無須擔憂權

力被架空，各處室主任都能獨當一面，學校行政的問題將自然能化解或降低。最後的榮耀依然歸於校長的領導與管理。

「去中心化的3P管理」啟示校長，領導與管理需要有「明確的目的」、聘請「有能力的行政、教師團隊」與「清晰的行政流程」。亦即，學校校長宜盡可能聘請優質的教師、卓越的行政團隊；並且讓團隊成員清楚明白知道學校存在、學校辦學、教育理念的目的為何？讓組織成員都知道為何而戰？為誰而戰？的明確目的；同時撰擬清晰透明的行政流程，讓組織成員知道如何做？怎麼做？如108課綱的素養導向的課程、教學與評量；公開觀課；跨領域的教師專業發展等，校長不須事必躬親，放下權威，透過去中心化的3P管理策略，藍海策略的經營，以學校教師的學養素質，當可產出效率與效能。

企業管理的跨領域學習四：零售流通業的「帶路雞」

傳統婚禮習俗，有所謂的「帶路雞」。「帶路雞」是歸寧或婚日至公婆家的傳統習俗，公雞與母雞各一隻，並以九尺長的紅色紙綁住雞腳，並將公雞及母雞置於花籃內，讓女兒帶回婆家，有「好起家」（閩南語）的吉祥意思，當然也有其他意涵（南瓜馬車喜帖坊，2019）。

零售流通業的「帶路雞」係指某一商品透過被消費者較為頻繁的購買，然後藉此誘引消費者盡可能消費其他商品，帶動其他商品、業績成長，就算「帶路雞」本身獲利表現並不突出，或者是虧損也沒關係，只要能達到帶路效果，就算成功（林海，2022）。業者指出有否「帶路雞」，對業績影響差異平均大約25%。因此，「帶路雞」在零售流通業中扮演營業績效重要的角色。如，充滿在臺灣地區街頭巷尾的四大便利超商，7-11 City Café、Family Mart Let's Café、Hi-Life Café、OK Café，就是以"Café"為「帶路雞」，業者希望顧客能入店購買"Café"後，能在超商內做其他消費。

全臺灣地區咖啡消費每年大約28.5億杯，市值約800億元（陳葦庭，2021），以目前230萬人口計，平均每年一人消費200杯，其中高比率來自超商。如以2017年的全家，每年約賣掉1億杯，平均每家店一

日售出90杯（王莞甯，2018）。作者觀察一般顧客，前往消費，如果購買咖啡後，常常會併買麵包、茶葉蛋、地瓜等。作者常為了購買某超商的10元咖啡（需消費超過200元），而先購買其他商品硬湊出咖啡的優惠價。

再如，超市龍頭「全聯」，以「生鮮」、「麵包」及"Café"為「帶路雞」，業者希望顧客能入店購買這些「短效期」商品後，並進行其他多次消費，新聞披露全聯「帶路雞」讓業績至少成長20%-30%。

百貨公司性質與超商不同，顧客不可能天天上門消費，因此會以化妝保養品、餐飲為「帶路雞」。為什麼「化妝保養品」會雀屏中選為「帶路雞」？除了每年周年慶的瘋狂"shooping"外，平時不是每個人必入之所，更況且現在網路通路、電子商務如此便捷。關鍵原因，魔鬼就出現在細節裡，雖然不到百貨公司，亦能更便利、迅速購買到「化妝保養品」，但是對大多數消費者，對於自身的膚質，適合哪種品牌？哪些成分？非常謹慎關心，因此會親臨專櫃詢問櫃姐做專業的諮詢，如此一來，顧客就引進公司了，進而逛各樓層，如服飾、家電等商品也可能就跟著提升消費了。

另，百貨公司也會引進知名餐飲，作為「帶路雞」吸引顧客前來消費，進而提升其他樓層業績。以新光三越南西店為例，引進「鼎泰豐」後，消費者往往需要一段時間排隊等候，此時，或者用前、用完餐後，消費者可能會逛逛其他樓層或同層超商商品採購。

對學校行政領導與管理的啟示：

受少子化引響，學校辦學不佳，學生生源一定銳減，但是辦學優質學校，似乎也難逃生源減縮。因此，生源、招生的大問題，幾乎成了學校校長當前心中的痛苦與煩惱！

雖然面臨學生數不足，減班等問題隨之附加，但是校長畢竟是學校問題的解決者。零售流通業的「帶路雞」概念，製造了業績的提升。校長可以參考這種經營的智慧，轉化、引入學校招生計畫與策略，不失為一生機。如，設計什麼特色課程？成立什麼型態的特色班？有什麼升學進路策略利基？教師關懷學生的程度等，誘引學生或家長選讀意願，或

許透過這些「帶路雞」能提升學生生源問題。

肆 結語

　　本文所列舉的企業的領導與管理案例知識，對於學校校長而言，已不是新鮮事，為什麼作者仍撰文呢？主要因素是作者自己過去實務經驗與現況了解「校長知道」的程度為何？是否真正的理解？真正的領悟？不能反思、內省上述提問，「知道了」與「能夠得心應手運用」是有間隙的。

　　企業管理的成功案例實踐與運用，校長細細品讀，理解領悟，進而轉化成學校教育行政問題的化解與創新，既有的問題、困難造成學校行政的「亂流」，校長與行政人員亦能如唐代詩人李白的〈下江陵〉「朝辭白帝彩雲間，千里江陵一日還；兩岸猿聲啼不住，輕舟已過萬重山。」

　　最後，再次強調，諺語：「戲法人人會變，巧妙各有不同。」或許透過他業跨領域的學習，將獲得更「巧妙」的手法，捕捉到本業創意性的驚奇。

　　導引校長及行政人員，當處理學校行政問題遇到「坎」時，能夠跳脫教育範疇的思維，轉而跨域採企業範疇的思考，邁過「坎」的可能，或許就能柳暗花明又一村。

參考文獻

(一) 中文部分

林海（2022年8月28日）。零售業「帶路雞」能拉抬3成業績。**聯合報**，A7版。

南瓜馬車喜帖坊（2019）。**帶路雞**。https://pumpkincard.com/2019/03/26/leading-chicken/https://www.businesstoday.com.tw/article/category/183016/post/202109150005/

張瑞雄（2022年3月10日）。科技幫助人類。**聯合報**，A12版。

張紹敏（2022）。跨領域人才夯什麼？怎樣「跨」在職場最吃香？**Cheers**工作人。
　　https://www.cheers.com.tw/article/article.action?id=5100723

教育部（2021）。**十二年國民基本教育課程綱要總綱**。教育部。

陳葦庭（2021）。路易莎9/17登興櫃：台灣人一年喝掉28億杯咖啡店數超車星巴克
　　後，路易莎如何繼續攻城掠地？今周刊，**1291**期。

葉匡時（2022年2月24日）。第五級領導的啟示。**聯合報**，A8版。

盧希鵬（2021年11月25日）。敏捷組織的網路效率。**聯合報**，A7版。

(二) 英文部分

David Hume (2016)。**人性論**（關文遠，第一版）。商務印書館（原著出版年：1740）

Finnish National Agency for Education (2022). *National core curriculum.* https://www.oph.
　　fi/en

Jacobs, H. H. (1989). *Interdisciplinary curriculum: Design and implementation*: ERIC

Jim Collins (2002)。**從A到A+**（齊若蘭譯，第一版）。遠流（原著出版年：2001）

Klein, J. T. (2013). The transdisciplinary moment. *Integral Review*, *9*(2), 189-199.

Microsoft (2022). *Microsoft mission.* https://www.microsoft.com/en-us/about

Olga Nawoja Tokarczuk (2020)。**雲遊者**（葉祉君譯，第一版）。大塊文化（原著出版
　　年：2018）。

Stokols, D., Fuqua, J., Gress, J., Harvey, R., Phillips, K., Baezconde-Garbanati, L., ...v, Col-
　　by, S. M. (2003). *Evaluating transdisciplinary science*. Nicotine & Tobacco Research,
　　5.

問題與討論

一、透過企業管理跨領域學習，學校領導者反思自己學校經營管理的實務
　　經驗，您有什麼反思？

二、關於本文提出的企業案例，學校行政如何領悟、轉化並運用化解或降
　　低學校行政困擾與問題？舉一個學校行政真實案例，試著採用企業管
　　理策略或技巧，描述處理過程與結果。

三、企業生態與學校生態自有其差異性，學校校長運用跨領域企業管理策
　　略，轉化與運用於學校教育行政化解問題時，試說明需要特別謹慎運
　　用的重點。

第十二章

強力意志：談尼采哲學對教育領導人的啟示與評析

蔡進雄

　　凡不能摧毀我的，必使我更強大！

～尼采～

 前言

　　尼采（Friedrich Wilhelm Nietzsche）是德國著名哲學家，西方現代哲學的開創者之一，也是卓越的詩人與散文家（張笑恆，2016）。在現代與後現代之交的哲學舞台上，尼采無疑是扮演了一個十分關鍵的角色，不論是海德格、德希達、傅科、哈伯馬斯及其他當代哲人，大多受到尼采的啟發及影響（李克寰，2003）。如果根據一位思想家的著作對後世的影響來評斷，那麼尼采是可以同黑格爾、馬克思等幾位少數大思想家相匹敵的（趙建文，1999）。

　　尼采更是十九世紀存在主義的先驅者，藉由探討尼采的生命哲學思想，可以幫助人們在面對現實與逆境中，採取積極抗爭的態度，體現「痛苦才是生命前進的原動力」之意涵（吳永清，2006）。尼采把焦點放在人的身上，他力陳最高真理是透過意志的自我創造力量，從人類中間產生的（傅佩榮，2010）。換言之，尼采超人哲學呈現旺盛蓬勃的生命力，他認為面對苦難的最好方法就是接受且勇於承擔，在承擔苦難的過程中，進而發揮力量、創造人生顛峰（柯倩俐，2000）。在生活上，尼采屢屢遭受貧窮的困擾、病痛的糾纏及孤獨的侵襲，但他卻從未倒下，一直不屈不撓地向逆境挑戰（陳鼓應，2015）。尼采是一個奮鬥的化身，他教導人們如何去超越、克服自己（江日新，1999）。尼采的生命力與批判精神，永遠值得後人學習（李崗，2000）。因此，筆者雖然對尼采思想不盡認同，但也認為尼采哲學對於面對辦學諸多挑戰的新世紀教育領導人有可參考之處，且在倡導主動積極創新之教育創業家精神的教育環境下，尼采哲學的奮進精神對於教育領導人更具有啟示，惟國內過去關於尼采哲學對教育領導人啟示的論述較為闕乏，故值得進一步探析。基於此，本文將探討尼采的生平及思想演變，接著從「教育領導人要展現駱駝、獅子與赤子的精神」、「教育領導人要熱愛命運並具挫折容忍力」、「教育領導人應具超人精神與強力

意志」及「教育領導人之尼采哲學教育觀」等闡述爬梳尼采哲學對教育領導人的啟示，最後評析尼采哲學對教育領導人的可能負面影響，以供教育領導人參酌。

貳　尼采的生平及思想演變

尼采在1844年誕生於普魯士薩克遜州的小村洛肯鎮（Röcken），是路德派牧師的長子，尼采的曾祖父、祖父、外祖父也是牧師，5歲時父親的早逝後，家中全爲女性，祖母、母親、兩位姑姑、妹妹、女僕等（李永熾譯，1973；傅佩榮，2016）。1858年至1864年，尼采前往著名的普福塔（Pforta）中學就讀，在經過6年的嚴格培訓，使他在古典語文、宗教與文學上奠定良好的基礎（李克寰，2011）。1864年，尼采以優異的成績畢業於普福塔中學，並於同年10月進入波昂大學就讀，之後轉學到萊比錫大學（余鴻榮譯，1993；李永熾譯，1973）。在萊比錫大學時期，尼采接觸叔本華的思想及華格納的音樂，並受到影響（鍾莉方譯，2014）。

1867年，尼采23歲被召入伍，騎馬不愼摔傷，其後一直犯著頭痛（林芝怡，2003）。1869年，應聘於瑞士巴賽爾（Basel）大學語言學教授（李永熾譯，1973；李長俊譯，1972）。1870年德法戰爭時，尼采在軍中擔任護理工作，目睹戰爭的恐懼，使他得到莫大的啟示－強力意志，但一年之後因病而退伍（林芝怡，2003）。病痛迫使尼采辭去巴賽爾大學教授之職，結束了10年（1869-1879）的粉筆生涯，從此尼采過著一種吉普賽人式的飄泊生活，流浪於南歐一帶（陳鼓應，2015）。1888年，這是尼采發瘋的前一年，也是超人創作力勃發的一年，在貧困和疾病中還完成多部作品，他的痛苦愈是激劇，他的創造力也就愈高亢（李文瑞、蔡孟眞、王瓊淑譯，2000；趙衛民，2003）。1888年末，尼采出現精神錯亂癥候，1900年因肺炎併發，於威瑪去世（余鴻榮譯，1993；李永熾譯，1973）。

關於尼采的思想演變及其著作，大致可分爲以下三個時期，闡述如下（李永熾譯，1973；林芝怡，2003；劉崎譯，1991）：第一是早期的悲劇性時期（1869-1875），此時期受到叔本華及華格納的影響最

大，此時代表著作為《悲劇的誕生》；第二是過渡之實踐時期（1876-1881），此時期超越叔本華及華格納，對一切既成權威及價值均加以自由批判，破壞既存文化，強調科學的實證，此期代表作品有《人性的，太人性的》；第三是後期的強力意志期（1881-1888），此期是尼采思想之集大成時期，完全創造出自身的超人思想，代表著作有《查拉圖斯特拉如是說》。此外，尼采的許多著作常是格言警語之書寫格式（孫雲平，2011），雖說是短句，卻充滿著尼采式的發想魅力（楊明綺譯，2013）。

整體說來，尼采的一生並不十分快樂，且病痛纏身，晚年還精神錯亂，但其奮進精神仍令人敬佩，而尼采思想演變到後期提出強力意志（the will to power），勉勵人們勇敢做自己，征服自己，向自己挑戰，以成為更強大的自己，其對生命的肯定仍值得吾人參考。接下來進一步闡述尼采的主要思想。

參　尼采的主要思想

尼采的主要思想大致可從精神三變、強力意志、超人、太陽神與酒神、重估一切的價值等方面加以闡明。

一、精神三變

尼采在《查拉圖斯特拉如是說》一書中指出人的精神會經歷精神三變，也就是精神如何變成駱駝，駱駝如何變成獅子，最後獅子如何變成孩童（余鴻榮譯，1993）。駱駝代表屈膝承受一切及將一切重荷都背負起來，即擔負著重荷，直到沙漠的深處，而之後就在荒漠中變形為獅子，此時獅子想爭取自由並主宰屬於自己的荒漠，做生之主宰而非生之奴隸，然要創造新的價值則需要變成孩童，孩童是天真燦漫而善忘的，一個新的開始，一個遊戲，轉破壞為創造，並有了自己的意志（余鴻榮譯，1993；張喚民，2000；黃文樹，1993）。具體說來，精神三變是駱駝的「你應該如何！」、獅子的「我要如何！」，到孩童的「我是！」的三變（傅佩榮，2016）。而尼采的精神三變之內涵成為後人在探討尼采時，所不能忽略的主要思想。

二、強力意志

尼采的意志觀點啟蒙自叔本華，並沿著叔本華的論點，繼續擴大發揮，就思想上，尼采並未完全附和叔本華的意志觀點，反而自己開闢另一條肯定意志的路徑（王思迅，2004）。換言之，尼采認為叔本華對人生是持悲觀看法，而他並沒有像叔本華一樣否定人生（吳光遠，2017）。尼采認為對於人類來說，每個人都有提升和強化自身力量的衝動，他稱之為強力意志（the will to power）（王寧譯，2016）。強力意志是指生命本身的豐富力、創造力、充盈力和發展力（趙建文，1999），尼采認為每一生物都在努力擴張自己的活動與影響範圍（傅佩榮，2016），是以人存在的最內本質就是強力意志（杜麗燕，2002）。「我想要更堅強」或「我想要更上層樓」的想法或力量，就是尼采所謂強力意志的展現（黃瓊仙，2015）。強力意志宣導一種奮發有為的生活態度，要求做一個生活的強者（吳光遠，2017），而如果強力意志衰退的時候，人們就會尋求舒適和滿足，選擇不與自己鬥爭（王寧譯，2016），尼采主張如果沒有強力意志，人會無法成長（楊毓瑩譯，2017）。扼要言之，強力意志賦予我們生命活力的內在能量（蒙光俊、簡君倫、郭明仁譯，2010），並啟發人們要靠著自己的強大意志，去面對生命中的一切，綻放生命的花朵。可見，尼采的強力意志與老子在《道德經》所提到的「自勝者強」，頗有異曲同工之處。值得提醒的是，強力意志是追求自己的強大，並沒有刻意要去排擠他人，誠如羅家倫（1984）所言，強而不暴是美。

三、超人哲學

尼采的精神如果要獲得理解，是他在西洋文化傳統背景裡，對人性的重新探討，以及對人性自身努力向上，而達到超人境界的鼓勵（鄔昆如、黎建球，1978）。尼采認為人是介於猿猴與超人之間的一個環節，猿猴對人是笑料。同樣地，人對超人也是笑料，超人是人的目標與理想（吳光遠，2017）。超人是精神提升所達到的境界，是自我征服的歷程（趙衛民，2003），尼采所倡導的超人，是超越人類的人，

亦即從人類更進化而達到人類以上之某物（李石岑，1971）。超人也是能夠克服自己的人，作出一種超越的行為（馮作民，1987）。質言之，超人的概念提醒人類是某種必須加以征服之物，超人最偉大的創作就是他自己（傅佩榮，2016）。尼采認為生命的本質在於不斷地自我超越（周國平，2016），因此對於自我的要求應該是秉持「沒有最好、只有更好」的態度。值得一提的是，尼采的超人乃是對於古希臘悲劇英雄的憧憬，希臘人深切了解人被投入世界，生命充滿著荊棘，但他們卻能挺起心胸並拓展狂瀾的生命，當我們了解這種自強不息的精神時，才能把握尼采超人的意涵（陳鼓應，2015），是以超人哲學就是隨時給自己下戰帖、超越自我、超越人類及自我提升展現奮發的意思。

四、太陽神與酒神

在古希臘神話中，太陽神阿波羅（Apollo）是光明之神、太陽之神，是世人的保護神，阿波羅是秩序的整頓者，代表理性，是一種夢幻的狀態，而酒神戴奧尼索（Dionysus）是古希臘神話中土地、葡萄種植、釀酒業之神（吳光遠，2017），酒神是生命原始力量的形象，它欲求解放，讓激情得以展現，並引發出生命潛在的力量來克服一切憂患（洪國富，2009；陳鼓應，2015）。倘若人生的確是無法逃避痛苦，又應抱持何種態度迎接？從希臘悲劇及酒神裡，尼采領略到一種肯定生命的奮戰精神（李克寰，2011）。面對痛苦、險境和未知的東西，精神更加歡欣鼓舞，這就是酒神精神，酒神精神的本義是肯定生命包括肯定生命必涵的痛苦（吳光遠，2017；周國平，2016）。對於尼采來說，人們應該學習酒神精神讓生命展現熱情，熱愛生命並且迎接生命的挑戰，以激發充沛澎湃的生命力。

五、重估一切的價值

對於道德進行重估，是尼采重估一切價值嘗試中，最宏偉的工程，尼采認為當時盛行之道德是傷害人類生活之毒劑（杜麗燕，2002）。扼要言之，尼采是反道德主義者，人要拋棄傳統道德觀念，自己決定自

己，人是價值的估價者（趙建文，1999）。此外，尼采更進一步指出奴隸道德是無個性，喪失自我的道德觀（吳光遠，2017），奴隸的道德觀是完全活在他人評價的牢籠裡，而主人的道德觀是善惡由自己來操控與界定（李錫錕，2017）。總之，尼采對於傳統道德及一切價值都是持否定的態度，並主張人才能決定自己。

　　整體觀之，尼采的著作卷秩浩繁，而主要旨趣在闡發其強力意志、自我超克（self-overcoming）及超人哲學的理念（黃文樹，1993；Yacek, 2014），從前述之精神三變、強力意志、超人、太陽神與酒神、重估一切的價值等意涵均可清楚看出尼采對生命的積極肯定態度，並藉由強力意志的發揚而成為超越人類的人，而不是衰弱的人。基於此，以下接著闡明尼采哲學對教育領導人的啟示。

肆　尼采哲學對教育領導人的啟示

　　尼采的哲學思想對職業運動員的啟發是厚植實力、要有創造的精神、要有強烈的戰鬥意志、敢於作一個忍受孤獨的勇者（鄭健源，1998），而關於尼采哲學對教育領導人的啟示則可從「教育領導人要展現駱駝、獅子與赤子的精神」、「教育領導人要熱愛命運並具挫折容忍力」、「教育領導人應具超人精神與強力意志」及「教育領導人之尼采哲學教育觀」等加以梳理。

一、教育領導人要展現駱駝、獅子與赤子的精神

　　尼采在《查拉圖斯特拉如是說》所提出的精神三變，駱駝、獅子及孩童象徵三個階段，駱駝是忍辱負重的入世者，獅子是戰鬥的力量，並掙脫一切權威與道德的束縛，孩童則是純真的新生，是對生命的再度肯定（李永熾譯，1973）。也就是現況（being）—克服（overcoming）—蛻變（becoming）三個轉換階段，尼采並說：「人之所以為人，就是應該克服自己」（李錫錕 2017），提醒我們要像樹木，不斷地成長。

　　職此之故，新世紀的校長也需要精神三變，亦即校長要有駱駝的耐心責任、獅子的勇猛精進及孩童的真誠純善。申言之，校長是一校之

長，綜理校務，責任重大，所以要有駱駝精神承載任務，擔當重責大任；校長的領導關係著校務發展，所以要有獅子的勇猛精進，具有教育創業家精神，帶領學校同仁不斷向前邁進；校長要有孩童的真誠純善，擁有赤子之心、創造創新，並回歸自己的內在。更確切地說，校長要展現駱駝、獅子與赤子的精神，並適時融入於不同校園場合及校務治理。

二、教育領導人要熱愛命運並具挫折容忍力

尼采認為要擺脫虛無主義的死結，則人類必須勇敢接受這個命運，不要詛咒命運，而要對它產生一種愛，即是尼采所謂的「對命運之愛」（劉崎譯，1991），唯有勇敢的人才能面對這個沒有意義、沒有希望的世界，並以自我超越的創造活動，充實自己，替這個原本沒有意義的世界，創造意義（劉崎譯，1991）。尼采曾幾度申明反對宿命論，認為它乃是意志衰弱者的裝飾（李克寰，2011）。進言之，人們對待命運的態度大致有三種，一種是否定命運的存在，只要努力就可以做成所有的事，這是一種極端的自由意志論；第二種是宿命論，這一種失敗主義的態度，認為所有結果都是命運及外在環境決定的，自由意志論降罪於人，而宿命論讓人們倍感無力；第三種是熱愛命運，人作為強力意志的生物，可透過「我愛我自己的命運」表現出來，並將逆境看作是促使自己成長的好機會，對坎坷的命運心存感激，不逃避命運並將自己投入命運（王寧譯，2016；黃國鉅，2017；楊毓瑩譯，2017），是以尼采的熱愛命運觀強調命運的昇華及肯定挫折對偉大生命的必要性。

《孟子‧告子篇》指出「天將降大任於是人也，必先苦其心志，勞其筋骨，餓其體膚，空乏其身，行拂亂其所為，所以動心忍性，曾益其所不能。」孟子提醒我們要以正向態度看待生命中的不順遂並奮發努力，尼采也認為生命中的挫折與苦難，都是促進個體成長的原動力（黃聿芝，2004），並提倡將痛苦昇華為歡樂、超越及激情的酒神精神（吳光遠，2017）。酒神精神是硬漢奮鬥態度之展現，面對困難勇於挑戰，並散發出生命力及肯定生命的精神。尼采認為生命中的一

切，都是不能逃避的現實，需使用駱駝般的堅忍卓絕，才能在不斷超越及創造中，成就超人的意志，建立人生的意義（吳永清，2006），如果是生命中不能逃避的現實，就應該積極接受它、徹底體驗它，以求超越，尼采就是這樣的人（李永熾譯，1973），尼采還提到我們每天應該和自我戰鬥（陳鼓應，2015），是以教育領導人應面對辦學過程的困難並勇於承擔，如果挫折及挑戰是辦學領導過程不可逃避抽離的必然，尼采會建議教育領導人要有挫折容忍力並奮戰到底。也就是說，教育領導人要坦然面對一切，包括諸多不堪、痛苦與快樂，全盤全然地接受生命經驗及辦學過程的全部並迎戰它。概括言之，新世紀的教育領導人應是熱愛命運，直視辦學的挑戰且不斷精進超越的。

三、教育領導人應具超人精神與強力意志

　　尼采認為超人的意志超越一般頹廢的人的意志，尼采希望我們利用自己的意志擺脫舊有，發揮自己的生命力，重拾個人生存的價值與生命的意義（杜嘉玲，2017）。尼采強調超越性，超人是尼采的最終人類圖像，以不斷地超越自我為生命最高的指導原則（洪國富，2009），且最難征服的就是征服自我（蔡偉鼎譯 2014），自我超克是必須對自己嚴格要求，不讓自己懶惰，使自己能為生命的計畫奉獻（劉昌元，2016）。與超人對立的是末人，尼采認為末人貪圖安逸，不值得學習，末人和超人雖然都是人類，但因各自截然不同的精神境界，所看到的世界也完全不同（王寧譯，2016），孟子也曾提出「生於憂患，死於安樂」之警語。扼要言之，以尼采的觀點來看，新世紀的教育領導人應具有超人精神不斷自我超越、自我創造，而不是崇尚安逸。

　　另一方面，尼采的超人精神是建立在強力意志（the will to power）之上，尼采的強力意志是「求強大力量的意志」、「強化力量的意志」，是使生命得以超越自身的潛力，是對意志強大的渴望，所以尼采稱強力意志為「永不枯竭的生命意志」，並認為它是人類「生命的核心」（蔡俊傑，1997；Morris, 1966）。如前文在介紹尼采的主要思想所述，尼采吸收叔本華的意志哲學，但拋棄叔本華的悲觀思想（陳鼓應，2015）。具體說來，尼采所提到的power並不是指人與人之間

的鬥爭，而是每個生命不斷求生長，求超越的潛在本性與能力，且缺乏強力意志的地方就有衰退，真正的強者是最有精神力量的人（杜嘉玲，2017；劉昌元，2016），尼采肯定了生命及人生，提倡酒神精神及強力意志，不斷地擴充和豐富自己（吳光遠，2017）。尼采也曾說一個人如果未能對自己的工作感到不屈不撓，那他絕不是一流的藝術家或科學家（林郁，2009）。尼采認為只要我們增強意志力，世界在我們眼中就會變得更美好（王寧譯，2016）。尼采也發現一個人倘若有健全旺盛的內在生命力，他是不會屈服於悲觀主義，因為悲觀主義是生命力衰退的表現（周國平，2016）。尼采總是要我們轉弱為強，經過他的強力意志企圖拯救人類走向肯定的價值並歌頌生命（莫詒謀，2011）。筆者同意尼采的觀點，唯有當個體充全發展，群眾福祉才能增進：「正是基於最大個人可能考量，普遍幸福才能達到最大。」（李克寰，2011），亦即完善自己乃是成就他人的前提，不可本末倒置（李克寰，2011）。整體說來，尼采的超人精神與追求強大力量的意志是入世的，並督促教育領導人應像樹木一樣不斷生長，時時充實自我、超越自己並展現強力意志，而這也是一種使個體生命提升之健康的利己主義。

四、教育領導人之尼采哲學教育觀

　　尼采哲學對校長教育觀的啟示可從教育目的、教育內容、教育方法及生命教育等方面加以闡述（吳光遠，2017；杜明慧，2010；柯倩俐，2000；洪國富，2009；Johbston, 1998; Roof, 2014）：在教育目的方面，尼采的觀點是學校教育在於發展個人的潛能（Roof, 2014），成為超人（Johnston, 1998），是以校長應透過教育讓學生認識自己，發現自己的個性與天賦，能夠自我實現、自我超越，也就是說教育的意義與目的是幫助個體克服自我及完成他的自我；在教育內容方面，應該提供一些課程讓學生認識自我及發展個性，並重視藝術的感性陶冶；在教育方法方面，校長應該鼓勵教師因材施教，成為真正能解放學生的教師，多讓學生自由表達意見，並教導學生如何自立自強的「釣魚方法」，而不是「只給魚吃」；在生命教育方面，尼采強調人要成為生命

的戰士，如果苦難讓生命更有深度，使生命更前進，則故意避除苦難就是懦弱，必然會使生命更衰弱、更敗壞，是以尼采曾表示從超越它的立場來看，每一件事物的本身都有其用途，人不僅應該忍受它，也應該愛護它（黃文樹，1993），面對人生能熱愛生命、肯定生命，連同生命中的一切痛苦（鐘慧卿，2000），尼采是以生命力、創造力及意志力，來回答生命意義的問題（黃國鉅，2017）。職此之故，教育應該培養學生挫折容忍力，勇敢承受生命的困境，熱愛生活並開創生命的新契機。

質言之，具有尼采精神之教育領導人的教育觀是強調培養學生能認識自己、成為自己並不斷自我挑戰，在教育方法與內容上，盡量開發學生的個人潛能並尊重學生的個別差異性，在生命教育上應培養學生永不放棄的奮鬥意志及面對困難挫折的突破勇氣。此外，國內也有學者以尼采的精神三變（馮朝霖，2004），延伸為駱駝代表傳統／保守的教育學，獅子代表批判／解放的教育學，孩童則代表另類／創化的教育學，來說明批判教育及另類教育的起源，其所陳述觀點內容亦具有參考價值。

伍　尼采哲學對教育領導人可能負面影響的評析

如前揭所示，尼采哲學對教育領導人的啟示包含教育領導人要展現駱駝、獅子與赤子的精神、熱愛命運並具挫折容忍力、超人精神與強力意志等，惟尼采哲學對教育領導人可能負面影響，可從以下幾方面加以評析與省思。

第一、尼采哲學強調超人及強力意志等都偏向自我及自我服務，屬於個人主義，而教育是助人利他的志業，故超人精神與教育精神兩者難免有所衝突。尼采應該不會說「助人為快樂之本」，但助人利他卻是新世紀人類珍貴的行為。也就是說，尼采他發現人生的全部意義在於自我超越、自我實現，肯定生命及人生，故提倡酒神精神及強力意志說，不過所肯定的不是群體、社會，而是個體生命（趙建文，1999）。申言之，尼采的自我超越是個體的超越，讓自己變得更強大，惟靈性的自我超越是超越個人的利益，進而為別人服務及利他（蔡進雄，2009），

從服務自我的超人昇華為服務他人的樸人，從自度昇華為度人。而當個人生命交融於群體生命中，不僅個人不再孤立，個人之價值意義亦得以呈顯（洪櫻芬，1998）。因此，教育領導人在吸取尼采之超人及強力意志理念時，要提醒自己可以培養強大的意志、不斷自我超越，藉此嚴以律己及修身，但面對學生時仍要有超越自我利益的靈性情操，保有利他的教育愛。第二、尼采哲學是反道德的，以恢復自我，但教育的功能除了強調個性化之外，社會價值及道德規範之社會化亦不容忽略，是故教育領導人在從事教育工作過程中，在對學生強調自我潛能發展及不斷超越自我的重要性之餘，也要關注社會規範的適切遵循，特別是在個人自由主義高漲的時代，適時教導學生群體合作及尊重他人是有其必要的。

　　第三、尼采哲學強調超人而忽略對弱勢者的照顧，然教育工作者關注的是弱勢學生的補救，且教育領導人更常自許成為弱勢學生的貴人，故尼采超人哲學與對弱勢學生的保護輔導兩者有所差異，此為教育領導人在學習尼采哲學時所應注意的面向。第四、尼采的教育哲學主張教育層級愈高，學生篩選就該愈加嚴格（李克寰，2011），不重視平等主義（Jonas, 2009），尼采著重的是菁英主義及超人教育，不關注大眾教育（Bingham, 2001），惟是否需要菁英教育應該視教育階段而定，在國民中小學之義務教育階段，其精神不應只聚焦菁英而更應是平等及大眾，而到了高等教育才是強調卓越及菁英主義的階段時期。

陸　結語

　　筆者認為意志及心的力量是強大且不可思議的，意志及心的力量影響個體行為的展現並能使人不斷蛻變茁壯。唯有個人的強壯，才有足夠的能量去影響身旁的人及貢獻社會，而個體強大是植根於健全積極的意志之上，個體與意志就像馬車與馬的關係，馬車要前往進，是有賴於強健馬匹的奮進。如果我們可以用一句話來形容尼采，說他是一位極力主張個體強力意志的哲學家應該是相當適切的。以圖1示之，「求強大的意志」之積極強者會自我超越而成超人，精神力強大的教育領導人在困難來臨會格外奮發與振作；反之，「求強大的意志」之消極弱者會是停滯安逸而成末人，精神力衰弱的教育領導人遇到困難與挫折往往會選擇

避重就輕。

圖1
求強大意志、超人與末人

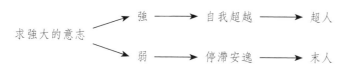

　　總結說來，尼采的精神三變、熱愛命運、強力意志、及超人精神等對於學校教育人員及校長來說，都是具有啟發意義，即自己要具有強力意志及不斷面對自己、征服自己、超越自我，如此才有充足的正能量去面對社會及家長期待，領導師生並克服辦學阻力，進一步奉獻教育與社會。也就是說，要「度人」之前，自己要先自信強壯。而精神三變也勉勵教育領導人要有駱駝、獅子與赤子之精神，適時展現不同的精神狀態。事實上，尼采的學說至今還受到不少批評與爭議，例如：過於個人主義、忽略社會文化因素、缺乏對弱者的同理、重視菁英及反傳統道德，然其強力意志學說及熱愛命運哲學觀讓我們擺脫結構決定論及宿命論，視挫折與困境為生命成長的養分與契機，仍是令人鼓舞的。

參考文獻

(一) 中文部分

王思迅（2004）。意志的肯定與否定──尼采對叔本華意志論的超越。**鵝湖，29**(7)，27-38。

王寧（譯）（2016）。**尼采超人講座：超越自己‧遇見自己**。朴贊國原著。新北市：潮21BOOK。

余鴻榮（譯）（1993）。**查拉圖斯特拉如是說**。尼采（F. W. Nietzsche）原著。臺北市：志文。

吳永清（2006）。尼采生命哲學探析及其在新世紀教育的啟示。**教育研究，14**，23-34。

吳光遠（2017）。**讀懂尼采**。臺北市：海鴿文化。

江日新（1999）。阿Q之怒：失序的價值重估與自我毒化的自欺。**中國文哲研究集刊，15**，155-198。

李文瑞、蔡孟真、王瓊淑（譯）（2000）。**激情尼采——漂泊在杜林的靈魂**。Lesley Chamberlain原著。臺北市：究竟。

李永熾（譯）（1973）。尼采——其人及其思想。工藤綏夫著。臺北市：水牛。

李石岑（1971）。**尼采與現代哲學**。新北市：正文。

李克寰（2003）。尼采思想之「力量」視角。**師大學報：人文與社會類，48**(2)，119-134。

李克寰（2011）。**尼采的教育哲學：論作為藝術的教育**。苗栗縣：三灣。

李長俊（譯）（1972）。**悲劇的誕生**。尼采原著。臺北市：三民。

李崗（2000）。尼采人類圖像之教育意義。國立臺灣師範大學教育研究所碩士論文，未出版，臺北市。

李錫錕（2017）。**Power錕的大人學：不吃苦，哪來實力！臺大最狂教授的14堂叢林生存課**。臺北市：圓通。

杜明慧（2010）。尼采《查拉圖斯特拉如是說》及其教師圖像蘊義。國立臺灣師範大學教育學系碩士論文，未出版，臺北市。

杜嘉玲（2017）。尼采思想對哲學諮商的啟示。**遠東通識學報，11**(1)，1-20。

杜麗燕（2002）。**尼采：重估一切價值的哲學家**。新北市：水星文化。

林芝怡（2003）。尼采的哲學思想及其對現代教育的啟示。**教育研究，11**，45-55。

林郁（主編）（2009）。**尼采語錄**。新北市：新潮社。

周國平（2016）。**尼采：在世紀的轉折點上**。香港：香港中和。

柯倩俐（2000）。尼采的超人哲學及其在教育上的應用。**教育研究，8**，313-320。

洪國富（2009）。**審美與生命的交會——尼采的生命哲學及其教育意涵**。國立彰化師範大學教育研究所碩士論文，未出版，彰化市。

洪櫻芬（1998）。「仁」與「愛」的對話——談孟子的「仁義」觀與雅斯培的「愛」觀。**鵝湖月刊，24**(6)，16-24。

孫雲平（2011）。尼采《人性的，太人性的》之形上學解構及其意涵。**國立政治大學哲學學報，26**，61-96。

莫詒謀（2011）。尼采（Nietzsche）的偶像。**新亞學報，29**，197-218。

張笑恆（2016）。**咖啡館裏遇見尼采**。臺北市：風雲時代。

張喚民（譯）（2000）。**解讀尼采**。G. Deleuze原著。天津：百花文藝。

傅佩榮（2010）。**哲學入門**。新北市：正中。

傅佩榮（2016）。**一本就通：西方哲學史**。臺北市：聯經。

陳鼓應（2015）。**悲劇哲學家尼采**。北京：中華書局。

黃文樹（1993）。尼采「精神三變」的創作背景及其教育涵義。**高市文教，48**，51-60。

黃聿芝（2004）。尼采哲學思想探析及其在教育上之啟示。**教育研究，12**，245-254。

黃國鉅（2017）。**尼采：從酒神到超人**。香港：中華書局。

黃瓊仙（2015）。**2小時讀懂世界哲學**。富增章成原著。臺北市：采實文化。

蒙光俊、簡君倫、郭明仁（譯）（2010）。**勇氣心理學：阿德勒觀點的健康社會生活**。J. Yang, A. Millren & M. Blagen原著。臺北市：張老師。

馮作民（編著）（1987）。**尼采的哲學**。臺北市：水牛。

馮朝霖（2004）。駱駝‧獅子與孩童：尼采精神三變說與批判教育學及另類教育學的起源。**教育研究月刊，121**，5-13。

楊明綺（譯）（2013）。**超譯尼采**。白取春彥原著。臺北市：商周。

楊毓瑩（譯）（2017）。**解憂哲學課：從蘇格拉底到傅柯，與哲學家對談20個人生難題**。小川仁志原著。新北市：世潮。

鄔昆如、黎建球（1978）。**中西兩百位哲學家**。臺北市：東大。

趙建文（1999）。**尼采**。香港：中華書局。

趙衛民（2003）。**尼采的生命哲學**。新北市：名田文化。

劉昌元（2016）。**尼采**。臺北市：聯經。

劉崎（譯）（1991）。**瞧！這個人**。尼采（F. W. Nietzsche）原著。臺北市：志文。

蔡俊傑（1997。尼采哲學探析及在教育倫理學的啟示。**教育資料與研究，16**，66-70。

蔡偉鼎（譯）（2014）。尼采：思潮與大師經典漫畫。Laurence Gane文字；Kitty Chan漫畫。新北市：立緒文化。

蔡進雄（2009）。國民中小學校長領導之研究：專業、情緒與靈性的觀點。臺北市：高等教育。

鄭健源（1998）。尼采的哲學思想對職業運動員的啟示。體育學報，26，25-32。

羅家倫（1984）。新人生觀。臺中市：晨星。

鍾莉方（譯）（2014）。尼采治憂鬱。Allan Percy原著。臺中市：晨星。

鐘慧卿（2000）。尼采生命哲學及其在教育意涵之研究。國立政治大學教育學系碩士論文，未出版，臺北市。

(二) 英文部分

Bingham, C. (2001). What Friedrich Nietzsche cannot stand about education: Toward a pedagogy of self-reformulation. *Educational Theory*, *51*(3), 337-352.

Johnston, J. S. (1998). Nietzsche as educator: A reexamination. *Educational Theory*, *48*(1), 67-84.

Jonas, M. E. (2009). A (R) evaluation of Nietzsche's ant-democratic pedagogy: The overman, perspectivism, and self-overcoming. *Studies in Philosophy and Education*, *28*(2), 153-169.

Morris, V. C. (1966). *Existentialism in education it means*. New York: Harper & Row.

Roof, D. (2014). The ethical domains of individualism: Nietzsche and Emerson's pedagogic vision. *Philosophical Studies in Education*, *45*, 168-178.

Yacek, D. W. (2014). Going to school with Friedrich Nietzsche: The self in service of noble culture. *Studies in Philosophy and Education*, *33*(4), 391-411.

問題與討論

一、請陳述尼采的生平及思想演變，並闡明尼采的主要思想。

二、請從教育領導人要展現駱駝、獅子與赤子精神等方面，闡述尼采哲學對教育領導人的啟示。

三、請評析尼采哲學對教育領導人的可能負面影響，並提出您對尼采思想與教育的看法。

本文曾發表於「2017東亞地區校長學學術研討會」並載於該研討會手冊。主辦單位：國立臺北教育大學、中華民國中小學校長協會。

第十三章

德國職業教育4.0之建構、內涵與行動策略

陳淑娟

壹 前言

德國於2013年4月在漢諾威博覽會（Hannover Messe）上，提出「工業4.0」（Industry 4.0）的概念。德國將之視爲振興工業的國家級戰略，是德國《國家高技術戰略2020》十大重點目標之一。德國「工業4.0」的概念提出之後，迅速獲得了世界各國的回應，並被認爲是第四次工業革命的象徵。所謂「工業4.0」並無清晰、統一的定義（Heng, 2014），然較廣泛之定義乃係由經濟與科學研究所提出的：「工業4.0旨爲將網路實體系統[1]（Cyber-Physical System, CPS）廣泛用至工業生產過程和物流領域，同時透過網路將物品或服務進行全方位的智慧化新工業生產模式。此外，工業4.0伴隨著對生產環節和商業模式的影響，以及配套措施和工作組織的要求」（Kagermann, Wahlster,& Helbig, 2013a）。

「工業4.0」被認爲是人類歷史上，繼蒸汽時代、電氣時代、自動化時代後的第四個工業革命階段，乃工業革命發展歷史之結果（Wolter, Mönnig, Hummel, Schneemann, Weber, Zika, Helmrich, Maier, & Neuber-Pohl, 2015）。工業革命以生產方式之轉變視爲各階段工業革命之劃分標準（Markillie, 2012）。「工業4.0」雖是承繼第三次工業革命的能源與技術發展，然而，隨著網路、大數據、3D技術的技術發展與成熟，不僅生產方式改變，也實現了跨越式的變革，製造業自動化的概念被更新，並擴展到柔性化、智能化的程度。同時，由於「工業4.0」時代的到來，也加速了物聯網（Internet of Things, IoT）技術的實務運用，使得生產線上的組件、產品乃至生產機器，都能夠確實蒐集與共享數據，集中的工廠控制系統亦轉變成分散式智能（distributed intelligence）的形式來維持運作（Shrouf, Ordieres, Miragliotta, 2014）。各階段工業革命發展之區別與特色之比較如下表：

---

[1] 網路實體系統或稱「虛實整合系統」，係結合電腦運算領域、感測器，以及致動器裝置的整合系統。

表1

各階段工業發展之區別與特色

	工業1.0	工業2.0	工業3.0	工業4.0
時代	18世紀—19世紀	19世紀—20世紀中期	20世紀中期至今	現在進行式
主要代表	水力與蒸汽機	電力與電動機	原子能與電子計算機等	網路、大數據技術
時代名稱	蒸汽時代	電氣時代	訊息時代	智能製造時代
工業水準	工業機械化機器取代手工	工業電氣化、生產線大量生產	工業自動化取代人工	工業智能化、特製化取代標準化
主要特色	機器取代人工的量產規模	製造業自動化品質提升		

資料來源：研究者自行整理。

　　由於「工業4.0」時代的來臨，數位化使得工業生產取代了傳統生產模式和商業模式，實現特製化的技術創新，開創出另一番市場與領域的光景。網路實體系統（CPS）將會取代現今的自動化流水線生產，成為核心的技術元素。藉由網路實體系統，人、機器和物體相互連接，進行直接、即時、自主的溝通，從而形成動態地、即時感知與自我管理的創造價值；並得以靈活地依據相應標準，不斷地優化生產過程，如成本管理、資源配置及利用等（Böhmer, Klose, Sachs, Stinshoff, Weiss, & Weinelt, 2016）。除此之外，由於網路實體系統能將產品價值創造鏈——由供應商端、企業端、商務端，以及用戶端一一串聯起來。因此，生產過程得以充分地考慮用戶的個性化需求。生產與服務亦變得智能化，且彼此之間的界限逐漸消融（Zweck, Holtmannspötter, Braun, Hirt, Kimpeler, & Warnke, 2015）。

　　然而，工業4.0並不僅限於工業領域範疇，其所指的係整個勞動市場之變革（Bundesministerium für Arbeit und Soziales, 2015），其核心精神是對於設備、元件，以及智慧型網路所組成的複雜系統的動態管理，因此，更指涉了工作組織和勞僱關係運作便捷化所帶來之變革。最

重要的是，「工業4.0」並非意味著與傳統切割分離的轉變，其是工業化以來長期累積所成之產物，亦是德國將自動化、資訊化引入生產方式後所產生的必然結果。也因此，工業4.0之概念逐漸影響到勞動力市場，以及與勞動力市場息息相關的職業教育；職業教育改革推動職業教育4.0之聲浪自此興起。本文就德國受工業4.0影響所推動之職業教育4.0的概念與內涵、聯邦政府與各邦政府和工商各界所謀定之職業4.0之策略、與相關計畫推動，以及工業4.0所造成的勞動市場變化進行探究。

貳　工業4.0背景下推動職業教育4.0

一、職業教育4.0之概念與內涵

　　隨著工業4.0之推動，職業教育4.0之討論與研究也早已不在話下。在工業4.0發展過程概念中，職業教育的人才培育方針早已納入整體規劃之中。工業4.0工作小組於2012年向聯邦政府提出的「工業4.0 未來工程實施建議」，就已將「人才培育」、「職業教育」與「繼續教育」作為6項行動建議之一；並同時將「建立工業4.0能力中心」、「繼續教育與資格」納入實施建議的7項工作之中（Bundesministerium für Wirtschaft und Energie, 2020a）；無獨有偶，《工業4.0未來工程實施建議——工業4.0工作小組最終報告》（Umsetzungsempfehlungen für das Zukunftsprojekt Industrie 4.0）亦同樣將「人才培育」、「職業教育」與「繼續教育」列為6個行動領域之一（Kagermann, Wahlster, & Helbig, 2013b），足見三者之重要性。基此，德國聯邦政府採納上述報告之建議，在2013年4月成立的「工業4.0平台」中，設立「勞動、職業教育與繼續教育工作小組」，負責倡導和推進工業4.0發展進程中，與勞動、職業教育以及繼續教育相關之研究和創新研發，並且提出行動方針（Bundesministerium für Wirtschaft und Energie, 2020b）。

　　關於「職業教育4.0」一詞，最初出現於2015年《科學與實踐職業培訓》期刊中，由德國聯邦職業教育研究中心所副所長魏斯（Reinhold Weiss）所提出，其主張係要推動德國職業教育再升級，進而打造出職業教育4.0之相關規劃（BIBB, 2015）；該期刊也於2017年出版「職業

教育4.0」專刊，以其能夠針對此一概念廣邀學者專家齊聚一同集思廣益（BIBB, 2017）。而在政府部門方面，聯邦教育與研究部於2016年10月出版的《數位化知識社會的教育策略》（*Bildungsoffensive für die digitale Wissensgesellschaft*）中，明確地提出「職業教育4.0行動」之相關實施規劃（BMBF, 2016a），自此，「職業教育4.0」因而開始躍然出現於政府官方文件之中，並且成為德國社會中的熱門詞彙。

　　然而，無論是官方政策文件或是研究文獻，對於「職業教育4.0」都尚未有清晰而統一的定義。2016年於法蘭克福由工商聯合組織所舉行的「職業教育4.0：不斷發展的數位化職業教育」（Berufsbildung 4.0：digitale berufsausbildung auf demvormarsch）研討會，將「數位化」視為職業教育4.0未來發展的主軸（IHK, 2016）。相較於過去的職業教育改革各階段，如職業教育1.0關注的是與生活相關的傳統產業品質；職業教育2.0所關注的是基礎教育的專門化，與專門領域中的專業化程度；而職業教育3.0所關注的為可獨立運作、以生產過程為導向的產業品質；到了職業教育4.0，則希望藉由數位化程序協助經驗導向與科學導向的生產過程，來進一步提升產業品質與量能。因此，職業教育4.0可謂是對於未來變革之願景，包括對未來職業的理解、職業教育教學過程設計、教學人員的資格、教育教學資源等，可謂全方位的價值與品質的提升（Linten, Prüstel, 2016）。

　　綜而論之，「職業教育4.0」正如同「工業4.0」一般，為了適應未來工業4.0之所需，應運而生培養具有專業行動力人才的職業教育願景。廣義而言，職業教育4.0係推動職業教育得以隨著技術發展、勞動變化不斷創新發展的過程；其聚焦於勞動市場的數位化轉型，以協助企業及個人掌握轉型過程中的職業需求，並確保其在培育或接受培育的過程中保有創新能力。在政府教育政策執行方面，其目的主要在於推進職業教育的改革，並適應新的人才培養需求；研究層面則聚焦於勞動力數位化對職業資格與能力的要求，以及在此基礎上的職業教育標準和規範、教學內容與資源以及教育方式方法的研究。

二、職業教育4.0之建構

(一) 聯邦政府確立職業教育4.0之行動架構

如同上述，基於初期的研究成果與實踐探索，德國聯邦政府於2016年10月所出版的《數位化知識社會的教育策略》，明確地提出「職業教育4.0行動」。具體分爲5大行動領域，分別是締造數位化的教育培訓、建置數位化的教育設施、建立順應數位化社會的法律架構、建立教育組織機構之數位化，及以數位化融合國際發展，俾作爲德國中長程綜合推進教育數位化的主要行動領域（規劃至2030年）。「職業教育4.0行動」的主要目標爲透過加強數位化能力的培養和深化，以數據媒體爲學習工作，將數位化教育於所有教育領域的潛能最大化。預計到2030年時，所有學習者都有運用媒體數據的能力，能夠自主、負責地參與及分享數位化世界的發展（BMBF, 2016a）。

《數位化知識社會的教育策略》亦提出了數據媒體應用、數位化技術能力培養、教師數位化教學能力等9個方面的具體方向；同時結合德國聯邦體制中，聯邦政府與各邦政府在教育上的職責分工，提出相對應的行動，如數位化公約、中小學教師教育品質行動計畫、高校學術品質公約等，引領各邦與聯邦共同協助推進教育數位化（BMBF, 2016a）。

《數位化知識社會的教育策略》可謂是德國推動教育數位化所確定的策略行動架構。爲了實現職業教育的數位化，《數位化知識社會的教育策略》建議（BMBF, 2016a）：全面進行職業教數據媒體應用的現狀分析、實施職業教育4.0行動架構，輔以聯邦教育研究所促進職業教育數位化的各項措舉之效應、調整修訂雙元制IT方面職業教育教學標準與教學內容、展開職業教育師資媒體技術應用能力培訓、提高職業教育師資，包含企業教師的數據應用能力以及數位化教學能力、實施「媒體應用與製造：職業實踐教育中媒體能力開發」研究項目、研究構成成功履職所需的媒體能力具體構成要素，並制訂相關清單、實施「勞動的未來」研發資助計畫。綜合研究未來勞動力之變化，以及對社會各方面帶來的影響，爲人才培養的改革創新提供參考。

(二) 各邦政府共同設定實施策略

除了聯邦政府對於職業教育4.0行動架構確立之外，尚須各邦教育部門積極響應聯邦政府協助配合，與科學界、企業、消費者保護、行業聯合會組織，以及工會等各方面專家，共同制訂數位化教育的行動策略。德國各邦文教部長常設會議（KMK）於2016年12月8日發布《數位化世界的教育》（Bildung in der digitalen Welt），確立了基礎教育、職業教育與高等教育，以及繼續教育培養「數位化社會的能力」的基本架構。聚焦於數位化世界的能力，以及構建相對應的教學與學習環境。其包括6個行動領域：(1)教學計畫、教學實施，以及課程開發；(2)師資的培育、繼續教育與進修；(3)基礎設施與裝備；(4)教育媒體內容；(5)電子商務、學校管理程序、教育和校園管理系統；(6)法律和職能架構條件等，確立了中小學（含職業教育類學校）、繼續教育以及高等教育數位化的目標與任務、必要措施以及基本要求，爲德國各邦推動教育數位化提供了共同的行動策略（KMK, 2016）。

《數位化世界的教育》突顯了職業教育之特點，明確地確立了職業教育學校的能力架構以及相關行動領域的目標任務、措施和基本要求。職業教育學校之架構，須建立在基礎教育階段能力架構之上，更加突出培養綜合性的職業行動能力要求，結合相關職業數位化勞動需求，重視職業相關的數位化技術學習，培養職業相關的數據技術能力，與數位化背景下勞動所要求的知識、技能和能力。基於行動導向的教學理念，將培養數位化世界的能力作爲各門課程與教學過程的綜合性任務之主軸，聚焦於「數位化設備和勞動技術運用」、「個人職業行動能力」、「自我管理和自我組織能力」、「國際化思維和行動」、「目標導向的合作形式」、「數據保護和數據安全」，以及「批判性看待數位化聯網的媒體與數位化對生活之勞動的後果」等層面。不僅如此，其亦提出數位化世界中，職業教育學校師資之能力標準，以及各階段職業教育培訓與繼續教育的參考指南。強調結合職業教育的特色，職業教育學校媒體設備與配備，應用於模擬相關職業勞動和業務流程的實體技術設備、勞動工具、機器及行業特色的軟體等；同時須爲學校裝設相關職業領域的技術設備及行業特色的軟硬體，從而結合應用要求，構

建良好地學習環境，模擬數位化勞動和業務流程（KMK, 2016）。

　　不僅如此，爲有效推動職業教育學校之教學數位化，德國各邦文教部長常設會議亦於2017年12月7日發布《職業教育學校4.0：未來十年德國職業教育學校創新與整合績效之繼續發展》（Berufliche Schulen 4.0: Weiterentwicklung von Innovationskraft und Integrationsleistung der beruflichen Schulen in Deutschland in der kommenden Dekade），確立了未來十年打造職業教育學校升級版的藍圖。並強調職業教育是「個人參與勞動與社會之關鍵」，明訂各邦推動職業教育學校4.0的重點領域和關鍵環節，以作爲各邦推動學校職業教育改革創新的共同行動策略。其中包括有：(1)增強創新力，深入數位化教學和教育數位化；(2)提高職業教育促進融合的貢獻力，繼續發展適應多語言與文化的教學，促進開發與廣泛開展個性化的措舉；(3)繼續提高職業教育學校品質，系統性建立完善的相關學校發展機制，加強職業教育品質管理，提高各邦品質管理系統可比性，並加強師資團隊，提高師資專業化水平（KMK, 2017）。

　　(三) 各界共同謀定職業教育4.0之策略

　　德國工商界不僅深度參與人才需求，以及人才培養相關研究，同時亦積極參與規劃推動未來人才培養改革和創新之行動。德國雇主聯邦協會（Bundesvereinigung der Deutschen Arbeitgeberverbände, BDA）與德國工會聯合會（Deutscher Gewerkschaftsbund, DGB）於2017年3月所發表的《展望教育2030：德國雇主教育政策立場》（Bildung 2030 Im Blick-Die bildungspolitische Position der Arbeitgeber）（以下簡稱《展望教育2030》），結合德國工業4.0及經濟發展需求，闡述從德國企業界角度，觀諸幼兒教育機構到中小學校、職業教育、高等學校，至終身學習的教育體系未來願景。其對德國教育體系2030年的整體目標目標是，建立足以培養個人自主性、主動性、責任意識，並支持年輕人個性和價值觀發展，從而成爲自覺社會公民的要求，內部結構上相互融通、職業教育與高等學校教育具有同等價值、平等地位以及共同發展，有效促進社會暢通流動的高品質、高效率的教育體系；使年輕人能

夠積極規劃建設個人生活，並共同推進社會福祉發展，為每個人提供開展自我以及個人潛力的機會（BDA, 2017）。

　　《展望教育2030》不僅闡述各教育領域的目標願景，還提出相關之政策建議，呼籲聯邦、各邦以及鄉鎮社區強化協同合作，共同實現德國現代化教育目標。雙元制職業教育不僅是德國保障專業人才供應的關鍵要素，亦為德國經濟體系的支柱，也是年輕人成為專業人才的重要途徑。2030年職業教育的發展目標為維持並提高職業教育的品質，強化學校與企業間的合作，傳授專業知識和技能的同時，有目的地推進社會能力、創新精神、決策能力、企業經濟管理能力，以及個人發展能力等跨專業技能的培養，全面提升職業教育人才質與量，適應數位化發展要求，不斷調整更新職業教育標準和內容，實現職業教育數位化建設。藉以進一步提升職業教育價值，增強職業教育吸引力，實現職業教育和學術教育的同等價值。增加與擴展職業教育與高等教育的銜接與融通，以多種不同的形式搭建立橋梁，使職業教育學習者和畢業生能獲得高等學校學習的入學資格（BDA, 2017）。

　　此外，德國各邦文教部長常設會議（KMK）、德國雇主聯邦協會（BDA）與德國工會聯合會（DGB）於2017年5月4日共同發表《共同建設數據世界中強大之職業學校》聲明（KMK, BDA & DGB, 2017），強調職業學校對雙元制職業教育的重要性，未來須加強推動數位化設施現代化、職業學校基礎建設、專業團隊師資，推進雙元制職業學校現代化，並強調德國經濟界將和聯邦與各邦教育部門合作，增進產業與教育界之融合，共同落實相關職業學校基礎建設、完善裝備、教學標準及實施過程、師資培訓等相關項目與措舉，共同支持職業學校與企業間的合作。

參　職業教育4.0相關計畫之推行

　　為了更加順利引導職業教育4.0建設，增強人才培育對工業4.0未來願景的支持，聯邦教育與研究部於2016年與聯邦職業教育研究中心共同合作實施「職業教育4.0行動」（BMBF, 2016a），將實施中的相關資助計畫和行動，與「未來數位化勞動專業人才資格及能力」等仍在評

估階段的新資助計畫，統一列入行動架構中，企圖進一步強化資助研究
與評估工作的協調性，以期更順暢地服務和支持職業教育改革創新。職
業教育4.0行動架構結合了相關主題領域以及目標群體，設立資助計畫
和行動，以資助有實施具體研究與測試的計畫。主要的贊助計畫與行動
如下：

一、未來數位化勞動的專業人才資格及能力研究資助計畫

該計畫主要研究工業4.0對人才培養要求之變化，實施期限為2016
年至2018年，資助經費為275萬歐元（BMBF, 2017）。主要聚焦於以
下三方面之研究：(1)以雙元制職業教育、專業進修及行業為基礎，與
科學研究界、行業界、企業共同研究分析數位化對職業資格要求的影
響，並對未來資格需求進行預測，開發新的教育職業，與修訂更新職業
教育教學規範標準提供依據，並提出相應的行動建議；(2)在廣泛範圍
內分析研究IT及媒體技術影響，以釐清IT及媒體作為跨職業關鍵能力對
職業教育之影響，以確立職業教育中媒體能力作為關鍵能力的品質標準
以及教學要求；(3)建設職業教育4.0 的資格監測與預測系統，從勞動市
場和職業資格角度考量未來數位化發展，特別是對相關行業、職業及工
作領域在數量和品質上的影響，從而分析勞動市場對具有數據能力的
人才的具體需求，並就人才培養提出相關具體建議（Esser, Helmrich,
Härtel, Padur, & Zinke, 2016）。

二、促進跨企業職業教育中心及能力中心數位化資助計畫

該計畫旨在透過相關項目資助跨企業培訓機構適應數位化發展要
求，更新設備裝備以及創新性教育方案，資助計畫期限為2016年至
2019年，資助經費總額為8, 400萬歐元（BMBF, 2017）。

三、職業教育中的數位化媒體資助計畫

該計畫旨在推進職業教育中的數位化學習，與教學方案及數據媒體
應用，推動數位化媒體的廣泛應用並開展職教師資培訓。實施期限為
2012年至2019年，計畫投入經費約1.52億歐元。計畫內容為開發應用於

適應職業教育與培訓過程的學習與教學方案，包括移動學習、貼近勞動職位學習，以及網路教學；再者，開發提高職業教育師資媒體教學能力的教學方案，並進一步開展職業教育師資培訓（BMBF, 2017）。

四、職業教育與繼續教育「新入職者+」計畫

「新入職者+」計畫爲2006年啟動實施的「新入職者」計畫之延伸計畫，這兩個計畫同爲德國聯邦政府針對雙元制職業教育體系的核心資助計畫。「新入職者+」計畫自2006年以來，共資助了473個中小型企業。資助期爲2017年至2020年，資助金額共1,340萬歐元。「新入職者+」計畫已進行了三輪資助，共計資助123個中小型企業。本計畫主要爲中小型企業提供諮詢建議，並協助改善職業教育方法，調整招聘（學徒）宣傳或提供學徒獲得補充資格等，從而形成相對應之機制，爲中小型企業提供持續支持，使其能夠儘早因應數位化所隨之而來的人才需求（BMBF, 2017）。

五、職業教育實踐中能力測驗評量「ASCOT+」行動策略

該行動策略基於IT 技術，開發有關於職業領域的認證性測驗評量程序，藉以提高職業教育的行動能力透明度和顯現度。「ASCOT+」行動策略是聯邦教育與研究部委託實施的ASCOT（2011-2015）研究計畫的後續延伸策略，旨在將前期研究開發之職業教育能力測驗評量（2017-2021）的成果推廣，能更加廣泛地應用於學習成果檢測、考試。SPE聯合項目追求的目標是促進商業職業基於能力的期末考試之開發和使用。數據工作平台旨在幫助測試任務創建者逐步開發過程，以開發針對專業商業能力的任務，並將其轉換爲整體測試。工作平台包含一個參考任務清單，以作爲創建和評估新任務的指南。此外，該工具還提供了知識數據庫與學習單元，可進一步培訓考試創建人員（BMBF, 2020a; BIBB, 2020a）。

是故，善用ASCOT研究計畫的結果，爲職業教育考試實踐提供了方法論上的支持，並建立了一套標準化和專業化的設計流程，用於數位化考試任務和期末考試。在設計過程聚焦於不同跨領域商業專業的學

員：工業行政人員與貨運和物流服務商。這兩個不同的學徒制提供商業教育的期末考試內容和格式的範例，爲了在個人層面上充分記錄專業的培養過程和能力水準，並在結構層面上滿足職位描述，以及職業教育與培訓體系參與者之未來發展需求。目前正規劃雙重系統考試系統的要求，研究如何使設計過程專業化，以使其參考能力本位的考試基本思想，並以自願者進行考試的方式，整合對自願考試創建者之協助（BMBF, 2020a; 2020b; BIBB, 2020a; 2020b）。

六、勞動的未來行動策略：同步實現技術與社會進步

「勞動的未來」行動策略，旨在支持企業和研究機構透過創新性的研究，積極參與構建適應未來的勞動力。以同步推動技術和社會創新爲目標，支持研究機構與企業共同開發企業中的人才培養、健康與疾病預防、勞動組織與規劃方面的創新模式，並嘗試將模式引入企業實踐中。此行動策略乃「面向未來生產製造、服務與勞動的創新」總計畫中的子計畫，聚焦於跨行業與跨學科的項目，重點研究方向爲下列幾點：(1)人口結構變化中的企業能力管理；(2)服務未來安全健康勞動的預防措施；(3)數位化世界中的勞動：作爲社會創新的數位化；(4)保持終身健康：資助勞動健康的研究項目；(5)混合式價值創造體系中的勞動；(6)創新型社會的中小企業：中小企業的社會創新；(7)以人作爲主體和客體的勞動：數位化轉變中的互動活動（BMBF, 2017; 2016b）。

肆　工業4.0所造成勞動力市場之變化

近年來，因著科技技術革命而有創新的工業4.0、人工智慧、大數據等具代表性的技術演進，各先進國家亦力推技術發展與產業轉型升級。與此同時，德國不斷推出以工業4.0爲代表的經濟轉型升級，導致勞動力市場發生變化，對於勞力需求結構與資格的要求也隨之改變。根據德國聯邦職業教育研究中心對於未來勞動力市場的預測，在2015年至2035年之間，將會有1,840萬人退出德國的勞動力市場，與此同時亦會有1,880萬人進入德國的勞動力市場（Maier, Zika, Kalinowski, Mönnig, Wolter, & Schneemann, 2018），意味著德國勞動市場將會在未來

有一段新舊交替的過渡時期。目前德國勞動力市場2020年將有71萬個工作職缺消失，同時亦產生72萬個新工作職缺（Zika, Helmrich., Maier, Weber, & Wolter, 2018）。到2030年，與數位化相關之領域可望新增58萬個就業職缺。與之相較，傳統行業，例如：金屬鍛造、紡織服裝以及食品生產等領域，由於引入數位化的生產與服務體系，將會逐漸降低對勞動力的需求。預計到2030年，將會有27個行業共計損失31萬個就業職缺（Kriechel, Düll, & Vogler-Ludwig, 2016）。至2035年爲止，目前的工作職位將會有146萬個職缺消失，同時會有140萬個新的工作職缺，總變化數爲286萬個，占目前德國4,240萬就業人口的數的6.7%，但工作職缺總數幾乎不變（如圖1所示）。

圖1
預測德國2020-2035年未來工作職缺變化

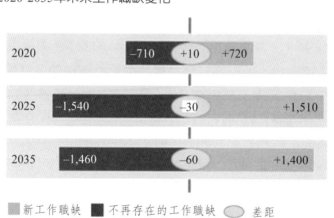

資料來源：Zika, Helmrich., Maier, Weber & Wolter (2018).

與常態發展策略相比，德國經濟發展的發展策略中，勞動力職缺的數量整體變化並不大，但職業結構轉型將造成行業和職業間流動加遽，出現結構失衡的現象。數據技術變革所造成的的巨大衝擊，加快了德國行業結構的轉變速度。IT行業、企業管理以及市場營銷等領域，將在數據技術的帶動下蓬勃發展；同時，機械製造、汽車生產等領域也伴

隨工業的轉型升級，顯示出強大的發展潛力。行業結構的變化，亦導致對勞動者素質與職業技能要求的轉變。擁有IT技術與工程技術教育背景的專業人才將逐漸受到青睞。此外，勞動者必須普遍具備良好的數據應用能力和終身學習能力，才能迅速應對各行各業不斷出現的技術更新及發展。雖然數位化對整體就業規模影響不大，但是勞動力市場中的行業別、勞動職缺分布，以及就業資歷的要求受到較大的衝擊。在減少工作職缺的職業別中，機器設備操控和維修工人減少數量最多，達到27.8萬，占15.1%。其次是金屬、設備、架構、安裝和電工類職業，減少19.5萬個職缺，占比14.5%。其次是基層勞工和警衛，減少12萬個職缺，占12.6%。增加工作職缺的職業中，最大化的爲媒體與人文社會藝術相關職業，增加數量達到16.1萬，占9.5%。資訊與自然科學相關職缺增加14.9萬，占5.6%。社會工作則增加13.2萬個職缺，占7.6%。受到最大衝擊的是加工製造業，工作職缺將可能減少13萬個；相對而言，從數位化發展而來的資訊與通訊行業獲益最大，將爲此新增12.3萬個工作職缺。除此之外，家政服務類、教育類等共12個職業領域就業人數將會大幅增長。即使地區間行業經濟結構及勞動力市場職業結構不同，數位化仍將對部分地區就業結構產生深刻影響，如北威邦至2035年將減少29.4萬個現有職缺，但同時也將會產生29.2萬個新的工作職缺（Zika, Helmrich., Maier, Weber, & Wolter, 2018）。

工業4.0所帶來的的數位化變革爲勞動力市場帶來了不可預見的機會和技能領域、新的工作形式和新的組織型態。數位相關領域中的專業技能，如軟體開發是目前數位化發展速度的關鍵競爭力，而且扮演著非常重要的角色。在工業4.0背景下的生產人員，必須自發地進行終身學習、具備更強的跨學科思維與行動，同時，具備更好的IT專業知能將變得愈來愈重要（Ingenics AG, 2014）。未來軟體使用、資料串接以及數據分析等將不斷增加使用需求，日益加深對於軟體開發和IT專業技術勞工之需求，例如：具備軟體應用能力的機電專家（Rüßmann, Lorenz, Gerbert, Waldner, Justus, Engel, & Harnisch, 2015）。根據聯邦職業教育研究中心2015年的研究報告（IT-Berufe und IT-Kompetenzen inder Industrie 4.0）指出，2012年超過80%的職缺皆須使用電腦進行工

作，與此同時，不須使用電腦的勞動職缺比例正逐年下降，1999年為48.3%，2006年為23.3%，2012年為19.1%。在2006年，在工作時間中使用電腦的比例占44%；到了2012年，工作時間使用電腦的比例已經增加到48%（Hall, Maier, Helmrich, & Zika, 2015），足見資訊科技技能的重要性與日俱增。此外，眾多企業也逐漸將「問題解決」（Problem Solving）、「跨域溝通」（Communication Across Boundaries）等視為勞動者之必要能力。因此，勞動者不僅需要了解IT技能，尚須具備解決相關問題之知識，以及跨學科的團隊合作能力。

　　工業4.0可謂為工作型態的革命，如同自動化與數位化改變生產模式與生產產品一樣，其目標是建立一個極具靈活度的客製化與數位化產品。數位化後的設備將漸漸取代單一技能的勞動者，生產線上的傳統技術勞工亦會逐漸被擁有專業知識技能的勞動者取而代之；專業知識技能勞動者以知識、資訊等進行生產規劃、協調、評估和決策，乃將成為生產線上不可或缺的要素；質言之，未來各行各業的職位需求將會更加重視技術的專業性。由此可知，因工業4.0而起的新興專業需求、生產模式，都將成為生產環節中的一部分，對於過去傳統、簡單、化一的技術與技能的使用，將持續降低。隨著智能化和網際網路所帶來的生產方式日益聚合（integrated），數位化生產儼然成為當代產業界的主流生產方式，不難想見，未來將需要更多具備IT知識技術的人才。此外，過去盛行的自動化生產，在大數據（Big Data）的引進與應用下也將催生出有別於過去的人才需求，其關鍵資格在於技術開發者而非使用者，故將來職業教育的學習重點應聚焦於勞動者在技術設計方面的培育及養成，並將目標置於如何能夠在參與生產的過程中進行對話和決定（Pfeiffer, 2015）。

　　從上述說明中可知，在經濟發展的過程中，經濟結構必然出現某種程度的調整，繼而帶動人力資本迅速變動。而無法適應科技革命、無法跟上技術進步、無法勝任嶄新工作職位的勞動者，必然會被迫加入結構性失業的隊伍。因此，工業4.0所造就的經濟4.0，帶給勞動力市場的一大挑戰是結構性失業；與此同時，新興行業還將可能面臨勞動力短缺問題。整體而言，若部分職缺供給過剩或部分職缺需求得不到有效滿

足，不僅勞動力市場無法健康發展，整個社會也會出現矛盾和危機。德國因高科技產業的迅速發展，現代化企業生產流程發生改變，經濟市場、勞動力市場亦就此發生遽變，對於勞動力之需求已不同以往。為因應產業需求的改變，職業結構亦發生變化，職業教育課程也需要進一步調整，以符合時代所需。

有鑒於此，以德國工業技師培訓為例，工業技師在企業中扮演著工程計畫內領導者的角色，負責按技術員、工程師的設計方案組織生產與品質把關。以往工業技師的主要職責是指導工人做什麼（what）和怎麼做（how）。隨著自動化程度提高和生產流程管理日益扁平化，技師還需要具備更多的領導和協調能力，與此相適應，德國技師的培訓和考試也增加了新的要求。這些新要求包括產能和人員企劃、生產流程優化、參與新開發產品投產的投資和成本評估、工藝改良以及工人再培訓企劃等。對技師能力考核的新項目，包括新技術產品的組織生產能力、解決問題的靈活性、與他人的溝通能力以及電子數據處理軟硬體的應用能力。

伍　結語

由於職業結構的轉變，該如何加強職業教育數位化，增強學生適應未來職場所要求的能力，亦成為當前職業教育所面臨之課題。目前德國職業教育數位化尚未完全到位，許多雙元制職業教育的學生認為，在學習過程中，對於未來數位化的勞動市場準備不能完全滿足需求。有54%的雙元制職業教育學生認為其職業教育過程中，有目的性地利用數位化技術為未來職涯準備；而職業學校和小型企業在數位化的實踐上顯著不足，僅有34.9%的學生認為雙元制職業教育學校的數位技術設備好或很好，另外32.7%的學生則是認為，雙元制職業教育學校教學中運用的數位媒體及技術設備不足或勉強足夠。參加雙元制職業教育、在小型企業中的學生認為有針對性地學習數位技術的僅占45%（DGB, 2019）。鑒於經濟與技術的發展，導致勞動力市場結構發生變化，因此職業教育培訓應增加數位化技術與設備，以培育青少年及早因應對未來就業市場的適應力。

　　面對人口結構和職業結構之變化、職業教育學生數減少、技術革新與勞動市場需求的變化、青年人接受高等教育需求增加，以及職業教育內部結構的調整，必須加以完善職業教育制度與發展環境。在前揭背景之下，如何增強雙元制職業教育的靈活性，充分提高雙元制職業教育的透明度，進而加強職業教育體系整體之競爭力，實現職業教育的普世價值，為德國雙元制職業教育目前所面臨的最大問題與挑戰。

參考文獻

BDA. (2017). *Bildung 2030 Im Blick-Die bildungspolitische Position der Arbeitgeber*. Berlin, Germany: Author.

BIBB. (2015). Berufsbildung 4.0. *Berufsbildung 4.0. Berufsbildung in Wissenschaft und Praxis*, *2015*(1), 3.

BIBB. (2017). Berufsbildung 4.0. *Berufsbildung in Wissenschaft und Praxis*, *2017*(2), 1-62.

BIBB. (2020a). *ASPE-kompetenzorientierte Prüfungen*. Retrieved from https://learninglab. uni-due.de/forschung/projekte/aspe-kompetenzorientierte-pr-fungen

BIBB. (2020b). *Berufsbildung 4.0-Digitalisierung der Arbeitswelt*. Retrieved from https:// www.bibb.de/berufsbildung40

BMBF. (2016). *Bildungsoffensive für die digitale Wissensgesellschaft-Strategie des Bundesministeriums für Bildung und Forschung*. Berlin: Germany, Author.

BMBF. (2016a). *Bildungsoffensive für die digitale Wissensgesellschaft-Strategie des Bundesministeriums für Bildung und Forschung*. Berlin: Germany, Author.

BMBF. (2016b). *Zukunft der Arbeit-Innovationen für die Arbeit von morgen*. Bonn, Germany: Author.

BMBF. (2017). *Berufsbildung 4.0-den digitalen Wandel gestalten. Programme und Initiativen des BMBF*. Bonn, Germany: Author.

BMBF. (2020a). *ASCOT+-Projekte*. Retrieved from https://www.ascot-vet.net/de/aspe---digitale-workbench-fuer-kompetenzorientierte-pruefungsaufgaben-und-abschlusspruefungen.html

BMBF. (2020b). *Berufsbildung 4.0*. Retrieved from https://www.bmbf.de/de/berufsbildung-4-0-3246.html

Böhmer, M., Klose, G., Sachs, A., Stinshoff, C., Weiss, J., & Weinelt, H. (2016). *Lage und Zukunft der deutschen Industrie (Perspektive 2030)*. Bonn: Germany, Bundesministerium für Wirtschaft und Energie.

Bundesministerium für Arbeit und Soziales (2015). *Grünbuch Arbeit Weiter Denken*. Berlin: Ruksaldruck GmbH & Co. KG.

Bundesministerium für Wirtschaft und Energie. (2020a). *Hintergrund zur Plattform Industrie 4.0*. Retrieved from https://www.plattform-i40.de/PI40/Navigation/DE/Home/home.html

Bundesministerium für Wirtschaft und Energie. (2020b). *Die Arbeitsgruppen der Plattform Industrie 4.0*. Retrieved from https://www.plattform-i40.de/PI40/Navigation/DE/Plattform/Struktur-Organisation/Arbeitsgruppen/arbeitsgruppen.html

DGB (2019). *Ausbildungsreport 2019. Themenschwerpunkt: Ausbildung 4.0*. Berlin: Autor.

Esser, F. H, Helmrich, R., Härtel, M., Padur T., & Zinke G. (2016). *Berufsbildung 4.0-Fachkräftequalifikationen und Kompetenzen für die digitalisierte Arbeit von morgen (kurzgefasste Projektbeschreibung)*. Bonn, Germany: BIBB.

Hall, A., Maier, T., Helmrich, R., & Zika, G. (2015). *IT-Berufe und IT-Kompetenzen in der Industrie 4.0*. Bonn, Germany: BIBB.

Heng, S. (2014). *Industrie 4.0-Upgrade des Industriestandorts Deutschland steht bevor*. Frankfurt: Deutsche Bank.

IHK. (2016). *Berufsbildung 4.0-Digitale Berufsausbildung auf dem Vormarsch*. Retrieved from https://www.frankfurt-main.ihk.de/berufsbildung/infos/downloads/#

Ingenics AG (2014). *Industrie 4.0-Eine Revolution der Arbeitsgestaltung?!* Retrieved from https://www.ingenics.com/assets/downloads/de/Industrie40_Studie_Ingenics_IAO_VM.pdf

Kagermann, H., Wahlster, W., & Helbig J. (2013a). Deutschlands Zukunft als Produktionsstandort sichern: Umsetzungsempfehlungen für das Zukunftsprojekt Industrie 4.0.-Abschlussbericht des Arbeitskreises Industrie 4.0. *Deutsche Akademie der Technikwissenschaften*, 5-7.

Kagermann, H., Wahlster, W., Helbi, J. (2013b). *Deutschlands Zukunft als Produktionsstandortsichern-Umsetzungsempfehlungenfür das ZukunftsprojektIndustrie 4.0. Ab-schlussberichtdes Arbeitskreises Industrie 4.0*. Frankfurt am Main, Germany: Fraunhofer IPA.

KMK, BDA & DGB. (2017). *Gemeinsam für starke Berufsschulen in der digitalen Welt*. Retrieved from https://www.dgb.de/presse/++co++2534a00c-4468-11e7-a5be-525400e5a74a

KMK. (2016). *Bildung in der digitalen Welt-Strategie der Kultusministerkonferenz*. Bremen: Germany, Author.

KMK. (2017). *Berufliche Schulen 4.0-Weiterentwicklung von Innovationskraft und Integrationsleistung der beruflichen Schulen in Deutschland in der kommenden Dekade*. Baden-Württemberg: Germany, Author.

Kriechel, B., Düll, N., & Vogler-Ludwig, K. (2016) *Arbeitsmarkt 2030-Wirtschaft und Arbeitsmarkt im digitalen Zeitalter: Prognose 2016*. Germany: WBV.

Linten, M., Prüstel, S. (2016). Industrie 4.0-Wirtschaft 4.0-Berufsbildung 4.0. Bonn, Germany: BIBB.

Maier T., Zika G., Kalinowski M., Mönnig A., Wolter M. I. & Schneemann C. (2018). *BIBB Report 7/2018-Bevölkerungswachstum bei geringer Erwerbslosigkeit. rgebnisse der fünften Welle der BIBB-IAB-Qualifikations-und Berufsprojektionen bis zum Jahr 2035*. Bonn: Bundesinstitut für Berufsbildung.

Markillie, P. (2012). A third industrial revolution. *The Economist, 4*, 3-12.

Pfeiffer, S. (2015). *Effects of Industry 4.0 on vocational education and training*. Vienna: ÖAW.

Rüßmann, M., Lorenz, M., Gerbert, P., Waldner M., Justus, J., Engel, P., & Harnisch, M. (2015). *Industry 4.0: The Future of Productivity and Growth in Manufacturing Industries*. Munich, Germany: BCG.

Shrouf, F.; Ordieres, J., & Miragliotta, G. (2014). Smart factories in Industry 4.0: A review of the concept and of energy management approached in production based on the Internet of Things paradigm. *IEEE*, 697-701.

Wolter, M. I., Mönnig, A., Hummel, M., Schneemann, C., Weber, E., Zika, G., Helmrich, R., Maier, T., & Neuber-Pohl, C. (2015). *Industry 4.0 and the consequences for labour market and economy: Scenario calculations in line with the BIBB-IAB qualifications and occupational field projections*. Bonn, Germany: BIBB.

Wolter, M. I., Mönnig, A., Hummel, M., Schneemann, C., Weber, E., Zika, G., Helmrich, R., Maier, T., Neuber-Pohl, C. (2018). *Industrie 4.0 und die Folgen für Arbeitsmarkt und Wirtschaft: Szenario-Rechnungen im Rahmen der BIBB-IAB-Qualifikations-und Berufsfeldprojektionen*. Regensburger, Germany: IAB-Forschungsbericht.

Zika G., Helmrich R., Maier T., Weber E. & Wolter M. I. (2018). *Arbeitsmarkteffekte der Digitalisierung bis 2035. Regionale Branchenstruktur spielt eine wichtige Rolle*. Nürnberg: IAB.

Zweck, A., Holtmannspötter, D., Braun, M., Hirt, M., Kimpeler, S., & Warnke, P. (2015). *Gesellschaftliche Veränderungen 2030*. Düsseldorf: Germany, BMBF.

問題與討論

一、各階段工業革命發展之特色與區別為何？

二、德國職業教育4.0之概念與內涵為何？

三、德國職業教育4.0的行動方案有哪些？

四、德國職業教育4.0有哪些值得我國借鏡之處？

第十四章

大學校院校務評鑑資料整合架構之芻議[1]

陳盈宏、李文基

---

[1] 本文初稿曾發表於2021年國立臺灣師範大學教育學系舉辦的「預見教育2030：風險時代的教育價值、反思與行動國際學術研討會」。

壹 前言

　　我國大學評鑑的發展脈絡可追溯至1975年的五大學門評鑑（牙醫、化學、醫學、物理及數學等五個學門）；而後，隨著2005年《大學法》[2]有關大學自我評鑑的制訂及2007年《大學評鑑辦法》的訂定，象徵我國大學評鑑邁入法制化；此外，在2005年12月26日，教育部與當時全國大專校院共同捐助成立財團法人高等教育評鑑中心基金會（簡稱高評中心，主要負責一般大學校務評鑑），加上社團法人台灣評鑑協會（簡稱台評會，主要負責技專校院相關評鑑）、社團法人中華工程教育學會（工程及科技教育認證）及社團法人中華民國管理科學學會（華文商管學院認證）等，更代表我國大學評鑑已邁入專業評鑑機構階段（陳盈宏，2016；陳盈宏，2018）。

　　高評中心為專責「大學校院校務評鑑」的專業評鑑機構，主要採用美國認可制評鑑精神進行大學校院校務評鑑機制規劃，在2011年完成第一週期大學校院校務評鑑，主要重視大學校院學習成效評估機制的建置；在2017年至2018年進行第二週期大學校院校務評鑑，主要希望大學校院可以落實自我品質保證機制及深化學生學習成效機制的推動；在2023年至2025年預定推動第三週期大學校院校務評鑑，進一步期許各大學校院可以落實風險控管機制及善盡社會責任（財團法人高等教育評鑑中心基金會，2022a）。換言之，「大學校院校務評鑑」的政策目的在於藉由專業評鑑機構對評鑑工作的辦理及評鑑委員的專業評估，讓

---

[2] 為有效管理及促進我國高等教育品質，《大學法》於2005年新增第5條規定：「大學應定期對教學、研究、服務、輔導、校務行政及學生參與等事項，進行自我評鑑；其評鑑規定，由各大學定之。教育部為促進各大學之發展，應組成評鑑委員會或委託學術團體或專業評鑑機構，定期辦理大學評鑑，並公告其結果，作為政府教育經費補助及學校調整發展規模之參考；其評鑑辦法，由教育部定之。」該條文最近於2015年修訂為「教育部為促進各大學之發展，應組成評鑑委員會或委託學術團體或專業評鑑機構，定期辦理大學評鑑，並公告其結果，作為學校調整發展之參考；其評鑑應符合多元、專業原則，相關評鑑辦法由教育部定之。」

受評鑑大學能根據評鑑結果，進行學校長期的自我改善，包括：調整中長期校務規劃、強化自我定位、提升辦學整體品質、發展學校特色等（財團法人高等教育評鑑中心基金會，2019；王明源，2011）。

　　但是，對於「大學校院校務評鑑」的實施品質，仍有不少質疑或批評，如學校自評機制缺乏資料蒐集系統（蘇錦麗、黃曙東，2015），評鑑委員雖具有評鑑專業，但仍可能受限於本身成功經驗給予實地訪評建議與受評學校專業自主之矛盾（秦夢群等，2016），又或是訪視委員對評鑑報告給予之評鑑結果過於主觀，不易令人信服（蕭玉眞，2016）等，此等質疑或批評皆顯示「評鑑資料」的蒐集、整合及應用，是「大學校院校務評鑑」實施品質的影響要素之一。

　　有鑑於此，高評中心持續精進「評鑑資料」的蒐集、整合及應用，例如：在2016年完成評鑑委員培訓課程「評鑑資料之蒐集與評估」課程教材之設計（蘇錦麗等，2016）、在2023年開始實施的第三週期一般大學校務評鑑，受評學校基本資料採用「大學校院校務基本資料庫」及「大專校院校務公開資訊平台」等已建置好的填報資料直接匯出，包括生職比、購買圖書資料費等（財團法人高等教育評鑑中心基金會，2022b）等。本文針對「大學校院校務評鑑」的評鑑資料使用現況及可能挑戰進行分析，再根據嫻熟教育評鑑的學術專家及實務專家（如教育部代表、高評中心代表等）的諮詢意見，探索其他可能納入「大學校院校務評鑑」的評鑑資料，最後，本文提出「大學校院校務評鑑資料整合架構」，以供相關部門及後續研究參考。

貳　「大學校院校務評鑑」的評鑑資料使用現況

　　關於「大學校院校務評鑑」的評鑑資料使用現況，高評中心在「第三週期大學校院校務評鑑實施計畫」清楚說明「自我評鑑工作是大學校院評鑑之核心……受評學校應依學校自我定位與校務發展計畫，根據評鑑項目規劃自我評鑑機制，以進行自我評鑑相關事宜，並提交自我評鑑報告作為實地訪評之依據」（財團法人高等教育評鑑中心基金會，2022a），據此可知「大學校院校務評鑑」目前以受評學校的自我評鑑及實地訪評作為「評鑑資料」的蒐集管道。

在「第三週期大學校院校務評鑑實施計畫」中，除建議受評學校在自我評鑑過程，應該依據自我定位與校務發展需求，運用量化數據或質性文字描述，呈現各項評鑑指標的辦學情形，並形成自我評鑑報告；另外，也建議在實地訪評行程，評鑑委員必須進行學生、行政人員、教師代表、大學一級主管、董事會代表、業界代表等學校內外部互動關係人之晤談，並形成實地訪評報告（財團法人高等教育評鑑中心基金會，2022a），據此可知「大學校院校務評鑑」的評鑑資料使用主要為受評學校的自我評鑑報告及實地訪評報告，並包括以下評鑑資料：

一、量化類型的評鑑資料

(一) 教育部大學校院校務資料庫

依據「第三週期大學校院校務評鑑實施計畫」，受評學校的自我評鑑報告在各評鑑項目應自「教育部大學校院校務資料庫（簡稱校庫）」匯出資料，並透過計算公式回應評鑑指標，例如：在「校務治理與經營」評鑑項目，應從校庫匯出「學1：正式學籍之在學學生總人數」及「職1：技職人員表」，進行生職比之計算（財團法人高等教育評鑑中心基金會，2022a）。

(二) 大專校院校務資訊公開平台

依據「第三週期大學校院校務評鑑實施計畫」，受評學校的自我評鑑報告在各評鑑項目應自「大專校院校務資訊公開平台（簡稱平台）」匯出資料，以回應評鑑指標，例如：在「學生學習與成效」評鑑項目，應從校庫匯出「學16：學士班以下就學穩定率」，計算公式為「當學年度2年級在學學生數／前一學年度錄取1年級在學學生人數」*100（財團法人高等教育評鑑中心基金會，2022a）。

(三) 校務研究資料

依據「第三週期大學校院校務評鑑實施計畫」，受評學校在其自我評鑑報告應提供該校的校務研究資料，以回應評鑑指標，例如：在「學生學習與成效」評鑑項目的核心指標3-2：研究生教育與成效，應透過校務研究提供學生來源、特質分析等相關資料。（財團法人高等教

育評鑑中心基金會，2022a）。

(四) 畢業生追蹤調查

依據「第三週期大學校院校務評鑑實施計畫」，受評學校在其自我評鑑報告應提供該校的畢業生追蹤調查結果及應用分析，以回應評鑑指標，例如：在「學生學習與成效」評鑑項目的核心指標3-1：研究生教育與成效，應透過畢業生追蹤調查結果分析提供該校畢業生表現（以近三年畢業生為主）之相關資料。（財團法人高等教育評鑑中心基金會，2022a）。

二、質性類型的評鑑資料

(一) 校務發展計畫

高評中心在「第三週期校務評鑑實施計畫說明會簡報」表示，受評學校應提供校務發展計畫，且應涵蓋5年期程，例如：以113年度為例，校務發展計畫應包括109至114年度之內容（財團法人高等教育評鑑中心基金會，2022b），以回應各評鑑指標項目之需求，例如：在「校務治理與經營」評鑑項目的核心指標1-1：學校任務、組織架構、資源規劃與校務發展，受評學校需藉由校務發展計畫提供願景、定位或發展之相關資料（財團法人高等教育評鑑中心基金會，2022a）。

(二) 自我評鑑報告的質性文字描述

依據「第三週期大學校院校務評鑑實施計畫」，受評學校的自我評鑑報告包括質性文字描述，以回應各評鑑指標項目之需求，例如：在「教師教學與學術專業」評鑑項目的核心指標2-1：教師表現、評估與獎勵，受評學校需藉由自我評鑑報告提供教師生涯發展支持系統之相關資料（財團法人高等教育評鑑中心基金會，2022a）。

(三) 實地訪評行程的互動關係人晤談

依據「第三週期大學校院校務評鑑實施計畫」的實地訪評行程，評鑑委員必須進行學生、行政人員、教師代表、大學一級主管、董事會代表、業界代表等學校內外部互動關係人之晤談，並形成實地訪評報告（財團法人高等教育評鑑中心基金會，2022a）。

參　「大學校院校務評鑑」的評鑑資料使用現況之可能挑戰

高評中心作為專責「大學校院校務評鑑」的專業評鑑機構，從2005年迄今，已累積長達17年的「大學校院校務評鑑」實務經驗，可發現在「第三週期大學校院校務評鑑實施計畫」所呈現的評鑑資料使用，已經涵蓋量化與質性等多元評鑑資料類型，包括：教育部大學校院校務資料庫、大專校院校務資訊公開平台、校務研究資料、畢業生追蹤調查、校務發展計畫等，可發現高評中心持續努力發揮專業評鑑機構的角色功能，然而，本文根據相關文獻及專家諮詢結果，歸納目前「大學校院校務評鑑」評鑑資料使用仍可能面臨的主要挑戰如下：

一、對評鑑資料的蒐集原因尚未具體說明

依據「第三週期大學校院校務評鑑實施計畫」，受評學校可從教育部大學校院校務資料庫及大專校院校務資訊公開平台蒐集學校相關數據，以完成受評學校的自我評鑑報告及呈現辦學情形，然而，並未說明蒐集這些評鑑資料之原因，例如：在「校務治理及經營」的評鑑項目，蒐集生職比、師職比等校務數據的原因為何？為什麼可以用來協助評鑑委員解讀受評學校在「校務治理及經營面向」的辦學情形？

二、對評鑑資料尚未系統性的整合

依據「第三週期大學校院校務評鑑實施計畫」，希望透過受評學校實地訪評行程的制度設計，讓評鑑委員可以透過實地觀察及互動關係人晤談等方式，以比對受評學校自我評鑑報告相關內容及確認學校真實辦學情形。然而，由於實地訪評至多2天，少則僅1天時間，若缺乏有系統性的評鑑資料之整合，針對各校整體校務治理情形的評鑑，似只仰賴各評鑑委員自行依據本身需求去對照相關評鑑資料來形成評鑑意見，即便評鑑委員具有專業及豐富經驗，但受限於資料系統性及充足性、資料可閱讀及討論時間、整體評鑑時程等，還要針對大學整體校務治理及各議題項目提出深入精緻的評鑑意見，對於評鑑委員而言，是項相當大的挑戰及壓力。

肆　「大學校院校務評鑑資料整合架構」之芻議

依據「第三週期大學校院校務評鑑實施計畫」相關規劃，在評鑑資料使用方面看似多元且兼有量化及質性資料；然而，在評鑑實務上，評鑑委員所拿到的學校自我評鑑報告動輒上百頁（研究者隨機網路抽選，東海大學107年度校務自我評鑑報告122頁，國立體育大學106年度校務自我評鑑報告113頁，國立彰化師範大學107年度校務自我評鑑報告118頁、馬偕醫學院106年度校務自我評鑑報告110頁、明道大學106年度校務自我評鑑報告111頁等）；然而，受評學校實地訪評行程最多2天；雖然評鑑委員都是具有專業知能及豐富經驗的專家，若能將評鑑資料進行系統化的整理，應更能有助評鑑委員閱讀及進行更深入精緻的學校整體校務治理評估。所以，本文根據相關文獻及專家諮詢結果，說明「大學校院校務評鑑資料整合架構」相關評鑑資料採用原因及整合指引：

一、以「校務發展計畫」為「大學校院校務評鑑資料整合架構」的起點

我國大專校院「校務發展計畫」（school development planning）[3]推動歷史可回溯到1990年（79學年度），當時教育部為了整體規劃高等教育發展及有效運用教育資源，於是積極要求各大專校院制訂中長程校務發展計畫，一方面用以審核公立大專校院預算及獎助私立大專校院，另一方面作為擴增系所及各校發展特色的參考依據（教育部，1996）。由此可知，我國大專校院「校務發展計畫」實際推動迄今已超過30年，且「校務發展計畫」是每間大專校院基於本身實際條件所研擬的中長期發展方針，除了必須經過校務會議審議，更必須透過學校所有人員的共同合作，依循「校務發展計畫」逐步發展學校特色及提升辦學品質。

以「大學校院校務評鑑」而言，「第一週期一般大學校務評鑑」及「第二週期一般大學校務評鑑」的政策目的，皆是希望透過自我評鑑與外部評鑑委員實地訪評，讓各大學可以有效進行自我定位、強化發展特

---

[3]　「校務發展計畫」會因為學校不同而有所差異，其也代表每所學校的自我定位及永續發展策略（王如哲，2005；Micallef, 1998）。

色、達成本身設立的發展目標及提升整體辦學成效（財團法人高等教育評鑑中心基金會，2019）。

第一週期大學校院校務評鑑以改善並確保教育品質為出發點，期待藉由各校自我評鑑及實地訪評，確認是否每一項功能運作有助於達成學校之設立宗旨與目標，協助學校自我定位、發現優劣勢並強化發展特色，促進自我改進（財團法人高等教育評鑑中心基金會，2019）。

第二週期校務評鑑延續第一週期校務評鑑宗旨與目的，確保學校能完善內部品質保證作為，並能持續不斷精進，藉由自我評鑑與外部評鑑委員實地訪評，確認攸關校務運作品質之各項作為能有助於達成學校之設立宗旨與目標，並展現其辦學成效與善盡社會公民的責任（財團法人高等教育評鑑中心基金會，2019）。

綜上所述，既然「大學校院校務評鑑」是為了讓各大學可以有效進行自我定位、強化發展特色、達成本身設立的發展目標及提升整體辦學成效的政策工具；而「校務發展計畫」正代表每間大學基於本身各項條件及自我定位所研擬的中長期發展方針及策略規劃，是基於長遠前瞻的校務發展目標所進行的多年期校務規劃，其理應不會朝令夕改，最終目的是為了發展學校特色及讓學校可以永續發展。所以，「大學校院校務評鑑」應以各大學的「校務發展計畫」為整合比較各項評鑑資料的起始點；何希慧（2016）亦曾提出相似觀點：

有鑑於此，在「通識教育暨第二週期系所評鑑」將近尾聲，和「第二週期校務評鑑實施計畫（草案）」進行全國說明會之際，作者提出一個校務研究（Institutional Research, IR）、校務發展計畫和大學自我評鑑三角關係運作連結的概念；……從自我定位出發，進行中長程校務計畫以發展辦學特色，再透過校

務研究，建立教學品保及回饋改進機制，以因應評鑑質量化數據資料的彙整，及回應各類評鑑項目之績效表現與追蹤改善說明（何希慧，2016）。

觀之「第三週期大學校院校務評鑑實施計畫」，欣見「第三週期大學校院校務評鑑」終於明確提出以學校中長程發展計畫所提出的學校定位、特色及預期成效為本，但建議「第三週期大學校院校務評鑑」更應提出以學校中長程發展計畫為本的理由及應用方式，例如：「大學校院校務評鑑」以各校「校務發展計畫」作為各項評鑑資料的比較及整合基礎，當確認評鑑資料的比較及整合的基準點是各校「校務發展計畫」之後，「第三週期大學校院校務評鑑」便必須要思考需要整合及比較哪些評鑑資料，並說明該項評鑑資料的選擇原因及整合方法，以提供更具系統性的評鑑資料供評鑑委員閱讀及參考，進而得到更有系統及更精準的學校治理情形評估，更重要的是可以讓各大學認真看待「校務發展計畫」的定位及重要性，以實踐立基於大學願意自我負責的大學自主治理。

二、「大學校院校務評鑑資料整合架構」的評鑑資料及使用目的

當確認以「校務發展計畫」作為「大學校院校務評鑑」相關評鑑資料整合及比較的起點後，本文進一步從評鑑資料性質（包括學校內部資料、學校外部資料及次級資料庫資料）分析各項評鑑資料的使用目的如下：

(一) 學校內部資料
1. 競爭型計畫書及其成果報告

競爭型計畫係指政府機構透過競爭性經費分配機制，讓受補助的對象在短期內可以達到特定目標（陳盈宏，2014）。目前教育部對大專校院的主要競爭型計畫是高教深耕計畫[4]，所以，各大專校院所提出的

---

[4] 教育部從107年起開始推動高教深耕計畫迄今，每年補助大專校院的經費高達167億以上，107年度107年度補助大專院校的經費是167.2億元，到110年度成長為179.4億元，成長率為7.29%（林志成，2021）。

高教深耕計畫書，就計畫性質而言，是依據本身定位及條件，希望可以爭取競爭型計畫經費，來改善本身劣勢及持續強化本身優勢的短期策略規劃。所以，大學校院所提出的高教深耕計畫書，其所接櫫的具體行動策略及目標，理論上，應該和大學校院本身校務發展計畫揭示的長期發展目標及策略規劃方向一致，所以，大學校院所提出的高教深耕計畫，應納入於「大學校院校務評鑑」的評鑑資料，其目的在於檢視大學校院短期策略規劃是否與其「校務發展計畫」所揭示的長期發展目標一致。另外，大學校院所提出的高教深耕計畫成果報告，作為「大學校院校務評鑑」的評鑑資料，可以檢視大學校院的短期策略執行相關成果是否有依循其「校務發展計畫」所揭示的長期發展目標持續邁進。

2. 自我評鑑報告

自我評鑑報告是「第三週期大學校院校務評鑑」的主要評鑑資料，受評學校應依學校自我定位與校務發展之需求，運用各項量化數據及質性資料，完整呈現每一個評鑑項目及核心指標的校務治理現況、優劣及改善方向（財團法人高等教育評鑑中心基金會，2022a）。所以，將自我評鑑報告納入於「大學校院校務評鑑」的評鑑資料，其有助於了解「校務發展計畫」的執行成效。此外，也能由自我評鑑報告中的未來改善建議，讓評鑑委員結合其他評鑑資料綜合評估是否有助學校解決現況問題及發展優勢特色。

3. 校務研究資料

自我評鑑報告是「第三週期大學校院校務評鑑」的主要評鑑資料，受評學校應該結合學校校務研究資料作為校務治理之相關佐證（財團法人高等教育評鑑中心基金會，2022b），實現校務研究（institutional research）與品質保證（quality assurance）相互結合的趨勢（詹孟儒，2017）；另外，各校目前所進行的校務研究分析報告（本文稱校務研究資料），同時具有學校層級及學生層級的資料特性，且各校校務治理的自我精進應以校務研究為根本，加上，校務研究資料也應是撰寫校務發展計畫及競爭型計畫的基準，故「校務研究資料」係為重要可採用的「一般大學校務評鑑」的評鑑資料，且由於「校務研究資料」同時具有學校層級及學生層級資料，是學校自我改善及中長程校務發展計畫

（含各類計畫）的規劃基準。

(二) 學校外部資料

1. 競爭型計畫的委員審查意見

誠如前述，目前我國高等教育階段的主要競爭型計畫為高教深耕計畫，透過高教深耕計畫的委員審查意見，可以作為了解大學校院短期策略執行成效及需改進之處的外部評估觀點。所以，高教深耕計畫的審查委員意見應該納入於「大學校院校務評鑑」的評鑑資料。

2. 前週期的校務評鑑結果報告

依據「107年度第二週期大學校院校務評鑑實施計畫」，大學校院於第二週期校務評鑑的評鑑結果係記載於「校務評鑑結果報告」（亦稱實地訪評報告書）（財團法人高等教育評鑑中心基金會，2017）。所以，前一週期的「校務評鑑結果報告」應該納入於「大學校院校務評鑑」的評鑑資料，可用以評估大學校院整體校務治理是否有自我持續改善及長期追蹤學校整體校務發展整體情形。

(三)「次級資料庫」的評鑑資料

由教育部所建置的各類「次級資料庫」，基本上，是由各大專校院提供資料整合而成，所以，將其獨立在第三項可採用的評鑑資料進行說明，教育部所建置的「次級資料庫」分為學校層級資料及學生層級資料。

1. 學校層級資料

可納入「大學校院校務評鑑」的學校層級資料，包括「教育部大學校院校務資料庫」及「大學校院課程資訊網」。「教育部大學校院校務資料庫」包括國內各大專校院「基本資料類」、「學生類」、「教職員類」、「研究類」、「校務類」、「財務類」等6大領域學校層級資料（教育部，2021b）；另外，「大學校院課程資訊網」包括各大專校院的課程名稱、課程大綱、修課學生人數、開課老師、課程主題等學校層級資料（教育部，2021c）。

「教育部大學校院校務資料庫」及「大學校院課程資訊網」雖僅收錄原始資料，但只要透過適當的計算公式轉化，可以作為評估各大專

校院於特定議題／項目的長期表現，也可作爲跨校長期比較之評估依據。所以，「大專校院校務資訊資料庫」及「大學校院課程資訊網」係爲重要可採用的「一般大學校務評鑑」的評鑑資料，可用以進行學校自我比較及跨校比較。

2. 學生層級資料

可納入「大學校院校務評鑑」的學生層級資料，包括「大專校院學生基本資料庫」、「大專校院畢業生流向追蹤問卷調查（畢業生追蹤調查）」。教育部所建置的「大專校院學生基本資料庫」係收錄了大專校院畢業生明細表、大專校院在學學生明細表、大專校院休學學生明細表、大專校院退學學生明細表（教育部，2021a）。由於教育部會將「大專校院學生基本資料庫」的學校畢業生基本資料、再勾稽勞動部勞動力發展署投保資料、財政部財政資訊中心稅籍薪資等資料檔，及替代役基本資料，以畢業生投保情形、所得情況作爲畢業生投入職場之估算依據（教育部，2021a），是評估大學校院畢業學生就業表現的客觀實證資料，故「大專校院學生基本資料庫」係爲重要可採用的「大學校院校務評鑑」的評鑑資料，可用以進行學生個人不同層次學習表現及就業情形的分析及評估。

另外，教育部爲掌握大專院校畢業生流向資訊，每年皆會實施大專校院畢業生流向追蹤問卷調查，包括畢業生就業流向、畢業生就業條件等（教育部，2021d），是大學校院畢業學生就業表現的學生主觀評估資料，故「大專校院畢業生流向追蹤問卷調查」係爲可採用的「大學校院校務評鑑」的評鑑資料。

三、小結

從評鑑實務觀點，「大學校院校務評鑑」相當依賴評鑑委員的專業評估結果，如要進行循證（evidence-based）取向的大學校院校務評鑑，關鍵在於學校蒐集龐大及高多樣化數據資料的能力（林素卿等，2018），以及評鑑委員是否可以得到具有系統性及實證性的學校資料，且有充足的時間可以進行資料閱讀及討論，以針對大學整體校務治理及各評鑑項目提出深入精緻的評鑑意見。有鑑於此，本文盤點相關

文獻及專家諮詢意見，研擬「大學校院校務評鑑資料整合架構」（圖1），並具體說明各項評鑑資料的使用目的，「第三週期大學校院校務評鑑實施計畫」相關部門後續可以參考本文提出的「大學校院校務評鑑資料整合架構」，針對評鑑項目或校務議題進行各項評鑑資料的整合，以客觀判斷辦學成效及研擬改善建議，亦落實「資料導向決定（data-driven decision making）」的理念[5]，進而形塑一個具有品質的「大學校院校務評鑑」。

圖1
大學校院校務評鑑資料整合架構

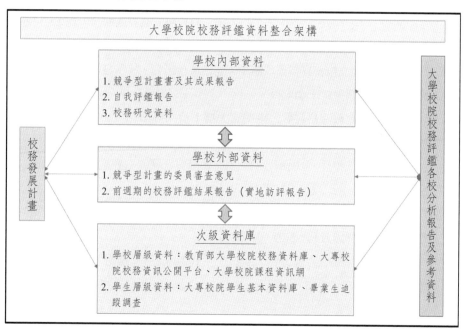

資料來源：本文自行整理。

---

[5] 係指教育組織及相關人員能根據特定政策目的，系統性的蒐集、組織、分析、評鑑、應用各項量化及質性資料，並轉化及整合為具備可用性及充足性的資訊與知識，進而提升教育決策的證據性及品質，以及促進學校改進（黃旭鈞，2013；Webber, 2016；Roegman, Kenney, Maeda, & Johns, 2021）。

　　總之，高評中心不僅爲國內大專校院提供校務評鑑服務，近年來更將校務評鑑服務擴展至海外大專校院，如高評中心在2014至2016年間分別爲澳門理工學院及俄羅斯遠東聯邦大學提供系所評鑑服務，所以若能持續提升我國校務評鑑的專業品質，將能提升我國校務評鑑的國際聲譽，進而爲我國締造更多的高等教育服務出口。

參考文獻

(一) 中文部分

王如哲（2005）。校務發展計劃的理念與方法。**教育研究與發展期刊，1**(2)，37-60。

王明源（2011）。大學校務評鑑之實施與發展。社會科學學報，**18**，1-32。

何希慧（2016）。建立校務專業管理體制：連結校務研究、校務發展與自我評鑑。**臺灣教育評論月刊，5**(3)，40-43。

林志成（2021）。**高教深耕經費，陽明交大擠下清大排第三**。2022年7月31日取自 https://www.chinatimes.com/realtimenews/20210617003102-260405?chdtv

林素卿、顧毓群、莊雅然（2018）。評鑑未來趨勢之探究。**評鑑雙月刊，71**，24-28。

秦夢群、莊俊儒、溫子欣（2016）。高等教育評鑑實地訪評委員意見陳述權責之思考。**臺灣教育評論月刊，5**(3)，35-39。

財團法人高等教育評鑑中心基金會（2017）。**107年度第二週期大學校院校務評鑑實施計畫**。2022年7月27日取自https://www.heeact.edu.tw/1151/1196/1497/1325/36477

財團法人高等教育評鑑中心基金會（2019）。**關於校務評鑑**。2022年6月30日取自 https://www.heeact.edu.tw/1151/1196/1497/1325/1333/16059/

財團法人高等教育評鑑中心基金會（2022a）。**第三週期大學校院校務評鑑實施計畫（112-114年）**。2022年7月30日取自https://www.heeact.edu.tw/1151/1319/53633/

財團法人高等教育評鑑中心基金會（2022b）。**第三週期校務評鑑實施計畫說明會簡報**。2022年7月30日取自https://www.heeact.edu.tw/1151/1319/55065/

教育部（1996）。第六次中華民國教育年鑑。臺北市：作者。

教育部（2021a）。大專校院學生基本資料庫作業手冊。2022年7月3日取自https://www.studb.moe.gov.tw/

教育部（2021b）。大學校院校務資料庫表冊。2022年7月4日取自https://hedb.moe.edu.tw/

教育部（2021c）。大學校院課程資訊網。2021年7月20日取自https://ucourse-tvc.yun-tech.edu.tw/WebU/index.aspx

教育部（2021d）。大專校院畢業生流向追蹤平台。2022年7月20日取自https://gssdata.moe.gov.tw/

陳盈宏（2014）。競爭性經費分配機制之探討——以獎勵大學教學卓越計畫爲例。學校行政雙月刊，**93**，170-184。

陳盈宏（2016）。從「評鑑機構專業化」觀點析論大學評鑑品質之精進策略。臺灣教育評論月刊，**5(3)**，25-28。

陳盈宏（2018）。從評鑑使用觀點探討我國通識教育現況。載於吳清基（主編），教育政策與學校經營（頁282-295）。臺北市：五南出版社。

黃旭鈞（2013）。促進學校改進的策略：「資料導向決定」的觀點。教育研究月刊，**232**，65-79。

詹孟儒（2017）。評鑑自主新時代，大學怎麼「辦」？評鑑雙月刊，**69**，25-27。

蕭玉眞（2016）。以校務研究改進大學校院評鑑指標與方式之探討。臺灣教育評論月刊，**5(3)**，48-51。

蘇錦麗、黃曙東（2015）。臺灣的大學評鑑制度邁向專業化發展了嗎。評鑑雙月刊，**58**，9-12。

蘇錦麗、黃曙東、陳盈宏、周華琪（2016）。**臺灣高等教育專業評鑑機構評鑑委員培訓課程之整合規劃研究**（SY-105c-04）。財團法人高等教育評鑑中心基金會自行研究報告。

（二）英文部分

Micallef, J. (1998). School development planning. *Education 2000, 3*, 32-34.

Roegman, R., Kenney, R., Maeda, Y., & Johns, G. (2021). When data-driven decision making becomes data-driven test taking: A case study of a midwestern high school. *Educational Policy 35*(4), 535-565.

Webber, C. F. (2016). Higher education administration, and leadership: Current assumptions, responsibilities, and considerations. *Research in Educational Administration & Leadership, 1*(1), 61-84.

問題與討論

一、「大學校院校務評鑑」的政策目的為何？若要達到前述政策目的，可以蒐集及整合哪些評鑑資料？

二、應如何規劃及實施合乎循證（evidence-based）取向的「大學校院校務評鑑」？

第十五章

風險時代下競爭型計畫策略革新之分析

何宜紋

壹 前言

2021年的5月中旬前，我們原處在海角一處的寧靜之地，遠離著襲擊全世界的COVID-19[1]肆虐。疫情也於在地爆發後，如同SARS[2]一樣無情，造成社會不同族群各樣程度的撕裂。在經濟風險上，COVID-19防疫政策致使全世界人面臨不再擁有自在社會生活，因為群聚對生命的威脅，導致各行各業不再能如以往方式辦公、飲食、娛樂，店面退租或結束營業，如同自然界斷尾求生的生態。在文化風險上，Jyun-Jie Yang（2021）報導西方國家人士陸續出現對亞洲人不分性別的肢體攻擊，頓時淹沒各國多年透過教育功能已有扭轉種族歧視的態勢。不斷擴散的人為不確定性下，吾人必要思考接受風險的策略有哪些，個人當如何作？怎麼作？為何失？誰會成？尤其在高等教育（以下稱高教），學習者將要步入社會風險的極大擺盪中。並且，教育資源在風險時代的社會，仍然考量和講究權力、富裕與貧困的根本溯源。現今，高教機構在動態風險下面對現有社會結構、制度，走向更加複雜、偶然和分裂的狀態轉變，我們思量高教的關鍵角色當如何平定風險並再創績效。特別是競爭型計畫能否因應風險時代變異的挑戰，是本文所要陳述政策之於資源策略，其別於傳統式經費分配窠臼的革新作為研究動機。

據因應風險時刻的資源最佳運作，社會網絡概念可審度高教績效的意識問題，資源決策者能否成功引領轉變中的社會結構及制度網絡且逆轉動態的風險？於是，研究者取徑Ulrich Beck的風險社會觀點去檢視競爭型計畫的應變策略方向，在已然經費分配及風險研究的相關結果裡，批判高頻驟變的風險波浪裡，自我如何培力去處理危機。於是，風險社會認知的文本分析、個人於風險逆境裡的韌力表現過程分析、資源決策者運作制度網絡為轉變競爭型計畫政策結構的社會分析，研究者各

---

[1] 在2019年12月，中華人民共和國湖北省武漢市最初發現了COVID-19的疫情，並於2020年年初就迅速擴散而逐漸變成全球各國的大瘟疫。

[2] 在2002年11月至2003年9月間，中華人民共和國廣東省順德市爆發嚴重急性呼吸道症候群（Severe Acute Respiratory Syndrome, SARS）的疫情，又散布到29個國家和地區和導致多名醫護人員死亡。

設立聚焦要點為資料作互文性質之分析方法，並鏈結於研究目的如表1：

表1

互文性分析

分析維度	研究目的	分析要點
文本分析 （描述）	批判風險時代中自我的覺知及危機處理的能力	個人有否挹注風險社會文本認知以補危機應變力之不足？
過程分析 （詮釋）	評價風險逆境裡的自我提升力	自我能否評價面對逆境的自覺力及韌力的提升？
社會分析 （解釋）	應用資源新策略作為高等教育培育人才堪耐風險的韌力	資源決策者能否成功引領轉變中的社會結構及制度網絡，育才具為逆轉動態的風險？

貳　競爭型計畫當因應風險為導向

　　始料未及的疫情環伺且輻射到生活安全的四周裡，風險社會已改變許多人的生命軌跡。高等教育生（以下簡稱高教生）能學會避開驟臨的風險並成功逆轉風險嗎？決策者必要革新資源分配策略，引導高教生習得面對逆境的韌力。

一、風險社會的認識

　　Beck（1992b）定義風險為現代化自身引起又引入危險和不安全，乃出自於工業社會的人為決策，因無法將危害歸因於外部，就該檢討政治行為、政策、制度是否能帶來最大的善或利（good）。況且，Beck和Levy（2013）說道全球媒體構建大眾對事件風險概念感知，並以顯明政治文化特徵去影響各自的涵義，塑造了世界風險的全球式背景。Beck（1992a）注釋風險特徵有未可預期結果[3]的「不確定性」、全球

---

[3] Beck（1992a, p. 22）提及 "unknown & unintende consequences" 已成為風險社會裡歷史和社會的主導力量。

性現象的「世界風險社會性」[4]、隱含倫理脈絡[5]的「社會建構性」、矛盾又具剝削性的最新技術文明之「不信任性」[6]。那麼，個人可否感知風險呢？

　　Beck（1992a）指出風險社會位置是「意識決定存在」，挾帶階級和文化性差異、社會階層、教育程度等因素，認知科技進步和全球化發展形成全球性風險，便訴求「反思的現代性」（reflective modernization），意謂行為者在組織裡強調互利與共生，要反省和修正過去犯下的錯誤，並喚醒「命運共同體」在公共領域的影響性。此外，社會結構演化中，顧忠華（1999）將風險視為不同社會成員互動的開放性社會建構。因現代性的出現，Giddens（2003）省思人類所面臨外部風險變成人所「製造的風險」（manufactured risks），皆根源於不健全組織及社會的不均富又個人無反省力。再因現代性文化特質的全球化，世界每天都在變小又再影響我們的家庭、文化、經濟、政治各面時空分離的發展，反而顯出擴張性質而變成延伸與抽象系統。那麼承Beck與Giddens觀點，人唯有不斷反省自我行動可能造成的後果，才可減低或規避生態、經濟、政治、社會的各種風險。

　　Habermas（1991）看媒體和菁英控制了公共領域[7]，Beck（1992b）批判人類社會和地球變成科學家的一個巨大實驗室，現代風險問題已經迥異於工業時代的政府組織與法律及選舉制度。在不對稱風

---

[4]　Beck（1992a, p. 23）提及風險的湧現並不分階級和民族社會的格局 "break up the pattern of class and national society"。

[5]　Beck（1992a, pp. 28-29）提及合作與理解為人類共生存的方法 "a cooperation across the trenches of disciplines, citizens' groups, factories, administraton and politics"。

[6]　Beck（1992a, pp. 40-41）提及"Risk Position as Fate" 風險與人命運交相疊，無助憤怒及對未來充滿無感（"the helpless rage" & "no future feelings"），使人對最先進技術文明喪失信任感。

[7]　介紹國家（state）和社會（society）間的公共空間，Habermas指出資本主義社會自生成後，經歷兩次社會結構的轉型，始於17世紀末約150年歷程，並進入20世紀。

險分配的生活環境裡，沒有單一專家的科學證據足以解決空氣中懸浮微粒PM2.5的空汙問題。再如COVID-19，一個疫情就掀起大眾瓦解整個社會制度與經濟體系的信任結構。因此，基於現代性反思，Beck et al.（1994）和Lash（2000）看國家和政治所相關的新問題都要聯繫起來，顯明社群（a society's group and grid）於學習重要性，使人們對現行制度進行現代化新社會秩序的檢討。

二、社會結構與制度網絡的應變

Beck（1992b）及Beck and Levy（2013）所期待的現代社會發展乃個人在風險知識上接受啟蒙，再經由社會集體行動徹底改變社會形態。Beck（1992a）指出第二現代是將現代進行現代化，人該反思如何與各樣風險共生共存。世界化形同了網絡機制，Beck et al.（1994）及Beck and Levy（2013）提倡「制度反思」及「普遍化趨勢」的社會，是以集體模式專注於預防和管理風險的論述，在全局和局部間可以相互穿透的互動關係。Giddens（2003）把風險總是與未來聯繫在一起，從反思性理解到認同控制，自我乃為自己作決定。

於此，資源決策者能夠覺察人才發揮韌力以應對各種挑戰，對未然作準備必是前瞻培育目的與價值，作好資源運作才能為即將步入社會的高教生，既培養其專業知識，也協助建立生涯與爾後歷程各樣衝擊的挑戰。據Berndt描述，韌力是「精於生存、克服危機」的內在強大力量（王榮輝譯，2015），個人得自學校教育內容，所增加風險知識的認知和應對風險的技能演練，就可學會從風險逆境復原的韌力。例如：Arora和Rangnekar（2014）特別注重社會心理指導是預測職業韌力的重要指標，員工增強競爭力來維持職業韌性，可為高教資源決策者作必要的效法。

風險結構社會裡的適應及競爭力，決策者當同時注重危機、信念、支持系統、機會與選擇的育才韌力網絡。Masten和Wright（2010）認為文化傳統與信念依附關係的社會支持，有助於自我調節作出問題解決的自我效能。Southwick et al.（2014）強調個別環境脈絡的挑戰和可用資源皆殊異，需要考量個人特質的個別性發展韌力涵育。Buyukgoze-

Kavas（2016）提倡自我肯定是韌力培育的前提，依問題解決方向作訓練及決策技能的規劃。

風險或造成很大威脅也或造就成功契機，個人既然因風險無可推卸逃脫的終身學習責任，決策者該建立學習網絡社群為一種群體成員協商機制的制度，協助高教生在起伏風浪中適應且安頓自己，讓「渴望變好」的目標去引領個別自覺力及涵育自我生命韌力逐步往前累進。

三、風險變異的感知辨識和逆轉韌力之育才

當風險來臨時，人們無法以自身願不願意就可置身事外。相反地，眾人都受到強制性匡入世界主義化的風險社會中。黃丙喜等（2014, pp.4-5）引陳榮備、江丙坤之言：「風險和機遇並存；和風險共存，看見風險也看見機遇，逆轉風險關鍵在於對其成因、結構、民意有正確感知和辨識」，我們不讓風險變成危險，就要掌握先機，甚而Beck（1992a, p.134）陳述一個社會有嶄新現代性，其有決定性意義乃因為制度所塑造的集體命運，在個別化社會中為人所感知，並生活環境中出現的集體責任感。況且，周桂田（2001）觀察到人們會因為現行制度而盲目認同又侷限了眼目致使無法察覺制度化下的風險，於科技官僚、少數菁英式的決策、專家系統等依恃科學理性的同時，決策者或制度內涵面臨極大的束縛與異化。據此，我們如何避開決策陷阱且成功逆轉風險，黃丙喜等（2014, p.211）比喻「公有領域的悲劇」（tradgedy of the commons）彰顯了有限資源使個人和公共利益在資源分配上產生衝突，因此風險時代下的資源共有管理，唯有個人強化具風險意識的「責任倫理」（verantwortungsethik/ ethics of responsibility），一種社會連帶意識，方能有效地因應風險社會的挑戰，將風險轉化為推動社會變革、發展和創新的動力。

再者，Beck（2006）闡述面對風險論點是「金手銬」（golden handcuffs）政治，去建立一個密集的跨國相互依存網絡，只有愈國際化的政治結構和活動，才更能愈促進成功的國家利益，相對全球化世代的個人力量才愈大。社會網絡裡已建立和積累的社會資本機會，劉怡華（2020）會強化正式與非正式組織成員間的有效類聚，便可跳過掮客

交流而直接相互連結，進一步提升知識分享及溝通訊息的和諧性。

　　網絡的互換性精神著實體現共同分擔與分享，可謂解決有限資源運用的現實問題。那麼，近30年來的競爭型計畫運作下，高教經此管道而育才，是否已然共同承擔平定風險且嵌入世界集體性連帶責任的各種行動？

四、高等教育競爭型計畫資源的批判

　　自2022年往前回溯於1992年，Beck那時迄今已30年，高教競爭型計畫經費分配模式，其教育價值可曾讓高教生從容規避或降低風險社會的危險？現在COVID-19疫情衝擊全球高等教育，大學若再默守依賴傳統經費的支助，是幫不了高教生因應風險漩渦而失速狀態中的社會結構、制度、供需網絡。那麼，高教資源決策者當理解培育人才面對風險所該具備韌力的關鍵，在於逆境知覺及自覺評價可作為引導資源策略革新的方向，所以，資源自分配者到使用者其間個體、網絡關係連結、網絡結構，決策者當謹慎考量競爭型計畫運用的最大化效益及邊際效用。

　　資助政策的操弄下，TAISE（2021）指出未來高教挑戰在資源獲取和其公平性的隱憂。尤其，高教對於競爭型計畫從未言明研究成果的共享對象，權責者是經由「政治操作」（political work），將政治支配就當成了資助的「社會實踐」（sociocultural practice），Fairclough（2000）就曾如此論述政治目的與社會實踐等同連結的謬誤。另外，競爭型計畫的消耗性質財政管理，僅僅強化競爭力又怎能消弭風險威脅呢？許添明（2009）曾分析美國一流大學的經營，來自相當成功的競爭機制補助和簽約金。而今，高教資源的分配公允性及適切性，決策者有否視察資源應用效能之於高教生，已然提升其風險覺知、應對、甚至逆轉？

　　Daly（2010）認為研究成果若不透過傳播，何來最大化運用效益？網絡就是那改變發生或不發生的核心工具。再者，我們該認清改革本質在職業互動和關係勝於計畫、懲罰或績效激勵。Cross和Parker（2004）重視社交網絡的隱藏力量，找出組織中潛在且非正式

的結構，藉以改善組織網絡的訊息流或關係建立。就職場言，Bryk和Schneider（2002）以教育工作者能與他人共享交換資源以累加社會資本，才是成功改革的關鍵。就個別發展言，Carnegie和McDonald（2014）以網絡為中心的領導可以在日益複雜的相互關聯世界裡，幫助個人強化且取得成功的職業生涯。

Liou（2016）倡導建立知識網絡可促進與改革相關訊息和協作的流動，以改善聯繫間的孤立情況。沒有一種計畫適用於每個機構，競爭型計畫決策者要真切探究連接分配資源和增加整體的連通性。

參 研究脈絡的梳理及信效度說明

於「文本」與「論述」之別，我們當注意人在語言行動的認知與社會文化結構，因各種勢力影響所產生重要關聯，如個人生涯就在風險社會中發展。

一、研究脈絡

競爭型計畫文本的意義受風險社會文本影響為甚，承Beck（1992a）也說人的運氣定數與風險相構成，研究者循Fairclough（1995/2010）的文本、過程、社會於描述、詮釋、解釋之互文性架構，分析風險時代下，競爭型計畫的策略革新於指引育才韌力，高教生能充足認知風險社會文本，評價危機應變力及逆境自覺力，以提高自我韌力為進程。並且，決策者詮釋競爭型計畫分配的接受與傳播的論述實踐，作好計畫研究結果的應用指向，解釋韌力學習語境網絡的改善，成就人才連帶的責任倫理，使之參與變革、發展、創新之社會實踐。

二、信效度檢視

資源分配的有效運作下可達及風險逆轉，個人可擴及集體式責任，乃因競爭型計畫突破研究成果應用的圍限範疇。

於內在效度，有限資源借助網絡機制扮演橋接多樣訊息的角色，高教生韌力受強化去接受及應對風險的關聯程度愈強，因訊息互換性愈高則更顯明多元化傳播的資源運用，風險認知及自評進步的論述在社會實

踐效益就愈高。

於信度，個人在動態性風險中持續終身學習的行動力，其生涯發展因著風險社會結構裡各樣變異的協同，自我與他者同在世界風險時空中，連結風險的責任倫理於社會實踐，共同展現出穩定性及可靠性的韌力。

肆　資源分配的解析與討論

一、風險社會文本與危機應變認知的描述

資助性經費來源及財務策略關乎高教生受教過程的如何養成，育才為堪耐逆勢的風險危機，資源決策者責無旁貸地重新審視競爭型計畫的效益延展性。

(一) 經費來源及運作的文本及其潛在風險

高教在菁英教育階段時，政府對各大學的經費挹注，是「平均主義」[8]（equalitarianism）為原則，採取一致性標準或齊頭式分配方式，以滿足學校運作所需之基本需求經費為主。例如：「基本需求經費」包含一般經常性經費、私校獎補助、國立大學校務基金補助，其經費資助最常來源有學費[9]、捐贈、政府撥款（林曉雲，2019）。就學費來源，招生決定是整個社會體制以及政治立場的問題，林志成（2021）報導教育部掌握名額決定權、收費基準、凍漲學雜費，每年例行函文大學去調查是否調整學雜費，並不由得各校自主而定。另外，教育部也通函學校可申請補助學生各類緊急紓困措施經費，如「高等教育深耕計畫就學協助機制」（教育部高等教育深耕計畫，2022）、「大專校院弱勢學

8　主張人們在工資、勞動、勤務等各方面享受一律待遇的思想，認為只有絕對平均才算是平等。平均主義抹殺勞動報酬上的任何差別，否認「按勞」分配原則。

9　在2017年修正《專科以上學校學雜費收取辦法》說明「學費」是與教學活動直接相關，用以支付學校教學、訓輔、研究、人事所需之費用。實際公私立學校所獲得補助金並不等同。

生助學計畫」（教育部圓夢助學網，2021）。

大學財務主要策略一直依賴中央給出和招生的學費額，在地少子化已經使得招生成為極不穩定的高風險，私立大學長期受排名之累必遭受少子化更大衝擊而影響自身校務營運。賀陳弘（2021）就點出私校只能倒閉嗎？對社會造成什麼樣不確定的風險？Beck（1992b）訴求省思政治行為、政策、制度的文本產出最大化善或利的論述，經費治理者當尋求財政策略不僅是節流，更要開源。

(二) 資助政策文本的反思

無論經費來源為何，教育部以政策穿梭於如何資助又如何使用規章文本的論述。大專院校在接受資助過程上，一直是經費的消耗者而非生產者，猶如「資助即消耗」（funding as consumption），是一個在中央及學生之間的中介實踐角色。最顯著困境，資源的有限困住了資助分配勻稱，即使《國立大學校院校務基金設置條例》（全國法規資料庫，2015）言明「產學合作」與「其他」收入，在大學營運所需經費的比例，仍非解決有限資源的主要路徑。

如此，消耗性質的資助政策所能呈現的教育功能，必由資助方主動的規劃和策動，也就是經費決策者要先行感知風險社會的動態，才能將資助導向籌劃與制定韌力培育的確切論述實踐政策方向。

再者，謝柏宏（2021）報導學無所用的風險已造成休學潮，這是大學與產業需求關聯的未能及時處理。然而，高教生需要的是在風險知識之啟蒙。大學若能夠獲自產業簽約金[10]為財務自主，作好對高教生的培育韌力，去承載世界風險且足可扛起連帶責任的社會實踐。

(三) 計畫型經費來源及財務策略文本關注的闡述

1. 於2006-2015年頂尖大學計畫

自1990年代教育改革以來，高教發展理念就和國家競爭力畫上等號。隨著高教普及化時代的來臨，又為提升大學在全球的競爭力，官方

---

[10] 產業簽約金不一定是合作下的形式，也可是商品或勞務的提供而獲取，此與產學合作收入有所不同。

經費分配引進先進國家經驗，以「集中」和「選擇」為經費分配指導原則，根據大學之教學或研究表現來分配部份經費。所謂「政策引導性經費」，即競爭性經費因運而生。依照教育部政策的引導，以大學績效表現做為分配基礎，遵循教育部「教育經費分配審議委員會」（教育部，2021）審議後而分配。「競爭型計畫」改變了齊頭式平等的補助方式，藉由競爭式的提案，去鼓勵研究的創意與創見價值，無疑「競爭思維」是競爭型計畫的特質。據此，高教機關和教育部之間是「績效契約」，由政府設定國家目標並提供所需經費，大學再提出計畫申請書來競爭這筆經費。如下是各項競爭型計畫概況：

表2
競爭型頂尖大學計畫的時程與易名

發展國際一流大學及頂尖研究中心計畫	2006-2007（2年期）	17所大學獲得補助
	2008-2010（3年期）	15所大學獲得補助
邁向頂尖大學計畫	2011-2015	12所大學、34個研究中心獲得補助

　　這10年邁頂計畫以「統塊式核給」（block funding）方式撥給經費，讓各大學得根據自身需求和目標，自行決定如何分配及使用。若以兩期合併計算，各校受分配比例為圖1（張禎晏、袁紘禮，2016）。邁頂經費補助自第二期起，教育部已逐年降低核定金額，或者透過延長計畫執行年限[11]，使邁頂補助經費逐年降低，主要因為大選後的政黨輪替。

---

[11] 計畫時程由原定至2016年3月截止，擴展至同年12月，但維持經費規模不變。（2016年為總統選舉年）

圖1

邁頂計畫補助各校比例[12]

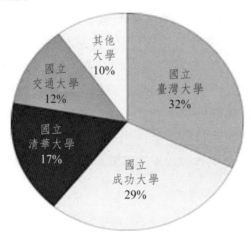

2. 於2018-2022年的高教深耕計畫

頂大計畫已造成資源分配的扭曲，教育部（2022）針對競爭性分配所干擾學校正常及持久性教育運作，調整深耕計畫轉變為配合考評指標的項目，從目標導向轉變為指標導向。

不同於邁頂計畫以「標竿學校」（benchmarking）方式進行學習的追求卓越策略，許維寧（2021）說明深耕計畫更重視「建置特色區域研究中心」、「強化產學連結」、「提升高教公共性」、「善盡社會責任」。然而，圖2揭示資源使用規範僅是配合指標，而非明確詳載預估實用成效（教育部，2022）。

---

12 其他大學包含：國立中央大學、國立中山大學、國立陽明大學、國立中興大學、國立政治大學、國立臺灣師範大學、國立臺灣科技大學、私立長庚大學。

圖2

行政院核定版高等教育深耕計畫願景及未來圖像

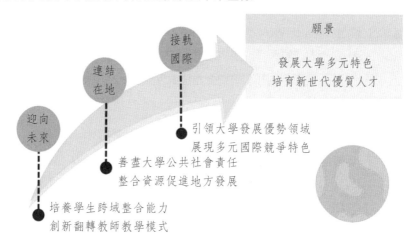

3. 玉山學者計畫

　　教育部玉山學者計畫（2022）為高教爭取國際人才的學術能量，扎根於在地的學術環境並提升其國際影響力。玉山學者的申請作業結合高教深耕計畫補助情形的政策，教育部拿出20%的預核名額，依照高教深耕第二部分研究中心的經費多寡作為計算基礎。每一個學門都先經過「T分配」處理，讓各領域經費能夠有相同權重，以分配學校單位額度。另外，申請名額定為80%，由各校向教育部申請。教育部組成審查委員會循6個分類，依照人文藝術、社會科學、理學、醫學、生命科學及農學、工學去進行審查。此項名額主要是第二部分（研究中心及國際競爭）經費，按級距核給學校申請單位額度，也給予高教深耕第一部分獲得5,000萬元以上的學校，少許「可申請」的單位。

　　在「總經費」和「經費分配」方式相交誘掖獎勸下，此政策提供了什麼制度來吸引人才？玉山學者及玉山青年學者，是國際人才填補了在地受海外挖角的人才缺口嗎？是否牴觸既有學者的經費補助？利用政策引導學校彈性薪資，使研究與國際相競就以「維持一個平衡」相安政策心態，無疑是維持恐怖平衡的態勢，是否變成高教學術界的風險？那學者自我風險又如何教導高教生面對風險社會的因應之道？

二、競爭型計畫之於自我風險逆境提升韌力評價的詮釋

大學長期依賴政府的競爭性經費機制，一旦失去這類經費之挹注，學校便馬上發生營運問題。Beck（1992a）點出無可預估結果的不確定性風險，學校根據競爭型計畫資助的有限來源中，個人在學養歷程裡，如何提升自我在風險中的韌力，也能夠知覺在逆境裡的轉折？

(一) 競爭型計畫的批判

在邁頂計畫裡，大學以績效獲取經費後的使用自由度已提升，財政策略文本主導權是各大學申請者所把握，有益增加高教生風險知識啟蒙的機會。Daly（2010）看重研究成果可以透過網路傳播加大效益，因為無一計畫單適用惟一機構，決策者要務是將研究結果善以運用實踐，擴大其整體接受的連通性。

儘管，教育部（2022）深耕計畫的決策者論述政府、產業、學生、校友將設立為共同經營體制，詮釋打破政府與大學之間的單向監督與報告關係。然而，這種引進社會監督的增值（value-added）作為公開經營成果，仍然無可確立研究成果之於社會發展，將產出什麼顯著貢獻度。再者，頂大計畫由「領域」轉變為「學校」機會均等化的變異，分散了計畫經費的用度，均勢的資源分配形成政治力凌駕學術發展需求。Fairclough（2000）雖把政治支配也視為社會實踐，但Beck（1992a）、顧忠華（1999）認為不同社會的相異成員可以在一種倫理脈絡中構建社會。故大學與政府關係理路的所在意義，乃因協力之因可實踐社會責任，才真切呈現於大學教育目的與價值上，並反應於個人韌力的養成。

Giddens（2003）清楚指出人所製造的風險，乃因各校申請經費時，不曾明訂研究成果的社會實踐，僅秉持對象和方向作為確立申請條件之一，都只在創意、合作、地方參與、價值創新的紙上談兵，無法預見研究成果的實在受惠者和廣及範圍，符應Beck擔憂風險來自不健全組織，又經費治理者從未走出分配不均的陳舊。當前，Beck et al.（1994）及Beck和Levy（2013）的制度反思理念，正是中央該引領經費申請者作出集體模式的風險預防管理。

(二) 資源分配策略革新的論述

高教的研究經費決策者，需要清楚務實競爭所必須的經費，在「競爭型」與「常態性」之間權衡出攬才並留才的空間，不能落入Beck（1992b）說道風險不對稱邏輯的邊陲效應掃向單方承受，要杜絕經費的不固定，或缺乏競爭思維所造成沒有頂尖的學術研究。搶才時代，決策者若一昧盲從窠臼制度，就會受限於周桂田（2001）言說制度束縛和其內涵頂不住風險而形成異化。據此，政策論述必須透過大學怎樣的實踐，資源治理者要慎思熟慮思考「對的政策文本」有作用，斟酌頂尖大學的建立與大學善盡公共社會責任均衡點上，該如何作好配套細則。

高教資源分配文本的困境生成歷程不曾止歇，其最大困窘是有限經費資源和公共利益矛盾，使得分配一直存在扭曲和衝突的問題（黃丙喜等，2014）。再者，究竟資源決策者，還是研究學者應該深入社會各層面去理解真正社會動態風險？經費用途願景以圖像畫出來便可，但使用效益是否連結於社會實況所需，特別是個人對風險的自覺、處理、自我評價，決策者必要主動迎向風險變異的挑戰，掌握經費治理權的同時更要精算用途的邊際效能，使得每一研究成果運用一遍就額外增加一份滿足程度。

其實，機構必要擁有財政來源多元開發的自治權，結合精細的社會效益說明，作為申請的關鍵條件。Arora和Rangnekar（2014）強調「社會心理」[13]指導為預測韌力和激勵組織成員的指標，決策者參照為應然改變的革新，體認高教生自覺國際事務參與上，不會在承擔世界風險共同責任的文本中缺席。

(三) 自我風險逆境提升韌力的評價

1. 決策單位的在所不辭

Beck（1992a）就已提出嶄新現代性社會的集體責任感，需要靠著

---

[13] 人類意識與社會情境交互作用的行為結果，Kurt Zadek Lewin（1890-1947）提出人與環境的函數：$B = f(P, E)$。

制度去形塑集體命運。所以，資源治理者妥善安排經費的運籌帷幄，使高教目的導引高教生去關注自己的公共教育訊息，絕非讓高教生在學習歷程中，對風險社會是不知不覺或者無感，而是能助學習者去肯定自我會從風險知識習得與經驗累積，並獲取由困難情況中「反彈」的素養。

近30年的既存問題，高教資源過度集中於特定學校或領域，研究成果運用對象及範圍的侷限性，是決策者該革新分配政策去因應風險時代各種異化與挑戰了。Beck（1992a）已提出對現代進行反思，黃丙喜等（2014）看風險與之同在的機遇作為感知如何逆轉風險的辨識，Beck et al.（1994）及Beck和Levy（2013）強調制度反思及注意普遍國際化的世界態勢，因為風險是和全局形成網絡般地相互穿透。因此，決策者經由資源制度形塑集體共赴責任的意識與行動力，體認生存及克服逆境的強大相互牽引力，要激勵高教生學習風險知識。

2. 風險逆襲過程中自我終身培力覺知的行動

周桂田（2001）提醒科技與少數菁英和專家式決策，已經造成制度內涵抑制了覺察風險的異化。Habermas（1991）指涉媒體掌控了公共領域，Beck（1992a）及Beck和Levy（2013）則注目風險命運共同體受到媒體推波助瀾下擴及全球，因科技媒介不只傳播，更挾帶資本家換形為機器人，削減專門技術的使用權，致使人們對文明先進技術的不信任。黃丙喜等（2014）譬喻公領域的悲歌顯明個人與公共利益的分配衝突，那麼個人如何避開制度、決策、媒體陷阱且成功逆襲風險？

社會連帶意識的覺知中，個人逆境轉化為機遇的前提，是體察風險社會裡詭譎變化作為避凶趨吉的機制。Masten和Wright（2010）認為個人解決問題的效能，脫不開文化信念，故提出韌力培育的網絡需要依附社會支持，Southwick et al.（2014）重視個人韌力學習也要兼顧個別性發展，Beck（1992a, 1992b）都曾顯明人與社會於共同的風險認知和因應，因為敢於冒險都是社會風險中的選擇，並非風險獨枝發展。所以，Buyukgoze-Kavas（2016）的自我肯定素質必經由風險歷程裡的淬鍊，以達成訓練解決問題的策略和技能，漸漸由能力至韌力的揉合。風險不會只是一時半刻出現，因著無時無處不限制傳播，帶給個人接受自

我終身培力的不間斷訊息，印證Beck（1992a）隨知自我與社會共有的集體命運和責任感。

3. 自我評價風險逆境自覺力及韌力的提升

自我培力歷程中如何感知不與社會脈動脫節？UN Global Compact（2005）以Who Cares Wins設立「環境、社會、治理」（Environmental, Social, Governance, ESG）的評量基準，可作為培力標準及評鑑進步指標。Beck（1992a）詮釋風險與個人的相互穿透性，個人已和風險互為網絡文本，無法選擇要或不要。Giddens（2003）深知風險與未來永同在的結構，由自省到接受或因掌握先機，反成為創造經濟成長能量，Carnegie和McDonald（2014）指明個人將風險轉折為網絡中心式學習，可取得成功的職業生涯。所以，自我覺知與評價過程都能以ESG指標，發展個人置入社會甚而世界整體的網絡。

三、社會結構及制度網絡應用於社會實踐的解釋

TAISE（2021）點明高教有限資源的分配方式要不違背社會正義，其意涵並非均等分配，而是達及所用並用所極致。這種遞增性的邊際效用，就以社會網絡概念提供的整合語境，協力高教資源培力高教生專業知識外的生命韌力，成為堪耐風險的人才。

Cross和Parker（2004）重視社交網絡的非正式結構隱藏力量，Liou（2016）建議社交平台進行知識網絡的協作學習，藉以改善組織網絡訊息流或關係建立，杜絕行動者之間的孤立關係。Beck（2006）金手銬政治應用就需要一個密集式相互依恃的跨際網絡，個人因著社會網絡分享知識或互換訊息支持而強大，劉怡華（2020）側重有限資源解決之法是社會網絡關係裡共同分擔的實踐力。因此，個人的知識、訊息、專長，要透過系統中參與者間的非正式關係網絡進行交換。

公部門帶有未然的準備責任，社會網絡可讓所有成員維持人際關係，Bryk和Schneider（2002）驗證教育工作者和他人共享交換資源為累加社會資本的關鍵，使參與者互動產生變革，也實踐資源運用的邊際效用。

伍　結論

　　今日風險時代下，資源決策者對育才重點不僅是基礎和專業知識的建立，更要理解瞬息萬變的風險語境（risk context），重視學習者抗壓的韌性，及突破風險壓境獲致安全的素養。

　　決策者為再造資源創新運用的領軍人，從政府、群體到個人，還有哪些方面需要改進與革新，可嘗試建立跨國網絡，於不知何時遲早會到來的下一次風險，可更加從容地以智慧和人性理性去面對與處理，同時也注意媒體在風險中所創造風險情境化的角色。那麼，高等教育處於一個為學習者搭建步入社會的中心位置，決策者就該為即將步入社會的高教生建立韌力的培育政策，培力個人隨時協同風險視為遇見機會的主動終身學習者。

參考文獻

(一) 中文部分

大專校院弱勢學生助學計畫（2021年9月3日）。**教育部圓夢助學網**。https://www.edu.tw/helpdreams/cp.aspx?n=294130B70B308624&s=A8A03607552A5F17

林曉雲（2019年9月15日）。高教明年經費上千億「漲補國立、減補私立」。**自由時報**。https://news.ltn.com.tw/news/life/paper/1317852

林志成（2021年1月19日）。17年沒調公私立大學促漲學雜費。**中時新聞網**。https://www.chinatimes.com/newspapers/20210119001102-260114?chdtv

周桂田（2001）。科學風險：多元共識之風險建構。載於顧忠華（主編），**第二現代——風險社會的出路**（47-75頁）。臺北：巨流。

國立大學校院校務基金設置條例（2015年2月4日）。**全國法規資料庫**。https://law.moj.gov.tw/LawClass/LawAll.aspx?pcode=H0030025

許添明（2009）。躋身國際一流大學之財務策略——以美國大學為例。**當代教育研究**，**17**(2)，103-148。

教育部教育經費分配審議委員會設置及審議辦法（2021年2月26日）。**教育部**。

https://law.moj.gov.tw/LawClass/LawAll.aspx?pcode=H0000067

高等教育深耕計畫（2022年7月18日）。**教育部高等教育深耕計畫**。https://sprout.moe.edu.tw/Sproutweb

教育部協助大專校院延攬國際頂尖實施計畫（2022年7月18日）。**教育部玉山學者計畫**。https://yushan.moe.gov.tw/TopTalent/

許維寧（2021年6月18日）。教部最高額競爭型補助經費出爐！**NYCU News**。https://www.nycu.edu.tw/news/2121/

黃丙喜、王央城、李宗勳、施正屏、姚大鈞、馬士元、王价巨（2014）。**動態風險逆轉：避開決策陷阱，成功逆轉風險**。商周出版。

張禎晏、袁紘禮（2016年4月14日）。日不落頂尖大學──強弩之末的邁頂計畫。台大意識報。https://cpaper-blog.blogspot.com/2016/04/blog-post_14.html

賀陳弘（2021年1月26日）。少子化時代，坐等私校倒閉？高教不退場，3種公私校新合作模式。天下雜誌，**Web only**。http://president.site.nthu.edu.tw/var/file/67/1067/img/632963851.pdf

劉怡華（2020）。網絡式領導：從社會網絡概念談領導。載於林新發、朱子君（主編），**教育領導的新議題**（293-328頁）。元照。

謝柏宏（2021年8月19日）。休退學海嘯、學用落差嚴重，管中閔點出大學二問題。**經濟日報**。https://udn.com/news/story/6885/5683552

顧忠華（1999）。風險、社會與倫理。**國立政治大學哲學學報，5**，19-37。

(二) 英文部分

Arora, R., & Rangnekar, S. (2014). Workplace mentoring and career resilience. an empirical test. *The Psychologist-Manager Journal, 17*(3), 205-220. https://doi.org/10.1037/mgr0000021

Beck, U. (1992a). *Risk society: towards a new modernity* (M. Ritter, Trans.). Sage. (Original work Risikogesellschaft Auf dem Weg in eine andere Moderne published in German 1986).

Beck, U. (1992b). From industrial society to the risk society: question of survival, social structure & ecological enlightenment. *Theory, Culture and Society, 9* (1), 97-123.

https://doi.org/10.1177/026327692009001006

Beck, U., Giddens, A., & Lash, S. (1994). *Reflexive modernization: politics, tradition, and aesthetics in the modern social order*. Stanford University Press.

Beck, U. (2006). *Power in the global age: a new global political economy* (K. Cross, Trans.). Polity Press. (first published 2002)

Beck, U., & Levy, D. (2013). Cosmopolitanized nations: re-imagining collectivity in world risk society. *Theory, Culture and Society*, *30*(2), 3-31. https://doi.org/10.1177/0263276412457223

Berndt, C. (2015)。韌性：挺過挫折壓力，走出低潮的神秘力量（王榮輝譯，初版）。時報文化。（原著出版年：2013）

Bryk, A. S., & Schneider, B. (2002). *Trust in schools: a core resource for school improvement*. Russell Sage Foundation.

Buyukgoze-Kavas, A. (2016). Predicting career adaptability form positive psychological traits. *The Development Quarterly*, *64*(2), 114-125. https://doi.org/10.1002/cdq.12045

Carnegie, C., & McDonald, D. (2014). *Network centered leadership: how to lead in an increasingly complex and interconnected world*. Longueville Media.

Cross, R., & Parker, A. (2004). *The hidden power of social networks: understanding how work really gets done in organizations*. Harvard Business School Press.

Daly, A. J. (Ed.). (2010). *Social network theory and educational change*. Harvard Education Press.

Fairclough, N. (2000). *New labour, new language?* Routledge.

Fairclough, N. (2010). *Critical discourse analysis: the critical study of language* (2nd). Longman. (Original work published 1995)

Giddens, A. (2003). *Runaway world: how globalization is reshaping our lives* (2nd). Routledge. (Original work published 1999).

Habermas, J. (1991). The structural transformation of the public sphere: an inquiry into a category of bourgeois society (T. Burger, with F. Lawrence, Trans.). Cambridge & The MIT Press. (Original work Strukturwandel der Öffentlichkeit published in German 1962)

Jyun-Jie Yang (2021, June 8)。針對亞裔美國人的仇恨犯罪，是赤裸裸的種族歧視與性別暴力。**The News Lens關鍵評論**。https://www.thenewslens.com/article/151927

Lash, S. (2000). Risk culture. In B. Adam, U. Beck, & J. van Loon (Eds.), *The risk society and beyond: critical issues for social theory* (pp. 47-62). Sage Publications.

Liou, Y.-H. (2016). Tied to the common core: exploring the characteristics of reform advice relationships of educational leaders. *Educational Administration Quarterly*, *52*(5), 793-840. https://doi.org/10.1177/0013161X16664116

Masten, A. S., & Wright, M. O. (2010). Resilience over the lifespan: developmental perspectives on resistance, recovery, and transformation. In J. W. Reich, A. J. Zautra, & J. S. Hall (Eds.), *Handbook of adult resilience* (pp. 213-237). Guilford Press.

Southwick, S. M., Bonanno, G. A., Masten, A. S., Panter-Brick, C., & Yehuda, R. (2014). Resilience definitions, theory, and challenges: interdisciplinary perspectives. *European Journal of Psychotraumatology*, *5*(1), 25338. https://doi.org/10.3402/ejpt.v5.25338

TAISE（2021年6月21日）。關鍵的「5C」反思未來國際高等教育的挑戰。**University World News**。https://taise.org.tw/post-view.php?I.D=241

UN Global Compact (2005, August 25). *Who cares wins*. https://www.scribd.com/fullscreen/16876744?access_key=key-mfg3d0usaiuaob4taki

問題與討論

一、競爭型計畫作為政策工具之便利，對高等教育發展預期成效為何？

二、競爭型計畫之於高等教育育才，社會網絡所可擴展計畫成效的機制設計為何？

三、高等教育育才堪耐風險時代的逆勢語境，其資源分配決策者如何完善政策？

國家圖書館出版品預行編目資料

教育政策與永續發展／吳清基，林立生，吳靖國，盧延根，劉國兆，練千睿，范熾文，王滿馨，陳政吉，陳穎，郭怡立，張明文，顏國樑，楊郡慈，趙秋英，楊振昇，謝念慈，蔡進雄，陳淑娟，陳盈宏，李文基，何宜紋合著；吳清基主編. ——初版. ——臺北市：五南圖書出版股份有限公司, 2023.02
　面；　公分
ISBN 978-626-343-627-5（平裝）

1.CST: 教育政策　2.CST: 永續發展
3.CST: 文集

526.1107　　　　　　　　111020754

117M

教育政策與永續發展

主　　編 — 吳清基(64)

作　　者 — 吳清基、林立生、吳靖國、盧延根、劉國兆
　　　　　　練千睿、范熾文、王滿馨、陳政吉、陳　穎
　　　　　　郭怡立、張明文、顏國樑、楊郡慈、趙秋英
　　　　　　楊振昇、謝念慈、蔡進雄、陳淑娟、陳盈宏
　　　　　　李文基、何宜紋

發 行 人 — 楊榮川

總 經 理 — 楊士清

總 編 輯 — 楊秀麗

副總編輯 — 黃文瓊

責任編輯 — 李敏華

封面設計 — 姚孝慈

出 版 者 — 五南圖書出版股份有限公司

地　　址：106臺北市大安區和平東路二段339號4樓

電　　話：(02)2705-5066　　傳　　真：(02)2706-6100

網　　址：https://www.wunan.com.tw

電子郵件：wunan@wunan.com.tw

劃撥帳號：01068953

戶　　名：五南圖書出版股份有限公司

法律顧問　林勝安律師

出版日期　2023年2月初版一刷

定　　價　新臺幣600元

經典永恆・名著常在

五十週年的獻禮 —— 經典名著文庫

五南，五十年了，半個世紀，人生旅程的一大半，走過來了。

思索著，邁向百年的未來歷程，能為知識界、文化學術界作些什麼？

在速食文化的生態下，有什麼值得讓人雋永品味的？

歷代經典・當今名著，經過時間的洗禮，千錘百鍊，流傳至今，光芒耀人；

不僅使我們能領悟前人的智慧，同時也增深加廣我們思考的深度與視野。

我們決心投入巨資，有計畫的系統梳選，成立「經典名著文庫」，

希望收入古今中外思想性的、充滿睿智與獨見的經典、名著。

這是一項理想性的、永續性的巨大出版工程。

不在意讀者的眾寡，只考慮它的學術價值，力求完整展現先哲思想的軌跡；

為知識界開啟一片智慧之窗，營造一座百花綻放的世界文明公園，

任君遨遊、取菁吸蜜、嘉惠學子！